赤字 と 黒字 を うまく使いこなす

法人税欠損事業年度の攻略法

税理士 小谷羊太 著

清文社

はじめに

　「自分の会社は最近、ずっと赤字続きなのに、ある日突然、税務署から多額の税金が滞納になっている、と連絡がありました。いったいどういうことでしょうか」ということを実際に相談されたことがあります。

　「関与されている税理士さんに相談されてはどうですか?」と言うと、「自分で計算して申告しているので、関与している税理士はいないのです」ということらしいのです。

　また、「会社が儲かったら相談したいので、そのときはよろしくお願いします」という方もよくいらっしゃいます。

　税理士であれば、たとえ欠損事業年度であっても、注意をもって申告書の作成をすることができますが、一般の納税者であれば、簡単だと高をくくってしまって、あとで大変な目に遭うことはよくあります。
　利益が出る事業年度の申告であれば、節税の方法を指南した本や情報は世の中にたくさんありますので、むしろその方が簡単なのではないかと思うくらいです。
　一般の納税者が陥りがちなミスは、『儲かっていなければ税金は払わなくてもいい』と思い込んでいるところにあると思います。知らないとは恐ろしいものだなとつくづく思います。
　というのも、実際に相談に来られて、その内容を確かめてみると、とんでもない事態に陥ってしまっていることがよくあります。

　例えばよくあるケースとして、青色申告の届出をしていなかったり、届出をしていてもそのタイミングが少し遅かったりしたために、欠損事業年度における欠損金の

繰越しができなくなってしまっているケースです。

　儲かっていないのに何故青色申告の届出を出さなかったのか、と尋ねると、欠損金の仕組みすらよくわかっていなかったりします。

　また、消費税を簡易課税で申告していたために、設備投資をした際に、多額の消費税の還付の機会を失っていたということもよくあります。

　実際には、儲かっていない事業年度や赤字の欠損事業年度にこそ、将来を見越して、準備しておかなければならないことはたくさんあります。

　もっと恐ろしい事例もあります。それはずっと赤字のはずなのに、多額の税金が滞納となっているケースです。

　当社はこの数年間、赤字続きだったので、毎年の申告は欠損事業年度としての申告をしています。計算も簡単だし、所得金額もマイナスになるのでそのようにして申告をしていました。ところが税務署から『数百万円の税金が納められていない』と連絡が入り困っているといった内容です。

　そんな不条理なことがあるものかと、よくよくその内容を確かめてみると、儲かっていたときに関連会社を設立し、その会社で役員報酬を月100万円ほど支払っていたといいます。しかし、ここ数年めっきり儲からないようになったので、税理士の関与を辞めて自分で申告をするようにしていました。

　役員報酬はずっと経費として認められていましたので、支払うお金は会社にはありませんでしたが、未払金として経費に計上し、赤字決算にして申告を続けていました。

　これは大変なことをしてしまっている、と直感的に思いました。

　それが税金の世界で、どのように大変な事態になっているのか、というと、100万円の役員報酬には源泉所得税がかかります。

　所得税法のルールとして会社には源泉徴収義務があります。源泉徴収義務と

は、給与を支払った場合には、その給与のうちから本人の源泉所得税を会社が徴収して国に納付しなければならない義務のことをいいます。そして関連会社として支給した役員報酬ということですので、所得税法上では恐らく乙欄という特別な税率で約38%の源泉所得税を計算して納付しなければならないはずです。

　つまり、会社は毎月100万円の報酬額に対して約40万円近くもの源泉所得税を徴収して国に納付する義務がありますので、1年間で約480万円、3年間で約1,440万円の所得税が滞納されている事態となっているわけです。

　法人税の申告書は毎年それで提出されているため、たとえ報酬が未払いであろうが、赤字であろうが、会社がその計上した役員報酬額を役員に支払うという事実は確定してしまっています。会社はその役員報酬の残額は本人に支払い、そしてその税金は国に納付しなければなりません。
　役員報酬はその会社を所有している本人の報酬ですので、それが未払いであっても許されるのでしょうが、滞納している税金はそういうわけにはいきません。

　このような事態に陥る前に、会社に関わる税金の知識は、赤字だからと高をくくらず、欠損事業年度こそ、しっかりと学んでおくべきではないでしょうか。本書が我が国の納税義務の適正な実現を図る指針になればと願います。

平成30年12月

税理士　小谷　羊太

目　次

※本書の内容は、平成30年10月1日現在の法令等によっています。

（注）本書では、適用期間等につき原則として法令に基づき和暦で表記しています。2019年（平成31年）5月以後は改元されますので、適宜読み替えをお願いします。

序章

P/L・B/Sに見る
欠損金の基礎の基礎

欠損事業年度は、いわゆる赤字と呼ばれる会社の事業年度のことをいいます。収益から費用を差し引いてプラスであればそれを利益といいますが、欠損となる場合はその逆で、収益から費用を差し引いてマイナスとなる状況をいいます。

会社の業績が赤字になると、すぐに会社が「倒産」してしまうことを連想してしまいますが、実際はそういうわけではありません。

欠損事業年度であったり赤字であったりといっても、その内容には色々なものがあります。

ほんの一時だけの赤字もあれば、うまく計算して計画的に赤字にしている場合などもあります。会社が赤字と一言でいってもその赤字には様々な事情によるものがあります。

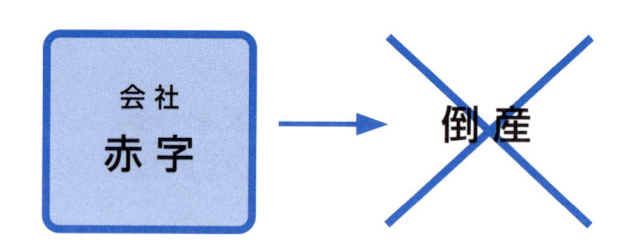

新しい事業を始めようとする場合には、会社を設立してから数年間は赤字になる会社はたくさんあります。実際には、売上げから先に実現する会社は殆どなく、事業活動というものはまず投資から始まるのがむしろ普通です。従業員を雇用したり、広告や宣伝活動をしたり、会社の所在地となる場所がなければ、最初に事務所を借りる必要もあります。そもそも会社を設立するときには、設立にあたって登録免許税や司法書士への手数料が発生します。

また製品を製造して販売する会社であれば、その製品を製造するための工場の建設から始まることもあるでしょうし、製品を製造してくれる他の会社

に依頼して販売するための製品を製造してもらうこともあります。

　製造した製品を販売する準備に期間を要する場合、他にも例えば鉄道会社であれば線路や駅を建設することから始まり、実際に電車が運行を始めるまでにも数年の期間が必要となります。

　この間、通常は会社には売上げが発生しませんので、実際に製品を販売したり、鉄道の運行を始めるまでの間は、会社の決算はずっと赤字となり続けるわけです。

　また、たまたま発生した地震や大雨の影響により、事業が継続できなくなってしまったり、使用している財産が損壊をして、会社自体が被災してしまうこともあります。

　このような場合にもそのタイミングによっては、会社の決算が赤字となってしまうことは多々あります。

　また、設備投資による減価償却費や圧縮記帳による損金算入額、経営者の役員報酬の金額などを法律の許す範囲で加減して、法人税や所得税の負担が少しでも減少するようにバランスをとったために結果的に赤字となっていることもあります。本書では、赤字となってしまった欠損事業年度についての税務上の対処方法だけでなく、赤字決算や黒字決算となるための税務上の処理方法、欠損金の考え方などを説明していきます。

　まずは、赤字になった事業年度の対処法を説明する前に、会社が赤字になる事業年度とは、具体的にどのようなものなのかを説明していく必要があります。

収益よりも費用が多い状態が赤字

　会社の利益は　収益から費用を差し引いて利益を算出します。しかし、その収益が費用よりも少ない場合、つまり収益よりも費用が多いときは、その事業年度の業績は赤字（欠損事業年度）となります。

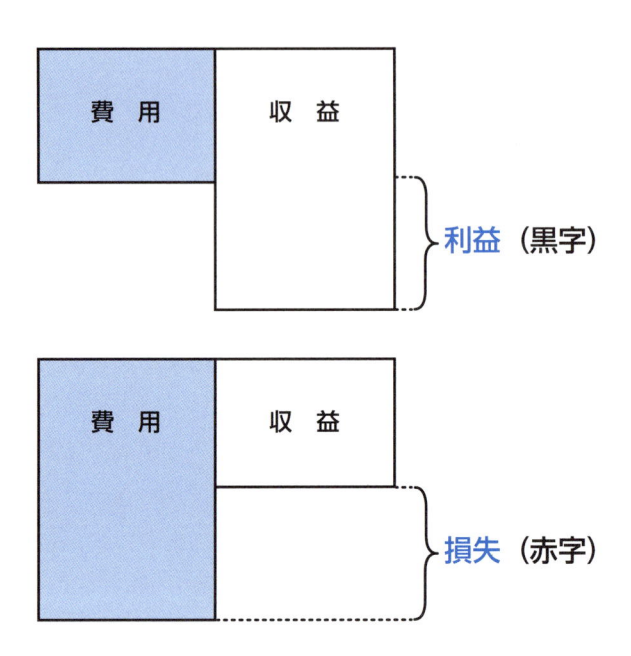

収益と費用の関係は損益計算書で計算する

　会社上の当期利益を算出するために用いられる書類のことを損益計算書といいます。この損益計算書では、その会社の事業年度ごとの損益を収益から費用を差し引くことによって算出します。

　収益から費用を差し引いてプラスの結果となる場合には、その事業年度の業績は利益が出た事業年度として黒字ということになります。逆にマイナスの結果となる場合には、欠損事業年度となりいわゆる赤字と呼ばれる事業年度となります。

黒字や赤字は毎年リセットされる

　しかし、この損益計算書上の黒字や赤字は、あくまでも一事業年度単位で算出した結果ですので、その事業年度が終了した後、つまり翌事業年度からは、一旦前期までの利益の計算はリセットされます。そして翌事業年度からは、またゼロから計算をして次の事業年度の業績を測定することとなっています。

　損益計算書上の利益や欠損の測定は、あくまでも一事業年度、つまり通常であれば１年間という短期的な期間で測定した業績ということになります。また事業年度の途中においては、期首からその時点までの数値を累計して集計結果を表示しますが、例えば月ごとの業績を把握するために、暫定的にその月や日数など、一定期間ごとに損益を測定することもあります。

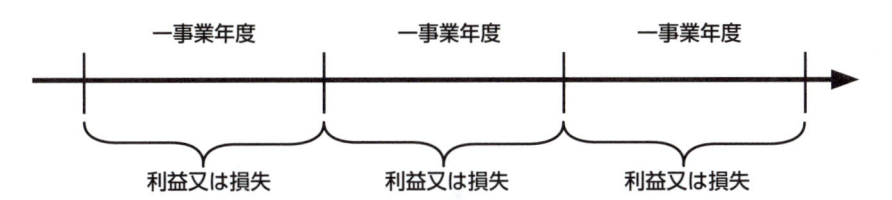

貸借対照表でも損益計算はできる

　会社の一定時点の資産状況を表した書類を貸借対照表といいますが、この貸借対照表からも損益を計算することができます。

　貸借対照表は、大きく分けて次の内容のものから構成されます。

$$資産 \qquad 負債 \qquad 資本$$

　この資産、負債、資本のそれぞれの関係は、資産から負債を差し引いた残額が資本となる関係にあります。つまり資本は会社の現時点の純資産を示すものとなります。

$$資産 - 負債 = 資本$$

　上記の算式を図にあらわすと、次のようになります。

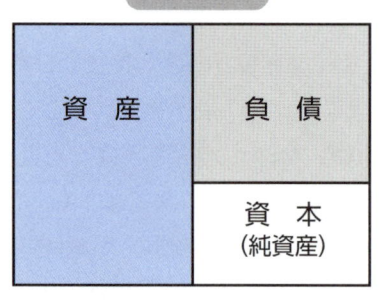

賃借対照表

資本の中に利益がある

　上記図における「資本」である純資産は更に細かく分けると次のもので構成されています。

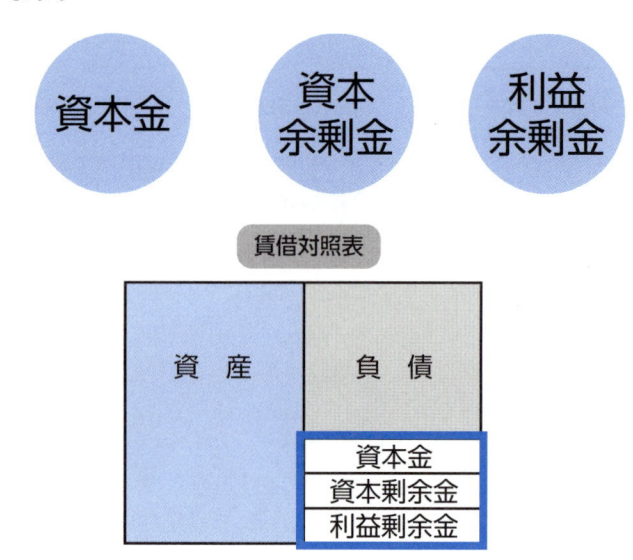

賃借対照表

　資産、負債、については、当期末時点や現在時点など一定時点での金額が記載されますが、「資本金」、「資本剰余金」については、会社設立後、増資や減資がない限り、通常はいつも同じ金額が記載されます。これは「資本金」、「資

本剰余金」は株主が出資した金額から構成されていますので基本的に期間を通じての変動がないものとなります。

　一方利益剰余金は、会社を設立してから現在時点までに獲得した利益で構成されています。

　利益剰余金は、「資本金・資本剰余金」の変動がないことが前提となりますので、「資産」と「負債」のバランスによって利益剰余金の金額が決まります。

　例えば、資産が 1,200 円、負債が 600 円、資本金が 100 円、資本剰余金が 100 円だった場合には、利益剰余金は 400 円となります。これらの金額が期首時点だったとして、次に期末時点での資産が 1,300 円、負債が 500 円、資本金が 100 円、資本剰余金が 100 円だった場合には、利益剰余金は 600 円となります。この場合に、期首時点から期末時点までに獲得した当期利益は、利益剰余金が増加した部分の金額 200 円（＝ 600 円− 400 円）であることとなります。

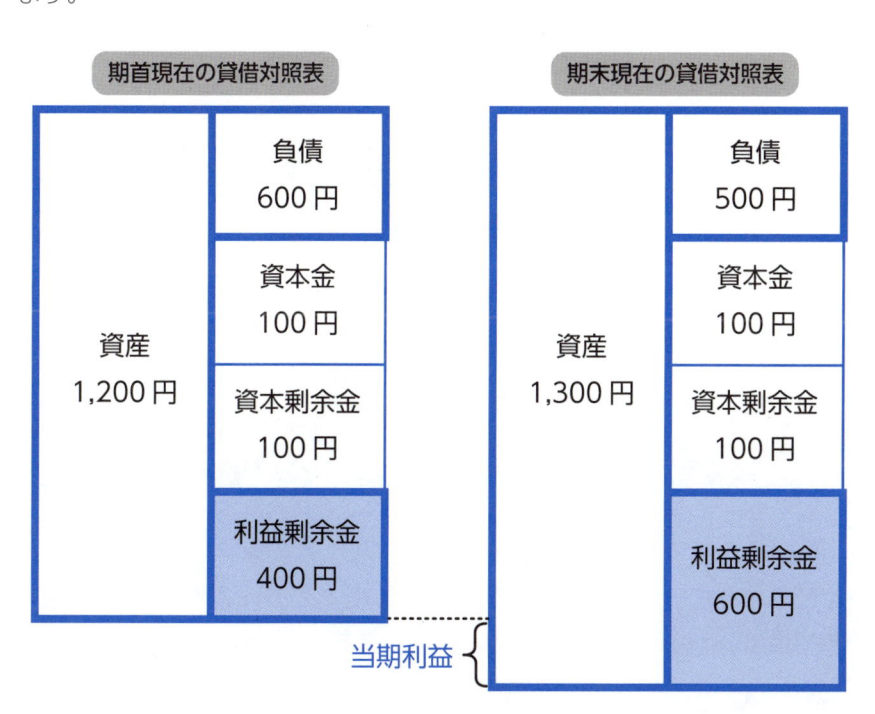

なお実際には、貸借対照表から当期利益の算出をする場合には、利益剰余

金のうちから配当等を実施した金額について考慮する必要があります。

　貸借対照表における利益剰余金は、純資産のうちから資本金と資本剰余金を除いた金額となりますが、この利益剰余金がマイナスとなる場合には、資本金、資本剰余金との関係が重要となります。

　つまり、損益計算書上の欠損金はあくまでも、当期という期間に限定された利益のマイナスであるために、そのマイナスがほんの一時的なものであれば、会社としては十分にその業績を回復する力が残っているものと判断されます。

　しかし、次の貸借対照表のように資産から負債を差し引いて大きなマイナスとなる場合には、既に債務超過の状態となっていますので、会社の存続は危ういものとなります。

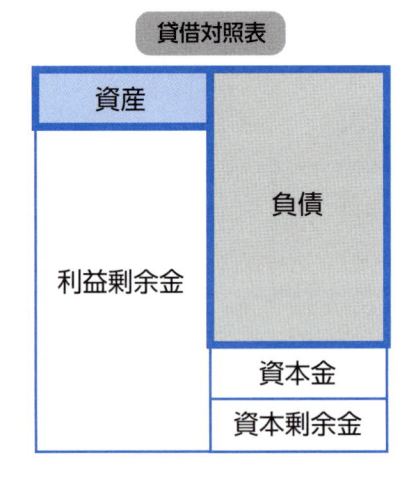

　利益剰余金がマイナスとなる場合であっても、次の貸借対照表のように資産から負債を差し引いてマイナスとならない程度であれば、まだ債務超過の状態では無いため、会社の存続が危ういという程度のものではありません。

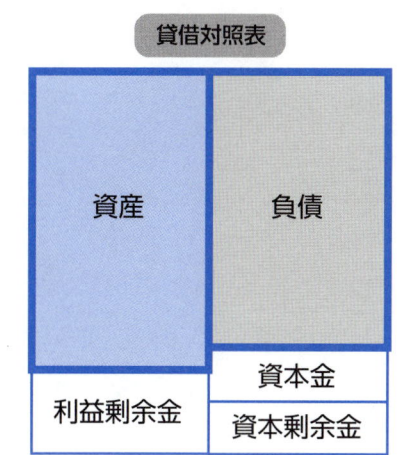

　損益計算書上の当期利益がマイナスとなり、当期が欠損事業年度となった場合であっても、次の貸借対照表のように、貸借対照表上における利益剰余金が結果的にプラスとなっている状態なのであれば、その会社は債務超過に陥っているわけではありませんので、その事業年度の欠損金は想定内のものと判断することができます。

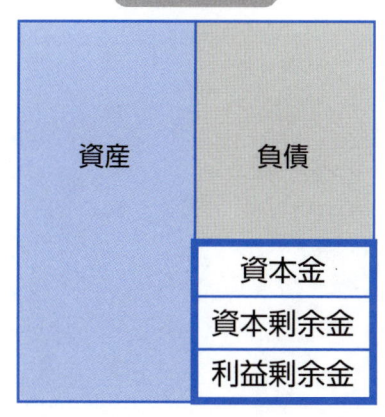

第 1 章

利益調整ならぬ欠損調整の対策はコレだ!

1 欠損事業年度は 青色申告法人が断然有利

青色申告制度の特典を利用する

　法人税には、青色申告という制度があります。この制度は、青色申告書を提出する法人には税制上の様々な特典を用意する代わりに複式簿記を採用した正確な記帳を奨励するために設けられている制度です。

　法人税の申告書を青色申告書によって提出する法人を一般に青色申告法人といい、この制度を利用しない法人をいわゆる白色申告法人といいます。

　青色申告法人に用意されている税制上の主な特典には次のものがあります。

・欠損金の繰越控除
・欠損金の繰戻還付
・一定資産の特別償却、割増償却制度
・一定資産の法人税額の特別控除制度
・少額減価償却資産の損金算入の特例　など

欠損がでた事業年度の救世主、欠損金の繰越控除・繰戻還付

　当期において欠損金が生じた場合には、その欠損金を翌期以降の所得から控除してその欠損を補填することができる「欠損金の繰越控除」や前期の所得事業年度に生じた法人税を繰り戻して還付する「欠損金の繰戻還付」の制度の適用を受けることができます。

　これらの制度は、青色申告書を提出していない事業年度については、災害により生じた損失を除き、その適用を受けることはできません。

　しかし、繰越控除については、欠損事業年度において青色申告法人であることという要件さえ満たしていれば、その後の事業年度においては、青色、白色を問わず、控除の特典の適用を受けることができます。ただし、欠損事業年度以後の事業年度においては、「その後連続して確定申告書を提出してい

ること」という要件が付されていますので注意が必要です。

　また、前期と当期が青色申告法人であれば、前期において所得が生じ、法人税を納付した場合であっても、当期に欠損金が生じた場合には、その欠損金を前期の所得に繰り戻して、納付した法人税の還付を受けることもできます。

　将来何らかの事情による一時的な業績不振など、欠損金が生じてしまうかもしれないというリスクに対する備えとしては、早い段階で青色申告法人の届出を申請しておくことはいうまでもありません。

欠損金の繰越控除（青色申告の場合）

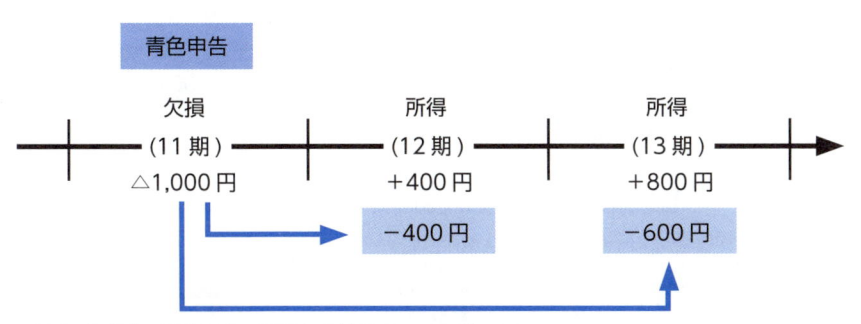

※当期の欠損金を翌期以降の所得から控除することができる

　例えば、当社の当期（11 期）の事業年度が青色申告法人である場合には、欠損となった（11 期）事業年度の欠損金額△ 1,000 円は、翌事業年度以降の所得から順次控除することができます。つまり、上図（12 期）事業年度において＋ 400 円、（13 期）事業年度において＋ 800 円の所得が出た事業年度であっても、（11 期）事業年度の欠損金額△ 1,000 円を（12 期）や（13 期）事業年度の所得から順次控除することができるようになります。

　上図の場合、（12 期）事業年度は所得が＋ 400 円生じましたが、そのうち（11 期）事業年度の欠損金△ 1,000 円を上限として△ 400 円を控除することができますので、所得金額は結果的に 0 円（＝ 400 円－ 400 円）となります。また、（13 期）事業年度においては、（11 期）事業年度に生じた欠損金額△ 1,000 円のうち、

△ 400 円は（12 期）事業年度で控除されましたので、残りの△ 600 円を上限として（13 期）事業年度で控除することができます。

　（13 期）事業年度は所得＋ 800 円から△ 600 円を控除することができますので、所得金額は 200 円（＝ 800 円− 600 円）となります。

　所得金額が少なくなれば、納付すべき法人税額も少なくなりますので、その分節税になります。

欠損金の繰越控除（白色申告の場合）

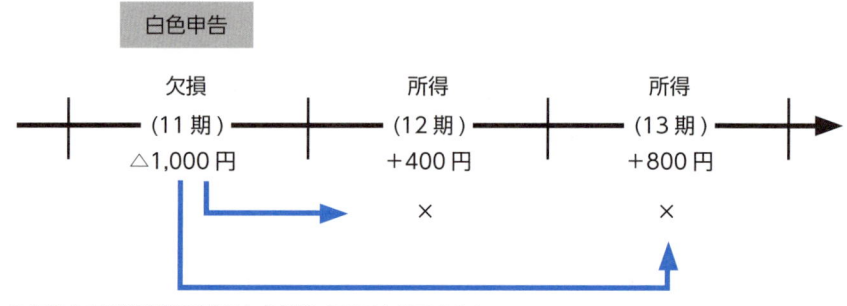

白色申告

欠損	所得	所得
（11 期）	（12 期）	（13 期）
△1,000 円	＋400 円	＋800 円

※欠損金を翌期以降の所得から控除することはできない

　例えば、当社の当期（11 期）の事業年度が白色申告法人である場合には、欠損となった（11 期）事業年度の欠損金額△ 1,000 円は、切り捨てられる結果となります。したがって、翌事業年度以降の所得から（11 期）事業年度に生じた欠損金額を順次控除することはできません。

　結果的に、上図（12 期）事業年度においては＋ 400 円、（13 期）事業年度においては＋ 800 円の所得が課税所得となり法人税額を算出することとなります。

欠損金の繰戻還付（青色申告の場合）

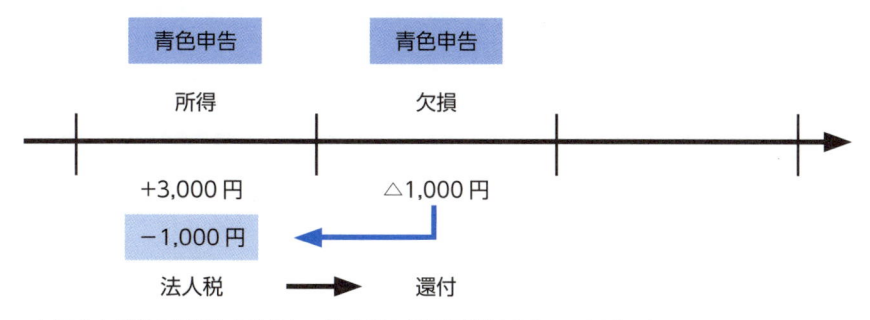

※欠損金を前期の所得から控除して法人税の繰戻還付を受けることができる

　当社が青色申告書を提出する中小企業者等である場合には、欠損事業年度において生じた欠損金額をもって、前事業年度の所得に応じて納付した法人税の還付を請求することができます。この場合、還付所得事業年度から欠損事業年度の前事業年度までの各事業年度について、連続して青色申告書である確定申告書を提出していることがその要件となりますので、どちらかの事業年度が白色申告法人である場合には、この規定の適用は受けることができません。また欠損事業年度においては、期限内に申告書を提出していることも必要ですので注意が必要です。

欠損金の繰戻還付（白色申告がある場合）

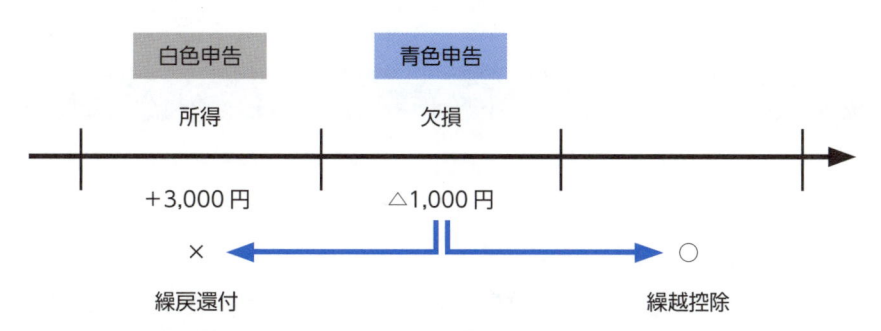

※欠損金を前期の所得から控除して法人税の繰戻還付を受けることはできない
※欠損金の繰越控除の適用は受けることができる

欠損金の繰戻還付（白色申告がある場合）

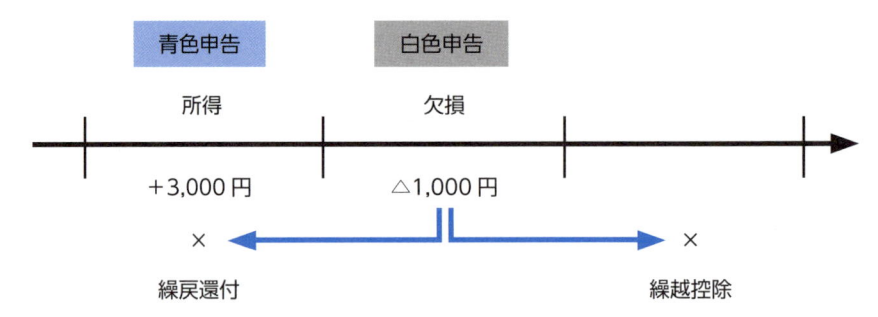

※欠損金を前期の所得から控除して法人税の繰戻還付を受けることはできない
※欠損金の繰越控除の適用も受けることはできない

欠損事業年度でもその他の特典が受けられる

　また、「一定資産の特別償却、割増償却制度」「一定資産の法人税額の特別控除制度」についても、青色申告法人であれば、欠損事業年度がその適用を受けるうまみがない事業年度であると判断して、その適用を受けないこととした場合であっても、翌事業年度にその特典の権利を繰り越してその適用を受けるための手続きをしておくこともできます。

　いずれも青色申告の制度は、欠損事業年度において生じた会社の損失を前期や翌期以降において補填することができる税制上の特典が受けられる制度ですので、これらの特典を受けることができるための準備は必ずしておきたいものです。

青色申告の要件

　青色申告法人であるためには、「青色申告の承認申請書」を納税地の所轄税務署長に申請をして承認を受けます。青色申告の承認を受けるためには、帳簿書類を備え付ける必要があります。

　帳簿には取引の記録をして書類と共に、一定期間の保存をしなければなりません。

> **★必要な帳簿書類**
>
> 【帳簿】
> 総勘定元帳、仕訳帳、現金出納帳、売掛金元帳、買掛金元帳、固定資産台帳、売上帳、仕入帳　など
> 【書類】
> 棚卸表、貸借対照表、損益計算表、注文書、契約書、領収書　など

帳簿書類の保存期間

　法人は、上記の帳簿を備え付けてその取引を記録するとともに、その帳簿と取引等に関して作成し、受領した書類を、その事業年度の確定申告書の提出期限（事業年度終了の日の翌日から２か月）の翌日から７年間保存しなければなりません。

　平成23年12月税制改正により青色申告書を提出した事業年度の欠損金の繰越期間が９年とされたことに伴い、平成20年４月１日以後に終了した欠損金の生じた事業年度においては、帳簿書類の保存期間は９年間に延長されました。

　また、平成27年度及び平成28年度税制改正により、平成30年４月１日以後に開始する欠損金の生ずる事業年度においては、帳簿書類の保存期間は10年間に延長されています。

帳簿書類の保存方法と保存場所

　帳簿書類の保存方法は、『紙』による保存が原則です。

　電子計算機で作成した帳簿書類についても、原則として電子計算機からアウトプットした『紙』により保存する必要があります。

　なお、一定の場合にはマイクロフィルムや、電磁的記録により保存することもできます。

　また、帳簿以外の書類については、申請により、スキャナ読取りの電磁的記録による保存を行うこともできます。帳簿書類の保存は、その青色申告法人の納税地に保存します。

2 仮決算によって予定納税の減額ができる

中間申告書の種類

　中間申告書は、事業年度開始日から6か月間の所得に応じた法人税を予納額として申告するための申告書です。

　中間申告による法人税の納付額を計算する方法は、前年度の実績に応じて計算する方法と、仮決算による方法があります。

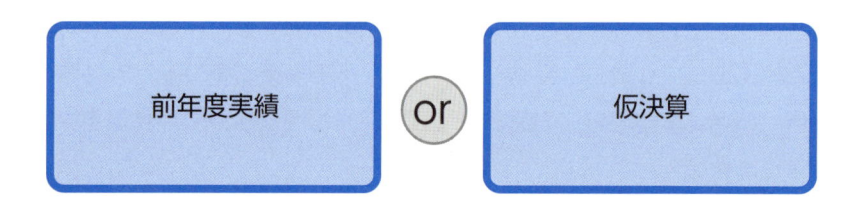

期限内申告と期限後申告

　確定申告は、法人の申告という行為により確定申告の納税額が確定します。予め定められた期限内において提出される申告を期限内申告といい、期限後に提出される申告を期限後申告といいます。

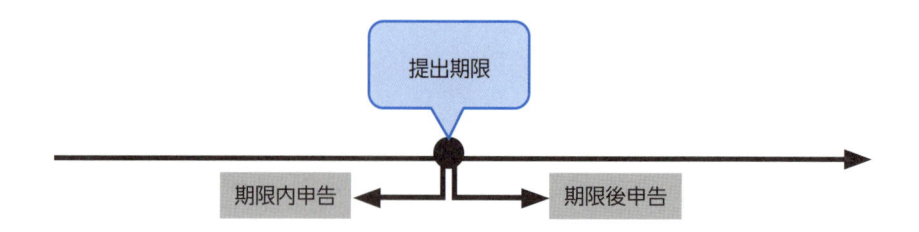

申告書の提出期限

　申告にはそれぞれ提出期限があって、その定められた期日までに申告をすることとなっています。確定申告書の提出期限は各事業年度終了の日の翌日

から２か月以内、中間申告書の提出期限はその事業年度開始の日以後６か月を経過した日から２か月以内とされています。

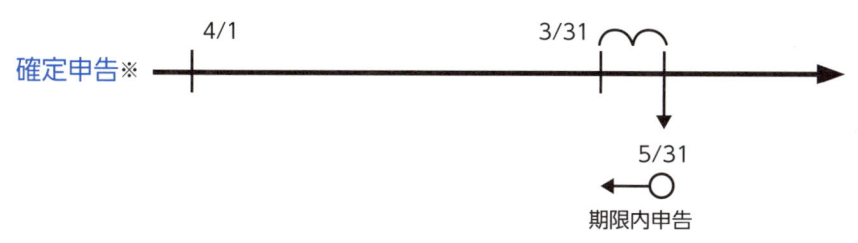

※各事業年度終了の日の翌日から２か月以内

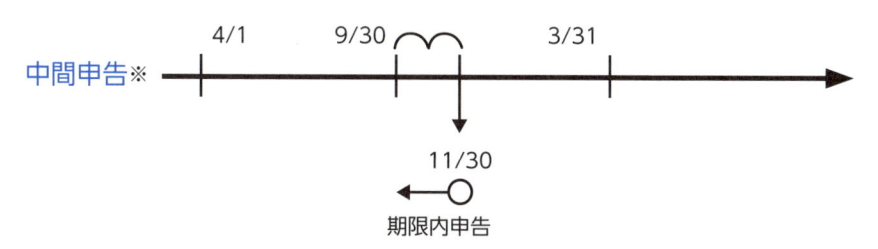

※事業年度開始の日以後６か月を経過した日から２か月以内

提出期限が過ぎたら

　確定申告では、たとえ提出期限が過ぎてしまった後でも確定申告として提出された申告は税務署で受理されることとなっています。これを期限後申告といいますが、期限後申告は、期限が過ぎた場合に納税者が納税の機会を失うという不合理を解消するための概念となります。通常は期限を設けているものについて、その期限が過ぎた場合には、国はその受理を拒否しなければならないこととなりますが、期限を過ぎた後でも国が納税者から申告書が提出された場合に受理することができるようにするために期限後申告という概念が設けられています。

中間申告には期限後申告の概念がない

　しかし、中間申告に関しては、中間申告書の提出期限までに法人の申告が

なければ、前年度実績により計算した中間申告書を提出したものとみなされることになっています。従って中間申告には期限後申告の概念はないことになります。

通常は前年度実績により計算する

　実務では通常、特別な事情がない限り、法人側で何もアクションを起こさなくても、上記のように期限の到来とともに中間申告書の提出がされたものとみなされますので、中間申告書の提出はせずに前年度実績により計算した予納額を納期限までに納め、中間申告書の提出を省きます。

　前年度実績による予納額の計算は次のようになります。

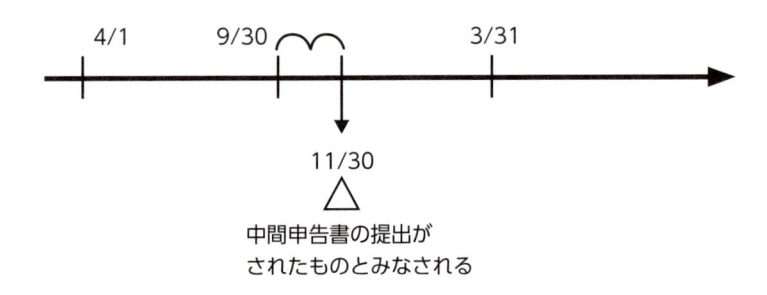

11/30

中間申告書の提出が
されたものとみなされる

前年度実績による予納額の計算

　前年度実績による予納額の計算は、前事業年度の確定申告書に記載すべき法人税額をその前事業年度の月数で除し、これに 6 を乗じた金額として規定されています。計算結果に 100 円未満の端数があるときは、その端数は切り捨てます。

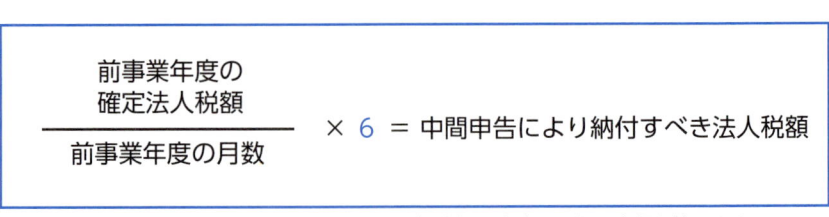

$$\frac{\text{前事業年度の確定法人税額}}{\text{前事業年度の月数}} \times 6 = \text{中間申告により納付すべき法人税額}$$

※前事業年度の確定法人税額：前期の確定申告書別表一（一）14 欄の金額を使います。

別表一(一) 普通法人（特定の医療法人を除く。）、一般社団法人等及び人格のない社団等の分……平三十・四・一以後終了事業年度等分

平成　年　月　日
税務署長殿

御注意

納税地
電話（　）　−

（フリガナ）
法人名

法人番号

（フリガナ）
代表者記名押印

代表者住所

添付書類

事業種目

同非区分

青色申告　一連番号

整理番号
事業年度（至）
売上金額
申告年月日

平成□□年□□月□□日　事業年度分の法人税　申告書
課税事業年度分の地方法人税　申告書
平成□□年□□月□□日

翌年以降送付要否　要・否
適用額明細書提出の有無　有・無
税理士法第30条の書面提出有　税理士法第33条の2の書面提出有

この申告書による法人税額の計算

		十億　百万　千　円
所得金額又は欠損金額（別表四「49の①」）	1	
法人税額（56）又は（57）	2	
法人税額の特別控除額	3	
差引法人税額（2）−（3）	4	
連結納税の承認を取り消された場合等における既に控除された法人税額の特別控除額の加算額	5	
土地譲渡税利益金額（別表三（二）「27」）	6	0　0　0
同上に対する税額（22）+（23）+（24）	8	0　0　0
課税留保金額（別表三（一）「4」）	9	0　0　0
同上に対する税額（別表三（一）「8」）		0　0　0
法人税額計（4）+（5）+（7）+（9）	10	
控除税額	13	
差引所得に対する法人税額（10）−（11）−（12）−（13）	14	5　0　0　0　0　0　0
中間申告分の法人税額	15	0　0
差引確定法人税額（14）−（15）	16	0　0

		十億　百万　千　円
所得税の額（別表六（一）「6の③」）	17	
外国税額（別表六（二）「20」）	18	
計（17）+（18）	19	
控除した金額（13）	20	
控除しきれなかった金額（19）−（20）	21	
土地譲渡税額（別表三「27」）	22	0
同上（別表三（二の二）「28」）	23	0
同上（別表三（三）「23」）	24	0　0
所得税額等の還付金額	26	
中間納付額（15）−（14）	27	
欠損金の繰戻しによる還付請求税額		
計（25）+（26）+（27）	28	
中間申告分の法人税額（67）	31	0　0
繰越し・繰り越す欠損金又は災害損失金（別表七（一）「5の合計」）	32	

この申告書による地方法人税額の計算

		十億　百万　千　円
課税標準法人税額の計算 所得の金額に対する法人税額（4）+（5）+（10）の外書）	33	
課税留保金額に対する法人税額（9）	34	
課税標準法人税額（33）+（34）	35	0　0　0
地方法人税額（60）	36	
課税留保金額に係る地方法人税額（61）	37	
所得地方法人税額（36）+（37）	38	
外国税額の控除額（別表六（二）「50」）	40	
差引地方法人税額（38）−（39）−（40）−（41）	42	0　0
中間申告分の地方法人税額	43	0　0
差引確定地方法人税額（42）−（43）又は（15）×記入）	44	0　0

		十億　百万　千　円
この申告による還付金額（43）−（42）	45	
所得の金額に対する法人税額（71）	47	
課税標準法人税額（72）	48	0　0　0
この申告前の地方法人税額（76）	49	

剰余金・利益の配当（剰余金の分配）の金額

法(301)-0101

税理士署名押印　　　㊞

つまり、仮に前事業年度の法人税額が 5,000,000 円だった場合には、

①5,000,000 円 ÷12＝416,666 円
②416,666 円 ×6＝2,499,996 円
③→2,499,900 円（100 円未満の端数は切り捨て）

となります。

　この計算は、前期の実績のみを考慮して中間申告分の法人税を算出しますので、当期の業績が大きな赤字となっているような場合には、会社に十分な資産がなく中間申告分の法人税を納付することが困難となっていることも想定できます。そういった場合には次の仮決算によって中間申告分の法人税を計算して申告することが認められています。

仮決算による中間申告書の提出

　当期の業績が前期の申告内容に比べて悪化したため、前年度実績の方法により計算した中間納付額を納期限までに納付することが困難である場合には、前年度実績の方法に代えて、その事業年度開始日から 6 か月間の期間における所得を仮に計算することによって、中間申告に係る法人税の予納額を計算して申告する方法を選択することができます。

　この方法を選択する場合には、中間申告書の提出期限までに、仮決算による中間申告書の提出をする必要がありますので注意が必要です。

　当期における上半期の業績を計算した結果、業績が前期に比べて悪化していたり、欠損が生じている場合には、仮決算による中間申告書を提出することによって、予定納税の減額ができるようになります。

　仮決算による中間申告書の提出期限は、前年度実績の場合と同様に、事業年度開始の日以後 6 か月を経過した日から 2 か月以内です。

仮決算による予納額の計算

仮決算による所得金額や法人税額の計算は、通常の確定申告の場合と同様にして計算しますが、6か月の期間についての計算となりますので、1年（12か月）を前提として計算している規定のものについては、12か月を前提としている数値を $\dfrac{6}{12}$ として計算する必要があります。具体的には次のものがあります。

- ・中小法人の軽減税率の適用金額（年800万円）
- ・交際費等の損金不算入額（年800万円の定額控除限度額）
- ・寄附金の損金不算入額（資本金基準額の計算）
- ・減価償却資産の償却費の限度額計算
- ・繰延資産の償却費の限度額計算

中小法人の軽減税率の適用金額（年800万円）

法人税の税率は23.2%となっていますが、中小法人等の場合には、その事業年度の所得金額のうち、年800万円までの部分に対して15%とする軽減税率が適用されます。この軽減税率が適用される年800万円までの所得金額は、1年分としての金額ですので、その半年分としての月数按分が必要となります。

$$8{,}000{,}000\text{円} \times \dfrac{6}{12} = 4{,}000{,}000\text{円}$$

御注意

平成　年　月　日
税務署長殿

納税地
電話（　　　）　　−
（フリガナ）
法人名
法人番号
（フリガナ）
代表者
記名押印
代表者
住所

添付書類

事業種目
期末現在の資本金の額又は出資金の額
同上が1億円以下の普通法人のうち中小法人に該当しないもの
非同族会社
同非区分　特定同族会社　同族会社　非同族会社
一般社団・財団法人のうち非営利型法人に該当するもの　非営利型法人
納税地及び
旧法人名等

青色申告　一連番号
整理番号
事業年度（至）
売上金額
申告年月日
通信日付印　確認印　庁指定　局指定　指導等　区分
申告区分

平成　　年　　　月　　　日　事業年度分の法人税
平成　　年　　　月　　　日　課税事業年度分の地方法人税
（中間申告の場合の計算期間　平成　年　月　日〜平成　年　月　日）

申告書
申告書

翌年以降送付要否　要　否
適用額明細書提出の有無　有　無
税理士法第30条の書面提出有
税理士法第33条の2の書面提出有

この申告書による法人税額の計算

		十億	百万	千	円
所得金額又は欠損金額（別表四「49の①」）	1				
法人税額（56）又は（57）	2				
	3				
差引法人税額（2）−（3）	4				
	5				
連結法人税個別帰属支払額	6			0 0 0
課税土地譲渡利益金額 同上に対する税額（22）+（23）+（24）	7			0 0 0
留保金 課税留保金額（別表三（一）「4」）	8			0 0 0
同上に対する税額（別表三（一）「8」）	9			
法人税額計（4）+（5）+（7）+（9）	10			
控除税額	13			
差引所得に対する法人税額（10）−（11）−（12）−（13）	14			0 0
中間申告分の法人税額	15			
差引確定／中間申告の場合はその法人税額／税額とし、マイナスの場合は（16）へ記入	16			0 0

	所得税の額	十億	百万	千	円
控除税額の計算	所得税の額（別表六（一）「6の③」）	17			
	外国税額（別表六（二）「20」）	18			
	計（17）+（18）	19			
	控除した金額（19）−（20）	20			
	控除しきれなかった金額（19）−（20）	21			
	土地譲渡税額（別表三（二）「27」）	22			0 0
所得税額等の内訳	（別表三（二の二）「28」）	23			0 0
	（別表三（三）「23」）	24			0 0
	所得税額等の還付金額（21）				
	中間納付額（15）−（14）				
この申告による還付金額	欠損金の繰戻しによる還付請求税額				
	計（25）+（26）+（27）				
	この申告前の所得金額又は欠損金額	30			0 0
	この申告により納付すべき法人税額又は減少する還付請求税額	31			0 0
	欠損金又は災害損失金等の当期控除額（別表七（一）「5の計」）				
	翌期へ繰り越す欠損金又は災害損失金（別表七（一）「5の計」）				

この申告書による地方法人税額の計算

所得の金額に対する法人税額	33					この申告による還付金額（43）−（42）	45	
課税留保金額に対する法人税額	34					この申告前の課税標準法人税額（70）	46	
課税標準法人税額（33）+（34）	35		0 0 0		この申告により納付すべき法人税額（72）	47		
地方法人税額（60）	36				課税留保金額に係る地方法人税額（61）	48		0 0 0
課税留保金額に係る地方法人税額（36）+（37）	37				この申告により納付すべき地方法人税額（72）	49		0 0 0
所得地方法人税額（36）+（37）	38							
外国税額の控除額（別表六（二）「50」）	40				剰余金・利益の配当（剰余金の分配）の金額			
差引地方法人税額（38）−（39）−（40）−（41）	42				決算確定の日			
中間申告分の地方法人税額	44							

還付を受けようとする金融機関等
銀行・金庫・組合・農協・漁協　本店・支店　出張所　本所・支所　ゆうちょ銀行の貯金記号番号
預金　口座番号
郵便局名等
※税務署処理欄

法0301-0101

税理士署名押印

| 事 業
年 度 等 | ・　・ | 法 人 名 | | 別表（一）次葉　平三十・四・一以後終了事業年度等分 |

外 国 関 係 会 社 等 に 係 る 控 除 対 象 所 得 税 額 等 相 当 額 等 の 控 除 額 及 び 仮 装 経 理 に 基 づ く 過 大 申 告 の 更 正 に 伴 う 控 除 法 人 税 額 等 の 内 訳				
法人税	外国関係会社等に係る控除 対象所得税額等相当額の控除額 （別表十七（三の十二）「3」）	11		外国関係会社等に係る控除 対象所得税額等相当額の控除額 （別表十七（三の十二）「4」と（38） のうち少ない金額）	39	
	仮装経理に基づく過大申告 の更正に伴う控除法人税額	12		仮装経理に基づく過大申告 の更正に伴う控除地方法人税額	41	

法　　人　　税　　額　　の　　計　　算						
中小法人等の場合	(1)の金額又は800万円×$\frac{6}{12}$ 相当額のうち少ない金額	50	000	(50)の15％相当額	54	
	年800万円 (1)のうち相当額を超える金額 (1)－(50)	51	000	(51)の23.4％又は23.2％相当額	55	
	所　得　金　額 (50)＋(51)	52	000	法　人　税　額 (54)＋(55)	56	
その他の法人の場合	所　得　金　額 (1)	53	000	法　人　税　額 ((53)の23.4％又は23.2％相当額)	57	

※図中に「6」と矢印による補足あり

地　　方　　法　　人　　税　　額　　の　　計　　算						
所得の金額に対する法人税額 (33)	58	000	(58)の4.4％相当額	60	
課税留保金額に対する法人税額 (34)	59	000	(59)の4.4％相当額	61	

こ　の　申　告　が　修　正　申　告　で　あ　る　場　合　の　計　算							
この申告前の法人税額の計算	所得金額又は欠損金額	62		地方法人税額の計算 この申告前の	所得の金額に対する 法　人　税　額	70	
	課税土地譲渡利益金額	63			課税留保金額に対する 法　人　税　額	71	
	課　税　留　保　金　額	64			課税標準法人税額 (70)＋(71)	72	000
	法　　人　　税　　額	65			確定地方法人税額	73	
	還　　付　　金　　額	66	外		中　間　還　付　額	74	
この申告により納付すべき法人税額 又は減少する還付請求税額 ((16)－(65))若しくは((16)＋(66)) 又は((66)－(65))	67	外 00			欠損金の繰戻しによる 還　　付　　金　　額	75	
この申告前の	欠損金又は災害損失金等 の　当　期　控　除　額	68			この申告により納付すべき 地　方　法　人　税　額 ((44)－(73))若しくは((44)＋(74)＋(75)) 又は((74)＋(45))＋(75)－(45の外書))	76	00
	翌期へ繰り越す欠損金 又 は 災 害 損 失 金	69					

法　0301－0101－次

交際費等の損金不算入額（年 800 万円の定額控除限度額）

　期末資本金の額又は出資金の額が 1 億円以下である法人における交際費等の損金不算入額は、支出交際費等の額のうち、年 800 万円として計算した定額控除限度額に達するまでの金額を超える部分の金額若しくは、支出交際費等の額のうち、接待飲食費の 50%に相当する金額を超える部分の金額のいずれかの金額となります。

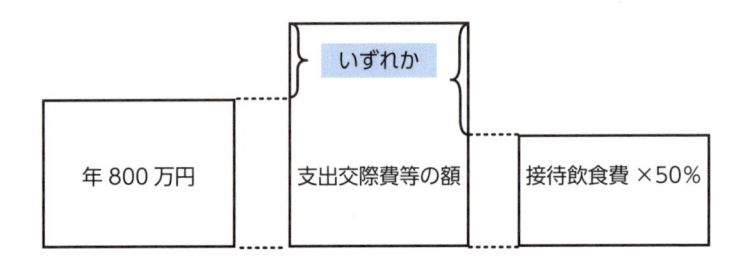

　このときに計算する定額控除限度額の計算において、年 800 万円は 1 年分としての金額ですので、その半年分としての月数按分が必要となります。

$$8{,}000{,}000\,円 \times \frac{6}{12} = 4{,}000{,}000\,円$$

①　交際費等の損金算入に関する明細書

事業年度	： ：	法人名	

別表十五　平三十・四・一以後終了事業年度分

		円				円
支出交際費等の額（8 の計）	1	**6**	損金算入限度額(2)又は(3)	4		
支出接待飲食費損金算入基準額（9 の計）× $\frac{50}{100}$	2					
中小法人等の定額控除限度額（(1)の金額又は800万円× $\frac{6}{12}$ 相当額のうち少ない金額	3		損金不算入額(1)－(4)	5		

支出交際費等の額の明細

科　　目	支　出　額	交際費等の額から控除される費用の額	差引交際費等の額	(8)のうち接待飲食費の額
	6	7	8	9
交　際　費	円	円	円	円
計				

法　0301－1500

寄附金の損金不算入額（資本金基準額の計算）

　寄附金の損金不算入額の計算では、一般の寄附金の損金算入限度額の計算で、形式的に期末の資本金等の額を基にして算出する資本金基準額と当期の所得の金額を基にして算出する所得基準額から損金算入限度額を計算しています。このときに計算される資本金基準額の計算において、期末資本金等の額は、１年を前提とした基準値となるため、半年分の月数按分が必要となります。

$$\boxed{\text{資本金基準額}} + \boxed{\text{所得基準額}} \times \frac{1}{4} = \text{損金算入限度額}$$

$$\text{期末資本金等の額} \times \frac{6}{12} \times \frac{2.5}{1{,}000} = \text{資本金基準額}$$

$$\text{所得の金額} \times \frac{2.5}{100} = \text{所得基準額}$$

③ 寄附金の損金算入に関する明細書

事業年度	・　・	法人名	

別表十四(二)　平三十・四・一以後終了事業年度分

公益法人等以外の法人の場合

一般寄附金の損金算入限度額の計算	支出した寄附金の額	指定寄附金等の金額 (41の計)	1	円
		特定公益増進法人等に対する寄附金額 (42の計)	2
		その他の寄附金額	3
		計 (1)＋(2)＋(3)	4
		完全支配関係がある法人に対する寄附金額	5
		計 (4)＋(5)	6
	所得金額 (別表四「25の①」)		7
	寄附金支出前所得金額 (6)＋(7) (マイナスの場合は0)		8
	同上の $\frac{2.5 又は 1.25}{100}$ 相当額		9
	期末の資本金等の額 (別表五(一)「36の④」) (マイナスの場合は0)		10
	同上の月数換算額 (10) × $\frac{6}{12}$		11
	同上の $\frac{2.5}{1,000}$ 相当額		12
	一般寄附金の損金算入限度額 ((9)＋(12)) × $\frac{1}{4}$		13
特定公益増進法人等に対する寄附金の特別損金算入限度額の計算	寄附金支出前所得金額の $\frac{6.25}{100}$ 相当額 (8) × $\frac{6.25}{100}$		14
	期末の資本金等の額の月数換算額の $\frac{3.75}{1,000}$ 相当額 (11) × $\frac{3.75}{1,000}$		15
	特定公益増進法人等に対する寄附金の特別損金算入限度額 ((14)＋(15)) × $\frac{1}{2}$		16
	特定公益増進法人等に対する寄附金の損金算入額 ((2)と((14)又は(16))のうち少ない金額)		17
	指定寄附金等の金額 (1)		18
	国外関連者に対する寄附金額及び本店等に対する内部寄附金額		19
	(4)の寄附金額のうち同上の寄附金以外の寄附金額 (4)－(19)		20
損金不算入額	同上のうち損金の額に算入されない金額 (20)－((9)又は(13))－(17)－(18)		21
	国外関連者に対する寄附金額及び本店等に対する内部寄附金額(19)		22
	完全支配関係がある法人に対する寄附金額 (5)		23
	計 (21)＋(22)＋(23)		24

その中央部に大きく **6** と記載（矢印で11の欄を指す）

公益法人等の場合

損金算入限度額の計算	支出した寄附金の額	長期給付事業への繰入利子額	25	円
		同上以外のみなし寄附金額	26
		その他の寄附金額	27
		計 (25)＋(26)＋(27)	28
	所得金額仮計 (別表四「25の①」)		29
	寄附金支出前所得金額 (28)＋(29) (マイナスの場合は0)		30
	同上の $\frac{20 又は 50}{100}$ 相当額 $\frac{50}{100}$ 相当額が年200万円に満たない場合 (当該法人が公益社団法人又は公益財団法人である場合を除く。)は、年200万円		31
	公益社団法人又は公益財団法人の公益法人特別限度額 (別表十四(二)付表「31」)		32
	長期給付事業を行う共済組合等の損金算入限度額 (25)と融資額の年5.5%相当額のうち少ない金額		33
	損金算入限度額 (31)、((31)と(32)のうち多い金額)又は((31)と(33)のうち多い金額)		34
	指定寄附金等の金額 (41の計)		35
	国外関連者に対する寄附金額及び完全支配関係がある法人に対する寄附金額		36
	(28)の寄附金額のうち同上の寄附金以外の寄附金額 (28)－(36)		37
損金不算入額	同上のうち損金の額に算入されない金額 (37)－(34)－(35)		38
	国外関連者に対する寄附金額及び完全支配関係がある法人に対する寄附金額 (36)		39
	計 (38)＋(39)		40

指定寄附金等に関する明細

寄附した日	寄附先	告示番号	寄附金の使途	寄附金額 41
				円
		計		

特定公益増進法人若しくは認定特定非営利活動法人等に対する寄附金又は認定特定公益信託に対する支出金の明細

寄附した日又は支出した日	寄附先又は受託者	所在地	寄附金の使途又は認定特定公益信託の名称	寄附金額又は支出金額 42
				円
		計		

その他の寄附金のうち特定公益信託（認定特定公益信託を除く。）に対する支出金の明細

支出した日	受託者	所在地	特定公益信託の名称	支出金額
				円

法　0301－1402

減価償却資産の償却費の限度額計算

　事業年度が1年未満の法人についての減価償却費の計算は、次のそれぞれの償却方法を選択している資産によって、それぞれ次の計算をします。

◆定額法、旧定額法又は定率法を選択している資産の場合は、それぞれの償却率と改定償却率を月数按分して使用します。なお、償却率又は改定償却率の計算結果の数値に小数点以下3位未満の端数があるときは、その端数を切り上げます。

●定額法、旧定額法又は定率法を選択している資産の場合

$$通常の償却率 \ \times \ \frac{6}{12} \ = \ 仮決算で使用する償却率$$

$$通常の改定償却率 \ \times \ \frac{6}{12} \ = \ 仮決算で使用する改定償却率$$

※小数点以下3位未満の端数は切り上げる

- -

◆旧定率法を選択している資産については耐用年数を月数按分してその耐用年数に応ずる旧定率法の償却率を使用します。なお、耐用年数の計算結果に1年未満の端数があるときはその端数は切り捨てます。

●旧定率法を選択している資産

$$通常の耐用年数 \ \times \ \frac{12}{6} \ = \ 仮決算で使用する耐用年数$$

※1年未満の端数は切り捨てる
※上記で計算した耐用年数に応ずる旧定率法の償却率を使用する

別表十六（二）

平三十・四・一以後終了事業年度又は連結事業年度分

旧定率法又は定率法による減価償却資産の償却額の計算に関する明細書

事業年度又は連結事業年度	・・	法人名	

繰延資産の償却費の限度額計算

　繰延資産の償却計算は、支出した金額に対して、当期の期間のうちに含まれる償却期間の月数を全体の償却期間の月数で按分して償却限度額を算出します。

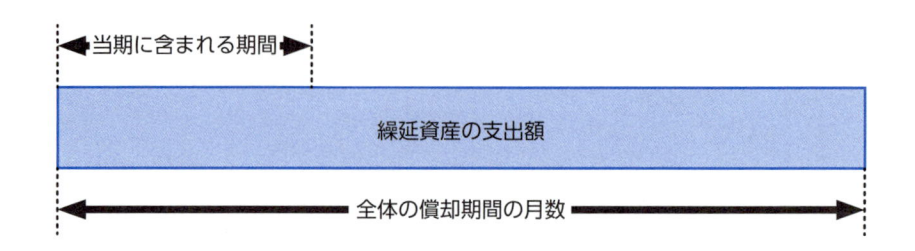

　このときに使用する当期の期間のうちに含まれる償却期間の月数は通常の決算では1年分の期間である12か月が使用されますが、仮決算の場合には、半年分の月数である6か月を使用することとなります。

$$支出した金額 \times \frac{6}{償却期間の月数} = 償却限度額$$

① 繰延資産の償却額の計算に関する明細書

事業年度 又は連結 事業年度	・　・	法人名	（　　　　）

別表十六（六）

平三十・四・一以後終了事業年度又は連結事業年度分

Ⅰ　均等償却を行う繰延資産の償却額の計算に関する明細書

繰　延　資　産　の　種　類	1					
支　出　し　た　年　月	2	昭 平　　・	昭 平　　・	昭 平　　・	昭 平　　・	昭 平　　・
支　出　し　た　金　額	3	円	円	円	円	円
償　却　期　間　の　月　数	4			月	月	月
当期の期間のうちに含まれる 償　却　期　間　の　月　数	5					
当　期　分　の　償　却　限　度　額 $(3) \times \dfrac{(5)}{(4)}$	6	円	円	円	円	円
当　　期　　償　　却　　額	7					
差 引	償　却　不　足　額 $(6)-(7)$	8					
	償　却　超　過　額 $(7)-(6)$	9					
償 却 超 過 額	前　期　か　ら　の　繰　越　額	10	外	外	外	外	外
	同上のうち当期損金認容額 （(8)と(10)のうち少ない金額）	11					
	翌　期　へ　の　繰　越　額 $(9)+(10)-(11)$	12					

6

Ⅱ　一時償却が認められる繰延資産の償却額の計算に関する明細書

繰　延　資　産　の　種　類	13					
支　出　し　た　金　額	14	円	円	円	円	円
前期までに償却した金額	15	外	外	外	外	外
当　　期　　償　　却　　額	16					
期　末　現　在　の　帳　簿　価　額	17					

法　0301－1606

3 減価償却費の計上をしないとどうなるのか

減価償却資産は全額費用に計上できない

　減価償却資産は、購入した事業年度において、一度にその全額を費用として計上することが認められていません。減価償却資産を購入したら、減価償却という手続きに従って、その資産ごとに法律で定められた耐用年数に応じて、一定額を毎期の決算で損金に算入していきます。ここで会社が費用計上をする勘定科目や費用のことを減価償却費といいます。

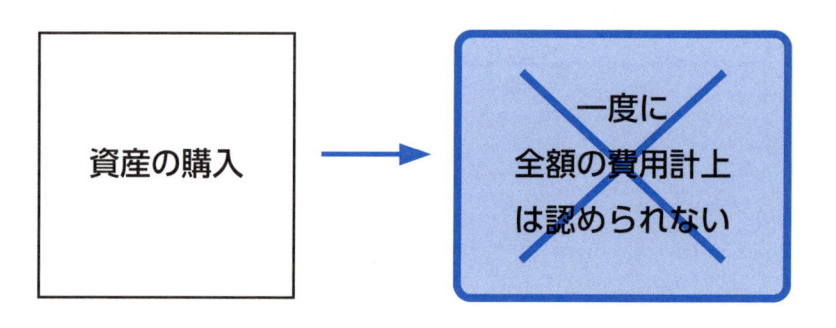

減価償却の仕組み

　減価償却資産を減価償却する仕組みとしては、資産を購入したときには、その購入時の取得価額がまず一旦、貸借対照表に計上されます。資産として計上した減価償却資産は減価償却の手続きに従って順次その取得価額を減額すると同時にその金額が費用として損益計算書に計上されます。減価償却費は、取得価額を減額し、その減額した金額が費用として計上される仕組みとなっています。

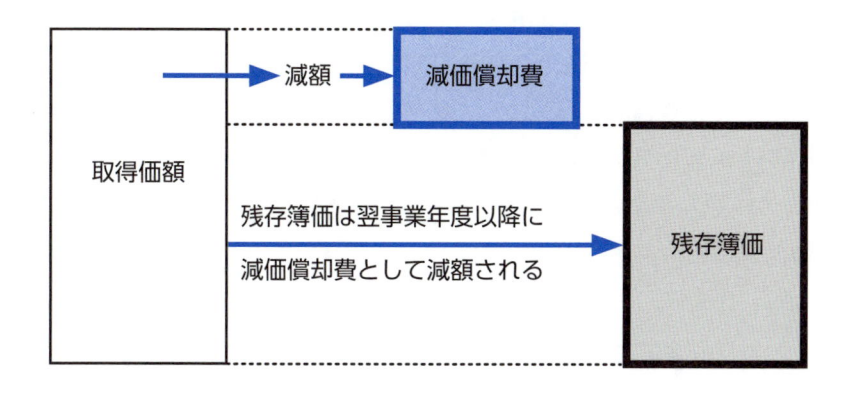

耐用年数に応じて償却する

　減価償却資産は、耐用年数に応じて償却します。耐用年数とは、その資産を使い始めてから使い終わるまでの期間を予測した、法律で定められた年数をいいます。耐用年数省令では資産ごとに区分してその用途や構造ごとに細かくその耐用年数が定められています。

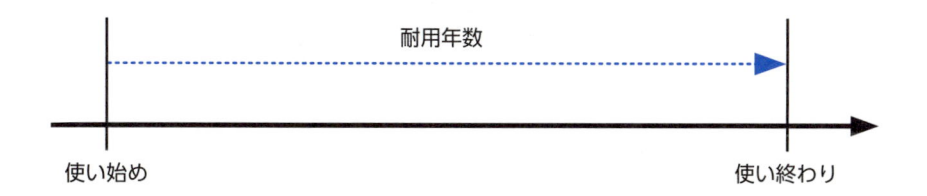

事業年度ごとに費用を計上する

　減価償却資産は、各事業年度ごとに定められた耐用年数の期間を通じて順次費用化していきます。資産として貸借対照表に計上された減価償却資産の取得価額は、減価償却の償却計算により、毎期一定額が費用として認められます。そしてその金額を費用として計上する場合にはその金額が同時に帳簿価額から減額されます。

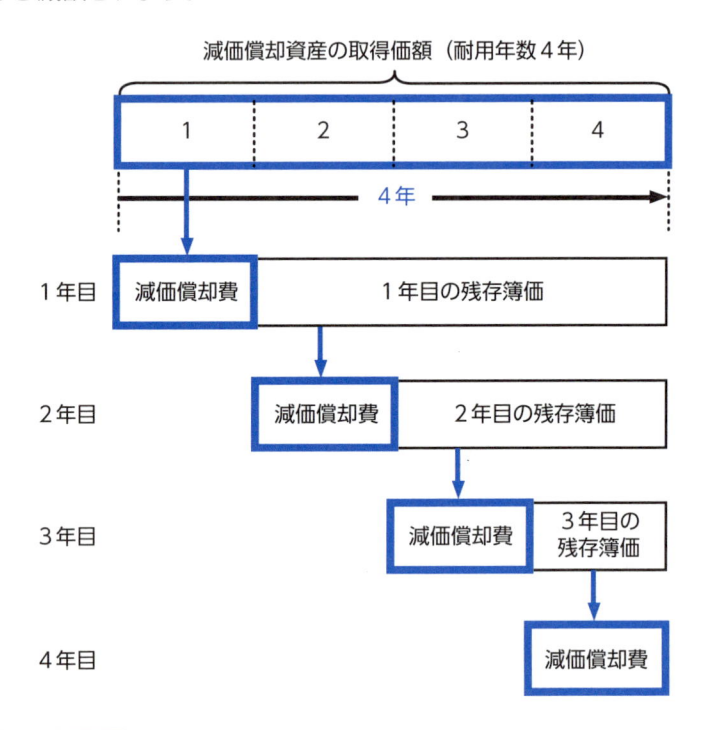

減価償却資産の取得価額（耐用年数４年）

限度額を超えると損金不算入

　減価償却費を当期の費用として認識するためには、税務上の償却限度額の範囲内で償却費として損金経理する必要があります。

　税務上の償却限度額を超える償却費については、法人税の申告によって償却超過額として損金不算入の税務調整がされます。

範囲内であれば任意償却

　しかし、税務上の償却限度額の範囲内で会社が損金経理をした金額が当期の損金として認められる金額となりますので、その限度額の範囲内であれば会社の損金経理額はいくらでも自由に調整することができます。当期において会社が償却費の計上をしなくても、それは会社が「当期は償却費の計上をしなかった」という意思として認められます。

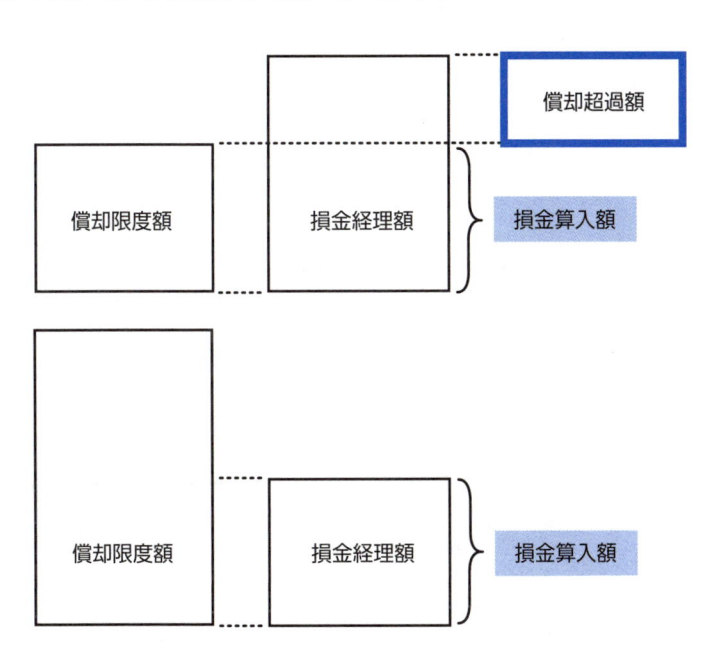

権利を放棄した扱いとなる

　損金に算入しなかった減価償却費に相当する金額は、税務上は当期において損金算入することができる権利を放棄した扱いとなります。

翌期分に加算することはできない

　当期において償却費として損金算入しなかった減価償却費相当額は、翌事業年度において、翌期分の償却費に加算して損金算入することはできません。たとえば、2期目において会社が償却費の計上をしなかった場合には、その

２期目に計上できた償却費に相当する金額は３期目以降の事業年度の償却費として持ち越すことが許されるのではなく、３期目以降にずれ込むことが許されることとなります。

償却の機会が最終年度にずれ込む

従って、２期目に償却されなかった償却費相当額は３期目に償却できることとなり、３期目に償却するはずだった償却費相当額は、４期目に、そして最終的には５期目の償却にそれぞれ償却しなかった償却費相当額がそれぞれずれていく結果となります。

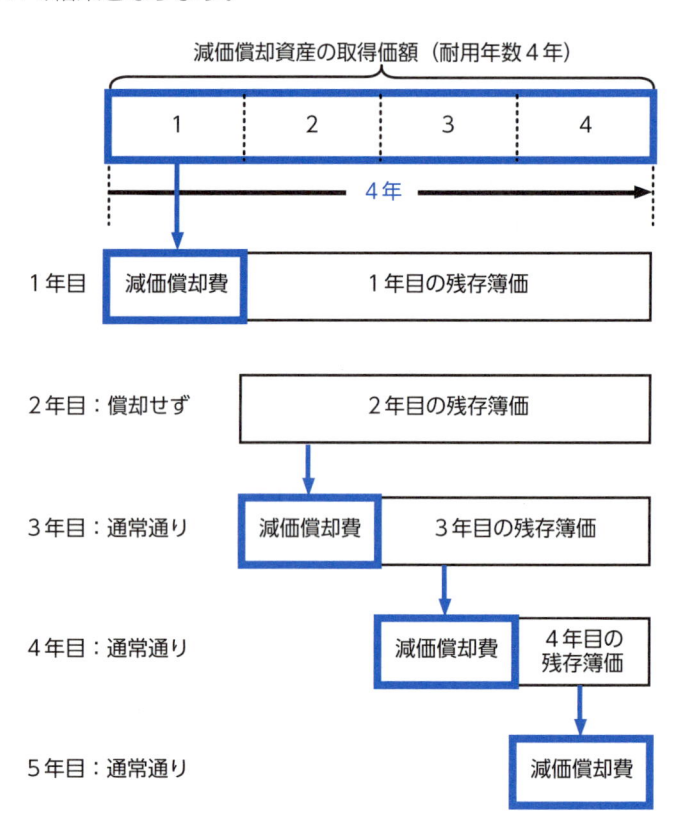

減価償却資産の取得価額（耐用年数４年）

2期目に少しだけ償却した場合

　2期目において少しだけ償却した場合であっても、償却しなかった分の償却費相当額は、翌期以降に順々にずれ込むだけで、翌事業年度の税務上の償却限度額がその分多くなるわけではありません。あくまでも翌期以降においても一事業年度分の償却限度額は通常通りの金額となります。

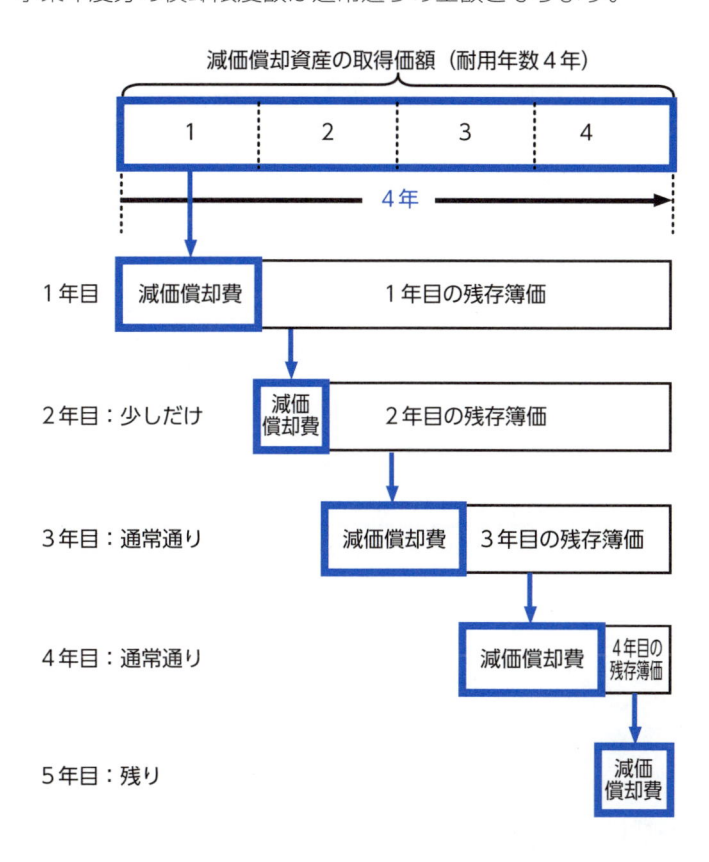

欠損事業年度での調整

　法人税法では減価償却の取扱いについては、上記のように損金の額に計上する減価償却費を調整することができる任意償却が認められています。そこで費用をできる限り抑えたいような欠損事業年度である場合には、当期に償却する金額を調整することによって利益調整をすることが可能となります。

　また、欠損事業年度となる事業年度において減価償却をせずにそのまま置いておくこともできます。このときに注意しなければならないことは、翌事業年度の決算において、当期に償却しなかった償却費相当額は翌事業年度の償却限度額に加算して損金算入することはできない、ということです。

欠損金の繰越控除か順延かを選択する

　ここで、欠損金の繰越控除の規定との天秤がけが必要となります。

　つまり、当期に損金の額に算入することができる減価償却費は、当期に損金算入しておかなければ、その資産の償却費相当額が次に損金算入できるタイミングは、耐用年数が4年の資産であれば5年目の事業年度まで順延されるということです。年数が短かければピンとこないかもしれませんが、たとえば耐用年数が50年の資産であれば51年目の事業年度ということです。しかし、当期において減価償却費相当額を損金算入した場合には、その減価償却費相当額は、当期の欠損金の構成要素となりますので、翌事業年度において所得が生じた場合には、翌事業年度分の償却費と共に、一括して損金算入することが可能となります。

◆欠損事業年度に減価償却費を計上した場合

　第11期において減価償却費を損金の額に算入した場合には、第11期が欠損事業年度の場合、その損金算入をした金額は、繰越欠損金に転化され、翌事業年度以降の所得金額から控除することができるようになります。

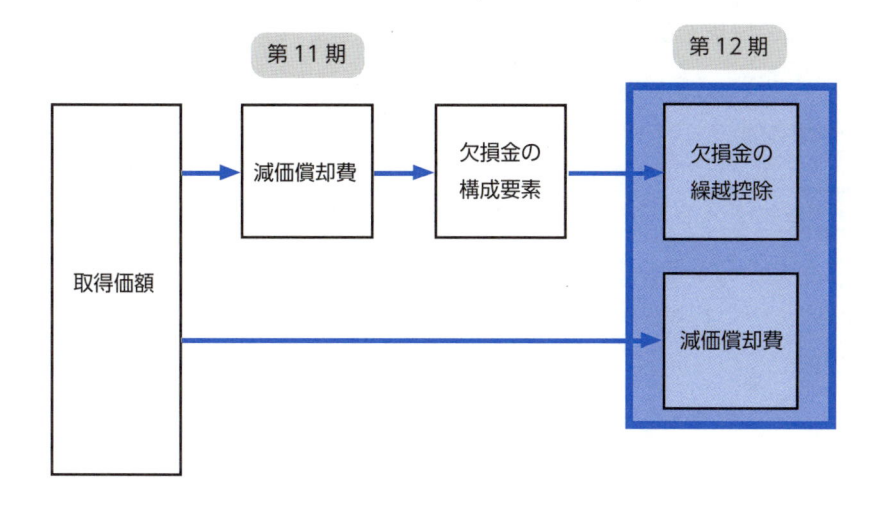

◆**欠損事業年度に減価償却費を計上しなかった場合**

　第11期において減価償却費を損金の額に算入しなかった場合には、第11期が欠損事業年度の場合、その損金算入をしなかった金額は、翌事業年度以降の減価償却費として償却できるタイミングが順延されるのみとなります。

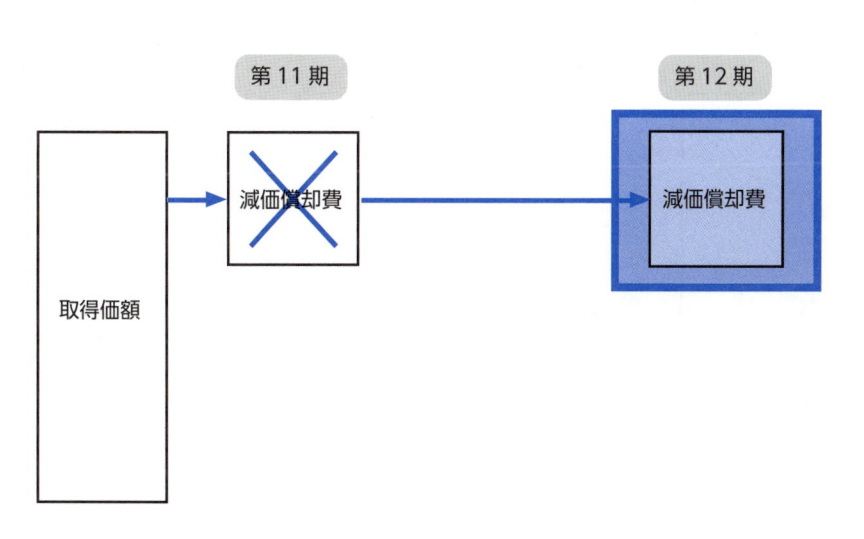

欠損金の繰越しは 10 年間

　繰越欠損金の繰越期間は平成 30 年 4 月 1 日以後に開始する事業年度分からの欠損金額について 10 年間認められます。

欠損金額は古いものから順次切り捨てられる

　しかし、この繰越控除が認められている期間内の事業年度において、所得が発生せず、控除ができなかった場合には、その欠損金額は古いものから順次切り捨てられます。

　つまり、事例のように第 11 期において減価償却をした償却費相当額について、通常通り損金算入することによって、第 11 期の欠損金額として一旦転化してしまった欠損金額については、それはもはや減価償却資産の取得価額からなる費用としての立場を有するものではなく、欠損金としての立場として繰り越されることとなります。その繰越欠損金として過ごす期間を過ぎてしまった場合には、控除前所得金額から控除できる権利は無くなってしまいますので、結果的に切り捨てられることとなります。

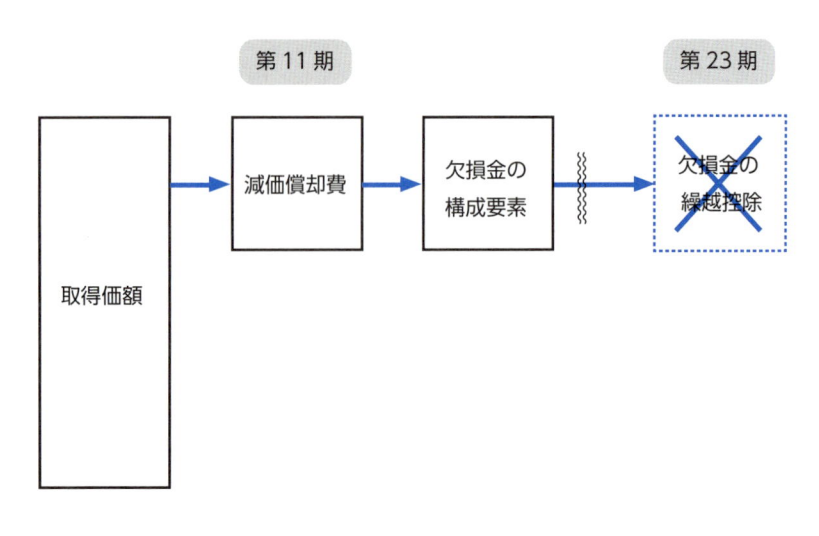

◆減価償却しなければ切り捨てられない

　逆に、第11期においてその資産の減価償却をせず、その後ずっと償却をしなかった場合には、欠損金の繰越期間である10年が過ぎてしまった第23期においても、通常の減価償却計算によりその償却費相当額をこのタイミングで損金算入することができます。

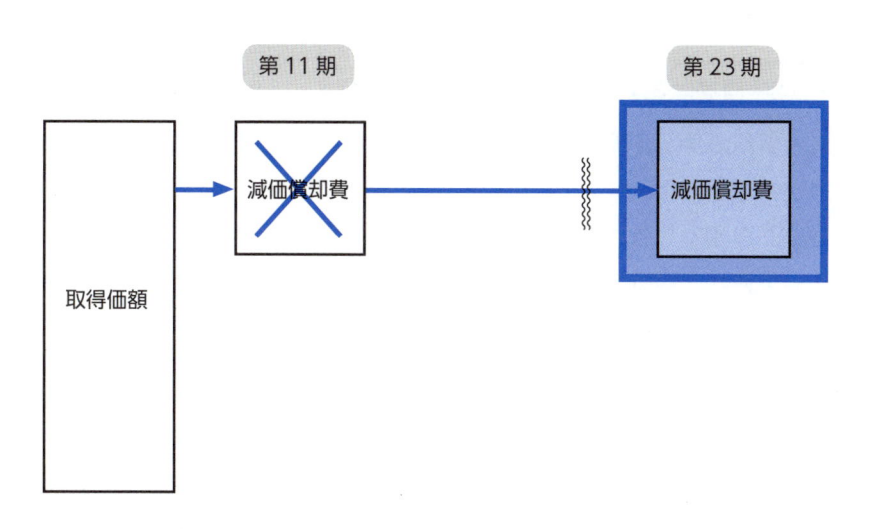

欠損金に転化するかを検討する

　このように、当期が欠損事業年度となる事業年度においては、減価償却費として計上できる金額がある場合には、その損金算入額を欠損金に転化するかどうかを検討する必要があります。

対象資産の耐用年数を留意する

　耐用年数が10年未満であるような、年数の短い資産であれば、欠損金として転化したとしても、その間にも新たな資産への入れ替えなどにより、除却損を計上するタイミングにも遭遇するでしょうが、建物など耐用年数が50年など、長期に渡って償却をしていく資産であれば、その事業年度において損金算入しなかった減価償却費相当額は、その資産を売却でもしない限り、通常であれば50年後に通常の償却費としてやっと計上ができることとなります。

減価償却費と売却原価は立場が違う

　減価償却資産における減価償却費の計上と欠損金への転化との関係は上で説明したとおりですが、減価償却資産を売却したときの売却原価や除却したときの除却損については、費用計上の時期だけでなく、減価償却費と売却原価や除却損とのそれぞれの費用としての立場も違うこととなります。

売却や除却をすると残存簿価が費用となる

　減価償却資産の取得価額の費用配分における手続きは、減価償却の手続きで行いますが、その資産を売却する際には、減価償却により残された残存簿価が売却原価となり、その売却原価の額は損金の額に算入されます。また、減価償却資産を除却する場合もそのときの残存簿価が除却損となり、その除却損の額は損金の額に算入されます。

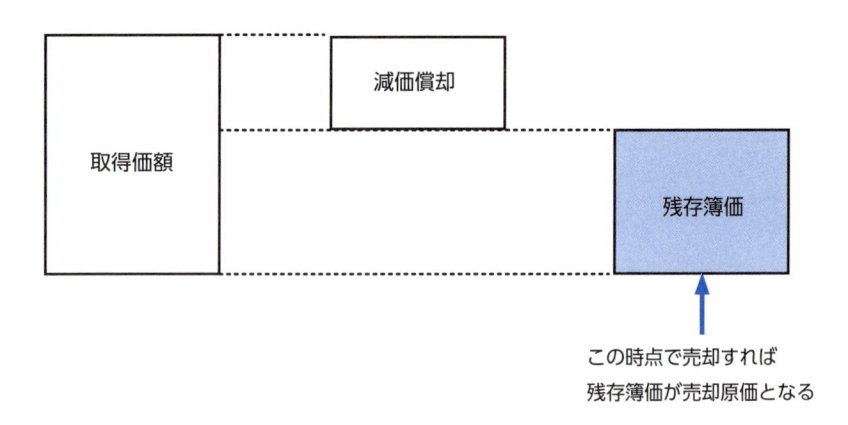

この時点で売却すれば
残存簿価が売却原価となる

償却されなかった帳簿価額が残存簿価となっている

　つまり、減価償却資産を取得してから所有している期間中の事業年度において、任意償却により減価償却費を損金の額に計上しなかった場合には、その期間中に損金の額に算入しなかった減価償却費相当額は、その資産の帳簿価額から減額されず、残存簿価に含まれていることになります。

　任意償却により損金の額に算入しなかった減価償却費相当額は、その資産を売却した時点では、逆に売却原価を構成する要素となるわけです。

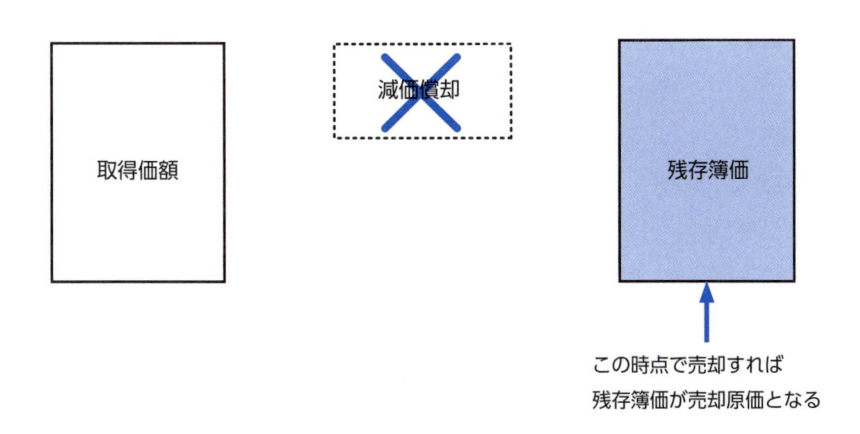

この時点で売却すれば
残存簿価が売却原価となる

売却原価の損金算入は強制

　業績不振で営業成績が芳しくないために、会社の備品を売却する場合があります。そのような場合には、その資産の残存簿価は、すなわち売却原価を構成することになりますので、減価償却費の計上をしなかったとしても、売却をした時点でその売却原価は強制的にその事業年度の損金の額に算入されます。

　売却原価については、任意計上は認められませんので注意が必要です。

除却損は調整できる

　しかし、資産を売却するのではなく、除却をする場合には、法律上は除却した時点で、その帳簿価額について除却損の計上をすることとなります。除却とは、会社がその資産を処分することによって生ずる損失となります。ですので、逆に会社が処分をしなければ除却損の計上は必要がないものとなります。自動車のように、その資産を所有しているだけで維持管理費などのコストがかかるものであれば、売却できなければ早いタイミングで除却をした方が無駄な出費を抑えることができますが、ノートパソコンのように、使用しなくなったものであっても、特別な維持管理のためのコストがかからないようなものであれば、会社の都合の良いタイミングで除却をすることが好ましい処理といえます。

都合の良いタイミングとは調整したいタイミング

　会社にとって都合の良いタイミングとは、通常は利益が出た事業年度で利益調整をしたいタイミングとなります。欠損事業年度における除却損の計上は欠損金額を増やす処理となりますが、所得金額が生じる事業年度における除却損の計上は、所得金額を減少させる処理となります。

　貸借対照表に計上されている残存簿価のある備品で、不要になったものがある場合には、それを除却するタイミングも検討するとよいでしょう。

耐用年数の特性を理解する

　減価償却資産の減価償却費の計上は任意償却となりますので、税務上の償却限度額の範囲内であれば会社が自由に損金算入する金額を決めることができます。しかしそれはあくまでも、償却限度額の範囲内で認められるものですので、その償却限度額の金額を超えた金額を損金算入させることはできません。

　償却限度額は耐用年数に従って償却できる金額を計算したものですから、その年数は短ければ短いほど、その事業年度における償却限度額は大きくなります。このように減価償却費として計上できる金額は、その減価償却資産の耐用年数にも大きく関係していますので、そのことも理解しなければいけません。

新品の資産は耐用年数が決まっている

　新品の資産については、使用者の使い方が乱暴だったり、想定よりも頻繁に稼働することによって、法律で定めた耐用年数よりも短い期間で消耗してしまったりもします。実際に使用する年数は使用者の実際の使用状況によっても様々です。

　しかし、基本的に法定耐用年数は、機械装置であれば通常1日8時間の稼働をした場合に何年使用に耐えるのか、ということを想定して年数が定められています。

すべての法人が同じ耐用年数を使用する

　新品で購入した減価償却資産であれば、使用者の使用方法にかかわらず、すべての法人が法律で定められた同じ耐用年数を使用して減価償却費の計算をします。使用期間が1年未満である減価償却資産はその全額の費用計上が認められますが、それ以外のものについては、例えば法定耐用年数が10年の資産について、当社は4年でその資産を消耗するため、その資産を4年周期で入れ替えをする予定であっても、税務上の減価償却の計算では、法定耐用年数の10年を使用しなければならないルールとなっています。

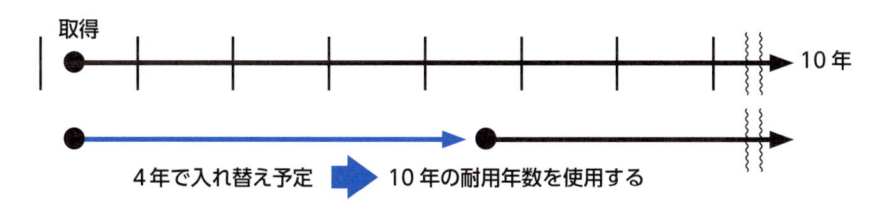

中古資産は耐用年数を見積もることができる

　一方同じ資産であっても、中古で購入した場合には、法定耐用年数ではなく、会社が見積もった短い耐用年数を使用して減価償却費の計算をしても構いません。中古資産の見積もり耐用年数の規定は、新品で取得した場合を想定した法定耐用年数よりも合理的に見積もった短い耐用年数を使用することが認められています。

耐用年数が短かければ減価償却費は増える

　減価償却資産の減価償却費は、耐用年数の長短によってその計上額が変わります。取得価額が同額の資産であっても、耐用年数が短い方が減価償却費の額は大きくなります。

　例えば、1,000,000円で購入した資産を4年の定額法で償却計算した場合には、1年間の減価償却費は250,000円（＝1,000,000円÷4年）となります。しかし、5年で計算すると、1年間の減価償却費は200,000円（＝1,000,000円÷5年）となり、5年の耐用年数による償却費よりも4年の耐用年数によ

る償却費の方が、１年間の減価償却費は大きくなるのです。

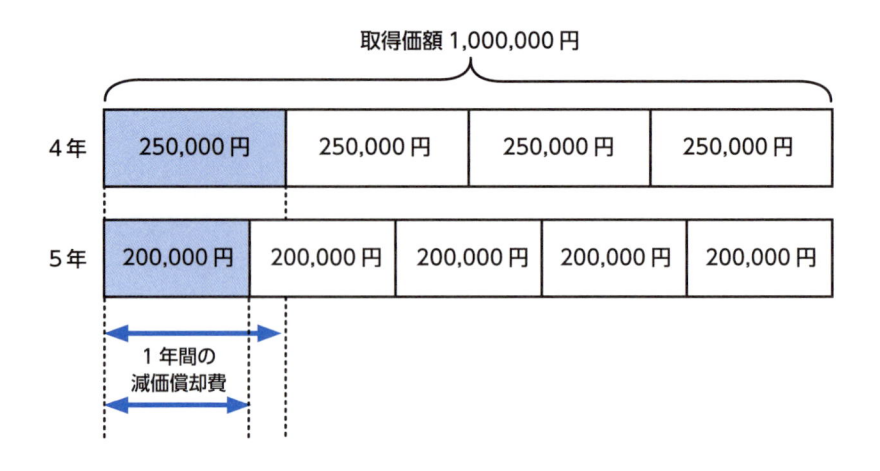

中古資産でも法定耐用年数が選択できる

　中古資産の見積もり耐用年数は、合理的な方法により耐用年数を見積もることができます。しかし、法人が中古資産の耐用年数を見積もらないで、最初から法定耐用年数を使用して減価償却の計算をすることもできます。

途中からの変更はできない

　ただし、一度決定した見積もり耐用年数はその後の事業年度において変更することはできませんので、注意が必要です。

簡便法による耐用年数の見積もり

　中古資産を取得したときには、その中古資産はどれくらいの期間について使用する予定で取得したのかを検討して、耐用年数を見積もるとよいです。法律上は「合理的に見積もる」とありますので、会社の恣意性を考慮して、簡便計算による決まった方法で見積もり計算をするのが保守的な見積もりであるとされています。

●経過年数が法定耐用年数よりも短い場合

　（法定耐用年数 − 経過年数）＋ 経過年数 × 20% ＝ ※見積もり耐用年数

●経過年数が法定耐用年数の全部を経過している場合

　法定耐用年数 × 20% ＝ ※見積もり耐用年数

※計算結果が２年未満となる場合には２年とします。
※１年未満の端数は切り捨てます。

自由に調整できるようにしておくと便利

　中古資産の見積もり耐用年数の見積もり計算は、少々面倒であっても少しでも短い耐用年数を使用して償却計算をしておくことが望ましいです。たとえ中古資産であっても、償却限度額の範囲内であれば、法人税では新品の減価償却資産と同様に任意償却が認められます。損金算入できる金額の範囲は少しでも多く自由に調整できるようにしておくと、欠損事業年度も所得事業年度も共に柔軟に対応することが可能となります。

耐用年数により決まった金額が費用になる

　減価償却資産の償却計算には、主なものとして、最初の取得価額を耐用年数で按分し、毎期において一定額を償却する方法である定額法と、残存簿価に一定の定率法償却率を乗じて、最初の年は償却額が多く、次第に償却額が減っていく定率法などがあります。これらの償却方法は資産の種類ごとに会社が選択できる方法が法律で定められています。これらの償却方法の選択は、資産の種類ごとに統一して選択する必要があります。（第３章❷参照）

4 特別償却制度の選択と翌事業年度のための準備

　新品の機械及び装置などを取得して国内にある製造業、建設業などの指定事業の用に供した場合には、その事業年度において、特別償却の適用を受けることができます。特別償却は、通常の減価償却費に特別償却費をプラスして減価償却できる制度です。

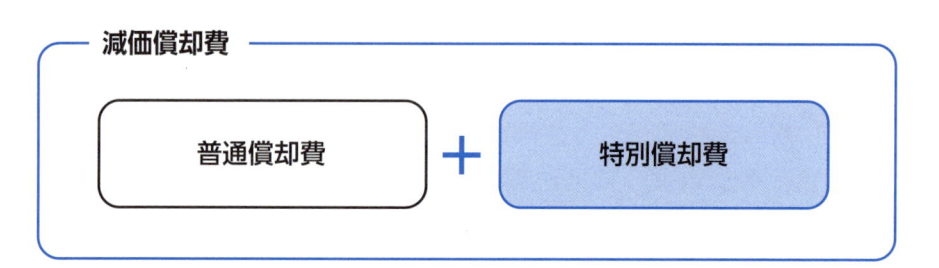

減価償却費
| 普通償却費 | ＋ | 特別償却費 |

特別償却費は減価償却費のプラスα

　特別償却を適用する減価償却資産のその事業年度の償却限度額は、通常の減価償却の普通償却限度額に特別償却限度額を合算した金額となります。そしてその限度額に達するまでの金額について、減価償却費として損金経理した金額が、その事業年度の損金として認められます。

　特別償却の適用を受ける場合には、その特別償却費として損金の額に算入した金額は、通常の普通償却費と同様に、その資産の取得価額から減額します。

欠損事業年度であっても適用は受けられる

　特別償却制度はその適用がある減価償却資産の取得をして事業供用した事業年度において特別償却費を計上しなくても、取得した事業年度から翌事業年度までの１年間、その特別償却不足額を繰り越すことができます。つまり、取得をして事業供用をした事業年度が欠損事業年度であった場合において、仮に特別償却費を計上しなかったとしても翌事業年度において前期に償却をしなかった特別償却費を損金に算入することができます。

　この繰越しの特例は欠損事業年度においてはこれ以上欠損金額を増やしたくない場合であっても、この制度を適用する旨の手続きさえしておけば、欠損事業年度においては費用を増やさずに、翌事業年度までその権利を繰り越すことができる便利な特例となっています。

● 特別償却制度を利用した場合の償却限度額

● 特別償却制度を利用しない場合の償却限度額

特別償却は早期償却をするのが目的

　特別償却費の計上は、通常であれば翌事業年度以降に償却されるべき減価償却費相当額について、取得事業年度から早い段階で早期償却をすることがその目的とされています。

減価償却は金融効果のある費用

　減価償却費の計上は、その計上時において、金銭支出を伴わない費用の計上であるところにその特徴があります。減価償却資産は、例えば購入によるものであれば、その資産を購入したときに、購入代価などの金銭を支出します。

そして、その後、減価償却費の計上を通じてその支出した金銭を回収する金融効果があります。

　つまり、一旦資産を取得するために最初に金銭を支出したとしても、その金銭は、その後、その資産の減価償却費の計上を通じて戻ってくるというわけです。

---

① 2,000,000 円の現金を持っている

　★現金残高→ 2,000,000 円

②減価償却資産を 1,000,000 円で購入した

　（減価償却資産） 1,000,000 円　（現　　　　　金） 1,000,000 円

　★現金残高→ 1,000,000 円

③ 600,000 円で購入した商品を 1,000,000 円で売却した

　減価償却費を 400,000 円計上した

　（商　品　仕　入）　600,000 円　（現　　　　　金）　600,000 円

　（現　　　　　金） 1,000,000 円　（売　　　　　上） 1,000,000 円

　（減 価 償 却 費）　400,000 円　（減価償却資産）　400,000 円

　★現金残高 → 1,400,000 円

　このとき、会社の利益は全部で0円（= 1,000,000 円 − 600,000 円 − 400,000 円）となりますが、現金は 1,000,000 円入ってきて、出ていった現金は 600,000 円ですので、利益は0円であっても現金は 400,000 円増えています。つまり、減価償却費 400,000 円は現金支出の伴わない費用となりますので、その金額については利益を構成せずに現金が回収されて増えるという金融効果があるわけです。減価償却費の金銭回収部分については、費用として計上されるわけですから、その分税金もかからないこととなります。

特別償却により資金を早期に回収する

　特別償却制度は、このように減価償却費の計上が資金回収の金融効果がある費用計上額であることに着目して、その資金の回収を早期化することによっ

て、企業の体力をより強化することを目的としています。

　当期が欠損事業年度であっても、金融効果があることにかわりはありませんので、当期に償却してしまって、翌事業年度以降の所得計算に備えることもできます。

　しかし、当期に特別償却費部分を償却する場合には、当然決算書上の欠損金もその分増えることとなりますので注意が必要です。

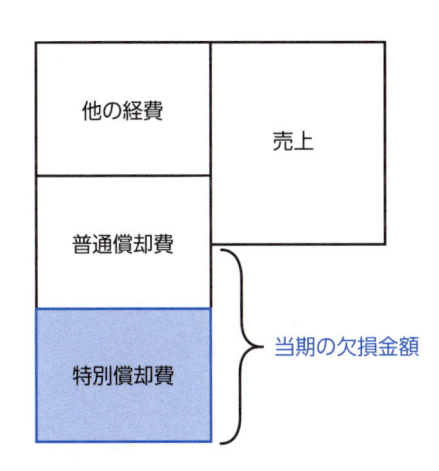

特別償却は翌事業年度に繰り越せる

　通常償却による減価償却費は、その事業年度の損金の額に算入しなかった部分の償却費相当額は、翌事業年度の通常の減価償却費に加算して償却することはできませんでしたが、特別償却については、当期に会計上の処理で損金の額に算入しなかった部分の償却費相当額については、翌事業年度にも償却することができます。

不足額を加算した金額が翌期の償却限度額となる

　損金の額に算入しなかった償却費相当額のことを特別償却不足額といいますが、特別償却不足額は1年間の繰越しが認められています。この場合、翌事業年度の普通償却費に前期から繰り越された特別償却不足額相当額を加算した金額がその翌事業年度の償却限度額となります。

償却しなかった特別償却費相当額は欠損金が増えない

この場合、償却しなかった事業年度における特別償却費相当部分は翌期の減価償却費となるわけですから、当期の決算書上の欠損金は増えないこととなります。

1 年以上の繰越しはできない

なお、翌事業年度において繰り越された特別償却不足額を償却しなかった場合には、それ以降の事業年度にその特別償却不足額を繰り越すことはできません。

償却しなかった事業年度で適用を受けなければならない

特別償却不足額の繰越しの適用を受けるためには、当期において特別償却費の計上をしなかった場合でも、特別償却の規定の適用を受けなければなりません。その場合その旨を記載した申告書による申告をしなければいけませんので注意が必要です。具体的には、適用を受けようとする制度の特別償却の付表（60 ページ参照）に必要事項を記入し、次ページの 34 欄から 40 欄において特別償却費の計上をしなかったことによる当期の償却不足額を記載することとなります。

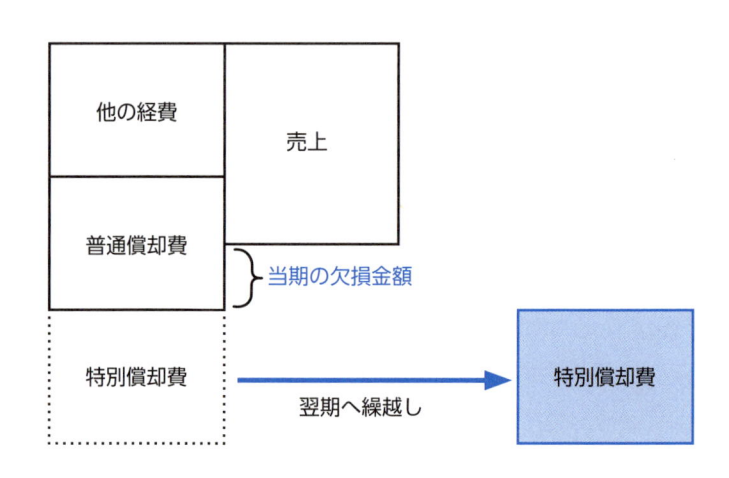

① 旧定率法又は定率法による減価償却資産の償却額の計算に関する明細書

事業年度又は連結事業年度	・　・　・	法人名	

別表十六（二）　平三十・四・一以後終了事業年度又は連結事業年度分

資産区分				
種　　　類	1			
構　　　造	2			
細　　　目	3			
取　得　年　月　日	4	・　・	・　・	・　・
事業の用に供した年月	5			
耐　用　年　数	6	年	年	年
取得価額	取得価額又は製作価額	7	外　　円	外　　円	外　　円
	圧縮記帳による積立金計上額	8			
	差引取得価額(7)-(8)	9			
償却額計算の対象となる期末現在の帳簿記載金額	10			
期末現在の積立金の額	11			
積立金の期中取崩額	12			
差引帳簿記載金額(10)-(11)-(12)	13	外△	外△	外△
損金に計上した当期償却額	14			
前期から繰り越した償却超過額	15	外	外	外
合計(13)+(14)+(15)	16			
前期から繰り越した特別償却不足額又は合併等特別償却不足額	17			
償却額計算の基礎となる金額(16)-(17)	18			

差引取得価額×5%　(9)×100／5　→　19

平成19年3月31日以前取得分　旧定率法の償却率　20
(16)>(19)の場合　算出償却額(18)×(20)　21　円
増加償却額(21)×割増率　22
計(21)+(22)　23
(16)≤(19)の場合　算出償却額((19)-1円)×60／12　24

平成19年4月1日以後取得分　定率法の償却率　25
調整前償却額(18)×(25)　26　円
保証率　27
償却保証額(9)×(27)　28　円
(26)<(28)の場合　改定取得価額　29
改定償却率　30
改定償却額(29)×(30)　31　円
増加償却額(29又は(31)×割増率　32
計　33

当期分の普通償却限度額等(23)、(24)又は(33)	34			
当期分の償却限度額等	特別償却限度額	租税特別措置法適用条項	35	（　条　　項）	（　条　　項）	（　条　　項）
		特別償却限度額	36	外　　円	外　　円	外　　円
	前期から繰り越した特別償却不足額又は合併等特別償却不足額	37			
	合計(34)+(36)+(37)	38			

当期償却額	39			
差引	償却不足額(38)-(39)	40			
	償却超過額(39)-(38)	41	外	外	外
償却超過額	前期からの繰越額	42	外	外	外
	当期損金認容額	償却不足によるもの	43			
		積立金取崩しによるもの	44			
	差引合計翌期への繰越額(41)+(42)-(43)-(44)	45			
特別償却不足額	翌期に繰り越すべき特別償却不足額((40)-(43))と((36)+(37))のうち少ない金額	46			
	当期において切り捨てる特別償却不足額又は合併等特別償却不足額	47			
	差引翌期への繰越額(46)-(47)	48			
翌期への繰越額の内訳	平・・平・・	49			
	当期分不足額	50			
	適格組織再編成により引き継ぐべき合併等特別償却不足額((（40)-(43))と(36のうち少ない金額)	51			
備考				

法　0301-1602

特別償却の例（中小企業者等が機械等を取得した場合の特別償却）

1．制度の概要

　中小企業者などが指定期間（平成 10 年 6 月 1 日から平成 31 年 3 月 31 日までの期間）内に新品の機械及び装置などを取得し又は製作して国内にある製造業、建設業などの指定事業の用に供した場合に、その指定事業の用に供した日を含む事業年度において、特別償却を認める制度です。

　なお、中小企業者などが特定期間内（平成 29 年 4 月 1 日から平成 31 年 3 月 31 日までの期間）に、特定機械装置等のうち特定経営力向上設備等に該当するものの取得等をして、これを国内にあるその中小企業者などの営む指定事業の用に供した場合には、特別償却の上乗せ措置があります。なお、平成 20 年 4 月 1 日以後に締結される所有権移転外リース取引により賃借人が取得したものとされる資産については、特別償却の規定は適用されません。

2．適用対象法人

　この制度の適用対象法人は、青色申告法人である次の法人です。

　・中小企業者又は農業協同組合等

　　中小企業者とは、次に掲げる法人をいいます。

> ①資本金の額又は出資金の額が 1 億円以下の法人
>
> 　ただし、同一の大規模法人（資本金の額若しくは出資金の額が 1 億円を超える法人又は資本若しくは出資を有しない法人のうち常時使用する従業員の数が 1,000 人を超える法人をいい、中小企業投資育成株式会社を除きます。）に発行済株式又は出資の総数又は総額の 2 分の 1 以上を所有されている法人及び 2 以上の大規模法人に発行済株式又は出資の総数又は総額の 3 分の 2 以上を所有されている法人を除きます。
>
> ②資本又は出資を有しない法人のうち常時使用する従業員の数が 1,000 人以下の法人

3．適用ができない事業年度

　合併による解散以外の解散の日を含む事業年度及び清算中の各事業年度は

この規定の適用を受けることはできません。

４．適用対象資産

　この制度の対象となる特定機械装置等は、その製作の後事業の用に供されたことのない新品の次に掲げる資産で、指定期間内に取得し又は製作して指定事業の用に供したものがその対象となります。

　ただし、内航運送の用に供される船舶の貸渡しをする事業を営む法人以外の法人が貸付用に供する資産は、特定機械装置等には該当しませんので注意が必要です。

---

①機械及び装置で１台又は１基の取得価額が 160 万円以上のもの

②平成 24 年４月１日以後に取得等をした事務処理の能率化、製品の品質管理の向上等に資する測定工具及び検査工具で、１台又は１基の取得価額が 120 万円以上のもの

③②に準ずるものとして測定工具及び検査工具の取得価額の合計額が 120 万円以上であるもの。ただし、１台又は１基の取得価額が 30 万円未満であるものは除きます。

④ソフトウェア（複写して販売するための原本、開発研究用のもの又はサーバー用のオペレーティングシステムのうち一定のものなどは除きます。）で次に掲げるいずれかのもの

　㈽一のソフトウェアの取得価額が 70 万円以上のもの

　㈺その事業年度において事業の用に供したソフトウェアの取得価額の合計額が 70 万円以上のもの

⑤車両及び運搬具のうち一定の普通自動車で、貨物の運送の用に供されるもののうち車両総重量が 3.5 トン以上のもの

　なお、普通自動車とは、道路運送車両法施行規則別表第一に規定するもので、減価償却資産の耐用年数等に関する省令別表第一で判定することはできません。

⑥内航海運業の用に供される船舶

---

5. 指定事業

指定事業は次に掲げる事業です。

> 製造業、建設業、農業、林業、漁業、水産養殖業、鉱業、卸売業、道路貨物運送業、倉庫業、港湾運送業、ガス業、小売業、料理店業その他の飲食店業（料亭、バー、キャバレー、ナイトクラブその他これらに類する事業を除きます。）、一般旅客自動車運送業、海洋運輸業及び沿海運輸業、内航船舶貸渡業、旅行業、こん包業、郵便業、情報通信業、駐車場業、損害保険代理業、学術研究、専門・技術サービス業、宿泊業、洗濯・理容・美容・浴場業、その他の生活関連サービス業、映画業、教育、学術支援業、医療、福祉業、協同組合及びサービス業（廃棄物処理業、自動車整備業、機械等修理業、職業紹介・労働者派遣業、その他の事業サービス業）

なお、不動産業、物品賃貸業、電気業、水道業、娯楽業（映画業を除く）等は対象になりません。また、性風俗関連特殊営業に該当する事業も対象となりません。

6. 償却限度額

償却限度額は、基準取得価額の30%相当額の特別償却限度額を普通償却限度額に加えた金額です。

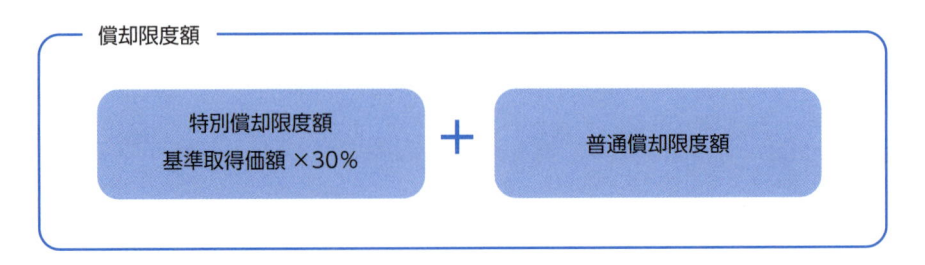

償却限度額

| 特別償却限度額 基準取得価額 ×30% | ＋ | 普通償却限度額 |

基準取得価額

船舶	取得価額 ×75%
その他の資産	取得価額

７．機械装置等が特定経営力向上設備等に該当する場合の上乗せ措置

　中小企業者などが、特定期間内（平成29年4月1日から平成31年3月31日までの期間）に、機械及び装置、工具、器具及び備品、建物附属設備並びに特定のソフトウェアで生産等設備を構成する経営力向上設備等に該当する一定規模のものの取得等をして、これを国内にあるその中小企業者などの営む指定事業の用に供した場合には、その事業の用に供した日を含む事業年度において、即時償却ができる上乗せ措置があります。

８．その他の注意事項

　一の資産についてこの制度による特別償却と税額控除との重複適用は認められません。

　この制度による特別償却又は税額控除の規定の適用を受けた場合は、研究開発税制を除き、租税特別措置法上の圧縮記帳、他の制度による特別償却又は他の税額控除の規定との重複適用は認められません。

	特別償却を適用した資産
一定の税額控除制度	×
少額減価償却資産の特例	×
一括償却制度	×
法人税法上の圧縮記帳	○
租税特別措置法上の圧縮記帳	×

◆申告要件

　特別償却の適用を受けるためには、確定申告書等に償却限度額の計算に関する明細書を添付して申告する必要があります。

　なお、特別償却の適用を受けることに代えて、特別償却限度額以下の金額を損金経理により特別償却準備金として積み立てること又はその事業年度の決算確定日までに剰余金の処分により特別償却準備金として積み立てることにより、損金の額に算入することも認められます。

この適用を受けるには、確定申告書等に特別償却準備金として積み立てた金額の損金算入に関する申告の記載をし、その積み立てた金額の計算に関する明細書を添付する必要があります。

中小企業者等又は中小連結法人が取得した機械等の特別償却の償却限度額の計算に関する付表（措法42の6①、68の11①）		事業年度又は連結事業年度	・　・ ・　・	法人名	（　　）	特別償却の付表（三）平三十・四・一以後終了事業年度又は連結事業年度分
特 定 機 械 装 置 等 の 区 分	1	42条の6第1項（　）号 68条の11第1項（　）	42条の6第1項（　）号 68条の11第1項（　）	42条の6第1項（　）号 68条の11第1項（　）		
事　業　の　種　類	2					
（機械・装置の耐用年数表の番号） 対 象 資 産 の 種 類 等	3	（　　　　　　）	（　　　　　　）	（　　　　　　）		
対 象 資 産 の 名 称	4					
設置した工場、事業所等の名称	5					
取　得　等　年　月　日	6	・　・	・　・	・　・		
事業の用に供した年月日	7	・　・	・　・	・　・		
購　　入　　先	8					
取　得　価　額	9	円	円	円		
基 準 取 得 価 額 割 合	10	$\frac{75又は100}{100}$	$\frac{75又は100}{100}$	$\frac{75又は100}{100}$		
基 準 取 得 価 額 (9)×(10)	11	円	円	円		
特　別　償　却　率	12	$\frac{30}{100}$	$\frac{30}{100}$	$\frac{30}{100}$		
特 別 償 却 限 度 額 (11)×(12)	13	円	円	円		
償 却・準 備 金 方 式 の 区 分	14	償却・準備金	償却・準備金	償却・準備金		
適用要件等 国際標準化機構及び国際電気標準会議の規格15408に基づく評価及び認証の有無	15	有　・　無	有　・　無	有　・　無		
当期における特定の工具又は特定のソフトウエアの取得価額の合計額	16	円	円	円		
その他参考となる事項	17					

中 小 企 業 者 又 は 中 小 連 結 法 人 の 判 定						
発 行 済 株 式 又 は 出 資 の 総 数 又 は 総 額	18		大規模法人等の明細	順位	大 規 模 法 人 名	株式数又は出資金の額
常 時 使 用 す る 従 業 員 の 数	19	人		1		24
大規模法人の保有株式合 第1順位の株式数又は出資金の額 ⑳	20					25
保 有 割 合 $\frac{⑳}{⑱}$	21	％				26
大規模法人合計の株式数又は出資金の額 ㉒	22					27
保 有 割 合 $\frac{㉒}{⑱}$	23	％		計 (24)+(25)+(26)+(27)		28

（法　0302−23）

特別償却の付表（三）の記載の仕方

1　この付表（三）は、青色申告法人が租税特別措置法（以下「措置法」といいます。）第42条の6第1項《中小企業者等が機械等を取得した場合の特別償却》の規定の適用を受ける場合（この規定の適用を受けることに代えて措置法第52条の3に規定する特別償却準備金として積み立てる場合を含みます。）又は連結法人が措置法第68条の11第1項《中小連結法人が機械等を取得した場合の特別償却》の規定の適用を受ける場合（この規定の適用を受けることに代えて措置法第68条の41に規定する特別償却準備金として積み立てる場合を含みます。）に、特定機械装置等の特別償却限度額の計算に関し参考となるべき事項を記載し、該当の別表十六に添付して提出してください。

ただし、青色申告法人又は連結法人が所有権移転外リース取引により取得した特定機械装置等については、この制度の適用はありませんので、注意してください。

なお、連結法人については、適用を受ける各連結法人ごとにこの付表を作成し、その連結法人の法人名を「法人名」の（　）内に記載してください。

2　この付表（三）は、まず、⑱欄から㉙欄までの各欄を記載し、次いで、⑮欄から⑰欄までの各欄を記載し、最後に、(1)欄から⑭欄までの各欄を記載します。

3　「特定機械装置等の区分1」は、措置法第42条の6第1項又は第68条の11第1項のいずれの規定の適用を受けるものであるかの区分に応じ、該当条項を○で囲みます。

なお、「（　）号」内には、措置法第42条の6第1項の該当号を記載してください。

4　「事業の種類2」には、対象資産を事業の用に供する場合のその供される事業の種類を記載します。

5　「対象資産の種類等3」には、耐用年数省令別表に基づき、対象資産の種類、構造、細目等を記載します。また、その対象資産が機械及び装置である場合には（　）内に耐用年数省令別表第二の該当の番号を記載してください。

なお、租税特別措置法施行令（以下「措置法令」といいます。）第27条の6第1項又は第39条の41第1項に規定するソフトウエアについては、法人税法施行令第133条《少額の減価償却資産の取得価額の損金算入》又は第133条の2《一括償却資産の損金算入》の規定の適用を受けるものを除きます。

6　「取得価額9」には、対象資産の取得価額を記載します。

ただし、その対象資産につき法人税法第42条から第49条まで《圧縮記帳》の規定の適用を受ける場合において、圧縮記帳による圧縮額を積立金として積み立てる方法により経理しているときは、その積立額（積立限度超過額を除きます。）を取得価額から控除した金額を記載します。

なお、対象資産につき、9(2)イからハまでの取得価額（又は取得価額の合計額）の要件を満たさないものは、この制度の適用はありませんので注意してください。

7　「基準取得価額割合10」の分子は、対象資産が措置法第42条の6第1項第4号に規定する船舶である場合には「75」を○で囲み、それ以外の場合には「100」を○で囲みます。

8　「償却・準備金方式の区分14」は、その対象資産につき直接に特別償却を行うか、又は特別償却に代えて特別償却限度額以下の金額を特別償却準備金として積み立てるかの区分に応じ、該当するものを○で囲みます。

9　「適用要件等」の各欄は、次により記載します。

(1)「国際標準化機構及び国際電気標準会議の規格15408に基づく評価及び認証の有無15」には、対象資産が措置法令第27条の6第1項（又は第39条の41第1項）に規定するソフトウエアのうち国際標準化機構及び国際電気標準会議の規格15408に基づく評価及び認証を受けることを要件としているものについて、その評価及び認証の有無を記載します。

(2)「当期における特定の工具又は特定のソフトウエアの取得価額の合計額16」には、対象資産が措置法第42条の6第1項第1号に掲げる工具又は同項第2号に掲げるソフトウエアである場合に、当期において新たに取得等をして指定事業の用に供した当該各号ごとの工具の取得価額の合計額又はソフトウエアの取得価額の合計額を記載します。

なお、対象資産の種類ごとに、取得価額又は取得価額の合計額の要件は、それぞれ次のとおりです。

イ　機械及び装置…1台又は1基の取得価額が160万円以上のもの

ロ　一定の工具…1台若しくは1基の取得価額が120万円以上のもの又はその取得価額の合計額が120万円以上のもの（1台又は1基の取得価額が30万円以上のものに限る。）

ハ　一定のソフトウエア…一の取得価額が70万円以上のもの又はその取得価額の合計額が70万円以上のもの（法人税法施行令第133条又は第133条の2の規定の適用を受けないものに限る。）

(3)「その他参考となる事項17」には、その対象資産が対象資産に該当する旨参考となる事項を記載してください。

10　「中小企業者又は中小連結法人の判定」の各欄は、その特定機械装置等の取得等をした日及び事業の用に供した日の現況により法人の発行済株式等の状況（その法人が連結子法人である場合には、連結親法人の発行済株式等の状況）を記載するほか、次によります。

(1)「保有割合21」が50%以上となる場合又は「保有割合23」が3分の2（66.666…%）以上となる場合には、措置法第42条の6第1項（又は第68条の11第1項）の規定の適用はありませんので注意してください。

(2)「大規模法人の保有する株式数等の明細24〜27」の各欄は、その法人の株主等のうち大規模法人（資本金の額若しくは出資金の額が1億円を超える法人又は資本若しくは出資を有しない法人のうち常時使用する従業員の数が千人を超える法人をいい、中小企業投資育成株式会社を除きます。）について、その所有する株式数又は出資金の額の最も多いものから順次記載します。

(3)連結親法人が中小連結法人に該当する場合であっても、資本金の額又は出資金の額が1億円を超える連結子法人については、中小連結法人以外の連結法人として取り扱われますので注意してください。

① 特別償却準備金の損金算入に関する明細書		事業年度 又は連結 事業年度	・ ・	法人名	(		)	別表十六(九)

別表十六(九) 平三十・四・一以後終了事業年度又は連結事業年度分

			第 条 第 項 第 号	第 条 第 項 第 号	第 条 第 項 第 号	計
資産区分	特別償却に関する規定の該当条項	1				
	種 類	2				
	構 造 ・ 区 分 ・ 設 備 の 種 類	3				
	細 目	4				
	事 業 の 用 に 供 し た 年 月 日	5	平 ・ ・	平 ・ ・	平 ・ ・	
	耐 用 年 数	6	年	年	年	
当 期 積 立 額	7		円	円	円	円
当期積立限度額	当 期 の 特 別 償 却 限 度 額	8				
	前期から繰り越した積立不足額又は 合併等特別償却準備金積立不足額	9				
	積 立 限 度 額 (8)＋(9)	10				
差引積立不足額	積 立 限 度 超 過 額 (7)－(10)	11				
	積立不足額 割 増 償 却 の 場 合 (8)－(7)	12				
	初 年 度 特 別 償 却 の 場 合 (8)－((7)－(9)) ((7)－(9)≦0の場合は(8))	13				
積立不足額	翌 期 に 繰 り 越 す べ き 積 立 不 足 額 (10)－(7)	14				
	当 期 に お い て 切 り 捨 て る 積 立 不 足 額 又 は 合 併 等 特 別 償 却 準 備 金 積 立 不 足 額	15				
	差 引 翌 期 へ の 繰 越 額 (14)－(15)	16				
	翌期への繰越額の内訳 平 ・ ・	17				
	当 期 分 (12)又は(13)	18				
	計 (17)＋(18)	19				
当 期 積 立 額 の う ち 損 金 算 入 額 ((7)と(10)のうち少ない金額)	20					
合 併 等 特 別 償 却 準 備 金 積 立 不 足 額 (8)－(7)	21					
翌期繰越額の計算	積 立 事 業 年 度	22	平 ・ ・ 平 ・ ・	平 ・ ・ 平 ・ ・	平 ・ ・ 平 ・ ・	
	各積立事業年度の積立額のうち損金算入額	23	円	円	円	円
	期 首 特 別 償 却 準 備 金 の 金 額	24				
	当期益金算入額 均 等 益 金 算 入 に よ る 場 合 (23)×84,60又は(耐用年数×12)	25				
	同上以外の場合による益金算入額	26				
	合 計 (25)＋(26)	27				
期 末 特 別 償 却 準 備 金 の 金 額 (24)－(27)	28					

法 0301－1609

法人税における特別償却、割増償却の適用がある制度あれこれ

①	高度省エネルギー増進設備等を取得した場合の特別償却
②	中小企業者等が機械等を取得した場合の特別償却
③	国家戦略特別区域において機械等を取得した場合の特別償却
④	国際戦略総合特別区域において機械等を取得した場合の特別償却
⑤	地域経済牽引事業の促進区域内において特定事業用機械等を取得した場合の特別償却
⑥	地方活力向上地域等において特定建物等を取得した場合の特別償却
⑦	特定中小企業者等が経営改善設備を取得した場合の特別償却
⑧	中小企業者等が特定経営力向上設備等を取得した場合の特別償却
⑨	革新的情報産業活用設備を取得した場合の特別償却
⑩	特定設備等の特別償却
⑪	耐震基準適合建物等の特別償却
⑫	被災代替資産等の特別償却
⑬	関西文化学術研究都市の文化学術研究地区における文化学術研究施設の特別償却
⑭	共同利用施設の特別償却
⑮	情報流通円滑化設備の特別償却
⑯	特定地域における工業用機械等の特別償却
⑰	医療用機器の特別償却
⑱	障害者を雇用する場合の機械等の割増償却
⑲	事業再編計画の認定を受けた場合の事業再編促進機械等の割増償却
⑳	企業主導型保育施設用資産の割増償却
㉑	特定都市再生建築物等の割増償却
㉒	倉庫要建物等の割増償却

など

5 特別控除制度の選択と翌事業年度のための準備

特別控除制度には法人税法上の税額控除制度と租税特別措置法上の税額控除制度があります。そのうち租税特別措置法上の税額控除制度について一定資産を取得した場合に特別償却との選択適用ができるものや、控除しきれなかった税額を翌期以降に繰り越すことができるものがあります。

欠損事業年度での使い方

これらの特別控除制度は、欠損事業年度においては法人税額が生じないために、当期において税額控除を受ける金額はありませんが、欠損事業年度において控除できなかった控除額を翌期に繰り越すことができるものもあります。

特別控除や特別償却については、法人の翌事業年度からの業績見込みや諸事情を考慮して、欠損事業年度においてどのようにアクションをしておくのが最善であるかを検討する必要があります。

特定資産の取得により減免による節税の効果がある制度

新品の機械及び装置などを取得して指定事業の用に供すことなど、一定の要件を満たす場合には、その事業年度において、特別控除の適用を受けることができます。特別控除は一定の金額を法人税額から控除することができる減免制度です。

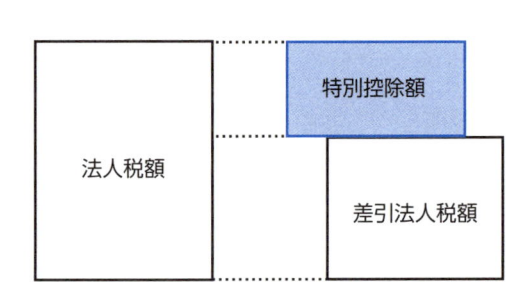

欠損事業年度でメリットがなくても、翌期に備えることができる

　特別控除の制度は、法人税額が生じる事業年度、つまり所得が生じる事業年度について減免による節税の効果がある制度となりますが、事実要件を満たす事業年度であっても、当期が欠損事業年度であるために、適用を受けるメリットがないと思われる場合であっても、翌事業年度に備えて適用を受けておくことができます。

特別償却制度との選択を考える

　適用対象資産を取得した場合など、特別控除の適用が受けられる資産を取得して事業供用した場合には、同時に特別償却の適用が受けられる資産の取得であることがあります。その場合であっても、特別償却と特別控除の制度は、重複してその両方を適用することはできませんので、どちらの制度を利用するのか又はどちらの制度も利用しないのかを選択することとなります。

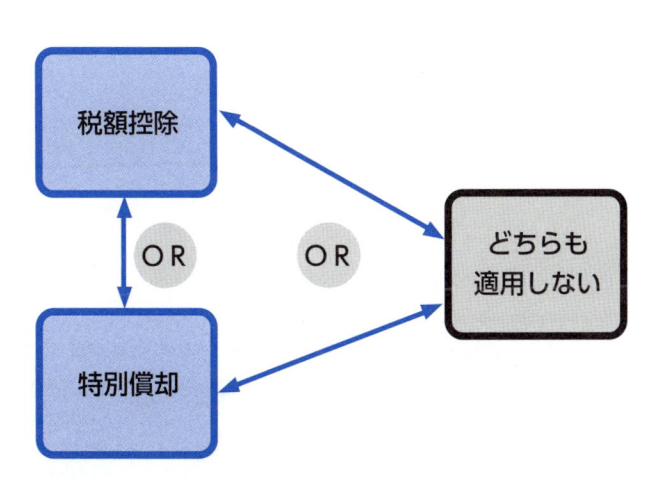

特別償却と特別控除の違い

　特別償却と特別控除を選択するにあたっては、どちらの制度がどのように納税額に影響するのかをしっかりと知ったうえで選択しなければなりません。

　特別償却は対象資産について、減価償却計算を通じて早期償却をすることを目的とした制度です。適用にあたっての効果としては、取得した最初の事業年度の法人税額については、減価償却費として損金の額に算入できる金額は通常の場合と比べて多くなりますので、適用を受けた場合には所得金額がその分減少します。よって一時的にではありますが、適用を受けなかった場合に比べて所得金額が減少する分、その事業年度における法人税額の負担は必ず少なくなります。

翌事業年度から課税の取戻しが行われる

　しかし、特別償却により増加した減価償却費は定率法により償却をしている資産であれば、未償却残高が少なくなるため、翌事業年度から課税の取戻しが行われます。また定額法により償却をしている資産であれば、特別償却をした分、既償却額は適用を受けなかった資産よりも多いわけですから、未償却残高が少ない分、結果的に早い年数で償却が終了することとなります。つまり償却が終了した事業年度から、未償却の簿価がなくなりますので、その時点から課税の取戻しが行われることとなります。

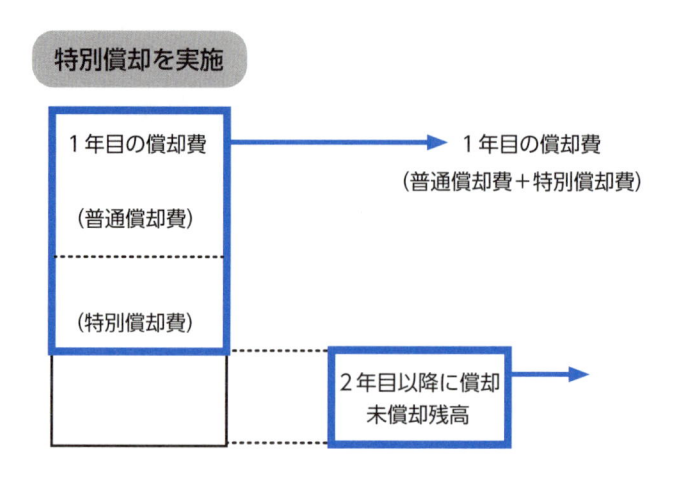

通常の減価償却

```
┌─────────────┐
│ 1年目の償却費  │ ──────────────→  1年目の償却費
│             │                   （普通償却費のみ）
│ （普通償却費）  │
└─────────────┘
        ┊        ┌─────────────┐
        ┊        │ 2年目以降に償却 │ ──→
        ┊        │ 未償却残高    │
        ┊        └─────────────┘
```

★特別控除

　特別控除を選択した資産の減価償却は、通常の償却計算が行われます。特別控除の適用を受けた事業年度においては、その事業年度の法人税額から一定額が減免されますが、適用資産の減価償却は、特別控除の適用を受ける受けないにかかわらず、通常どおりの減価償却計算が行われます。つまり、特別控除を選択した資産についての減価償却の計算は、長期的に考えると、取得事業年度においては法人税額の減額がされ、さらに取得価額分の減価償却費が耐用年数にわたって、徐々にその全額が費用として計上されるわけですから、特別償却と比較した場合には、税額控除をした場合は、その分プラスαの特例であることがわかります。

初年度は特別償却が有利

　特別償却であれば、取得事業年度に一時に償却費として損金算入される金額が通常償却に比べて多く計上できるため、取得した初年度の事業年度のみを比較すれば、法人税額の減少額は特別償却を選択した方が有利になることがほとんどです。

トータルでは特別控除が有利

　しかし、特別償却は、翌事業年度から償却期間にわたって取戻課税が行われることを前提としていますので、特別控除を選択した方がトータルでの税額は必ず少なくなることとなります。

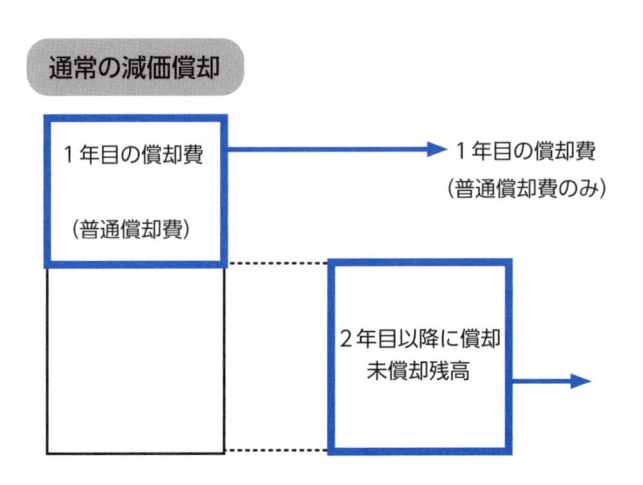

特別控除の例（中小企業者等が機械等を取得した場合の特別控除）

1．制度の概要

　中小企業者などが指定期間（平成 10 年 6 月 1 日から平成 31 年 3 月 31 日までの期間）内に新品の機械及び装置などを取得し又は製作して国内にある製造業、建設業などの指定事業の用に供した場合に、その指定事業の用に供した日を含む事業年度において、税額控除を認める制度です。

　なお、中小企業者などが特定期間（平成 29 年 4 月 1 日から平成 31 年 3 月 31 日までの期間）内に、特定機械装置等のうち特定経営力向上設備等に該当するものの取得等をして、これを国内にあるその中小企業者などの営む指定事業の用に供した場合には、税額控除の上乗せ措置があります。なお、平成 20 年 4 月 1 日以後に締結される所有権移転外リース取引により賃借人が取得したものとされる資産については、特別償却の規定は適用されませんが、税

額控除の規定は適用されます。

2．適用対象法人

　青色申告法人で第1章❹に掲げる特別償却の適用対象法人である中小企業者のうち資本金の額若しくは出資金の額が3,000万円以下である法人又は農業協同組合等がこの制度の適用対象法人となります。

3．適用できない事業年度

　合併による解散以外の解散の日を含む事業年度及び清算中の各事業年度はこの規定の適用を受けることはできません。

4．適用対象資産

　第1章❹に掲げる特別償却の適用対象資産と同様です。

5．措定事業

　第1章❹に掲げる特別償却の指定事業と同様です。

6．税額控除限度額

　税額控除限度額は、基準取得価額の7％相当額です。

　ただし、特定中小企業者等が経営力向上設備を取得した場合の税額控除の「税額控除額」及び「税額控除限度超過額」並びに中小企業者等が経営改善設備を取得した場合の税額控除の「税額控除額」及び「税額控除限度超過額」の合計額がその事業年度の法人税額の20％相当額を超える場合には、控除を受ける金額は、その20％相当額が限度となります。

7．税額控除限度超過額の繰越し

　税額控除限度額がその事業年度の法人税額の20％相当額を超えるために、その事業年度において税額控除限度額の全部を控除しきれなかった場合には、その控除しきれなかった金額「繰越税額控除限度超過額」について1年間の繰越しが認められます。

8．機械装置等が特定経営力向上設備等に該当する場合の上乗せ措置

　中小企業者などが、特定期間（平成29年4月1日から平成31年3月31日までの期間）内に、機械及び装置、工具、器具及び備品、建物附属設備並びに特定のソフトウェアで生産等設備を構成する経営力向上設備等に該当する一定規模のものの取得等をして、これを国内にあるその中小企業者などの営

む指定事業の用に供した場合には、その事業の用に供した日を含む事業年度において、7％（特定の中小企業者などについては10%）の税額控除ができる上乗せ措置があります。

９．その他の注意事項

一の資産についてこの制度による特別償却と特別控除との重複適用は認められません。

この制度による特別償却又は特別控除の規定の適用を受けた場合は、研究開発税制を除き、租税特別措置法上の圧縮記帳、他の制度による特別償却又は他の特別控除の規定との重複適用は認められません。

	特別控除を適用した資産
特別償却制度	×
少額減価償却資産の特例	×
一括償却制度	×
法人税法上の圧縮記帳	○
租税特別措置法上の圧縮記帳	×

◆申告要件

税額控除の適用を受けるためには、控除を受ける金額を確定申告書等に記載するとともに、その金額の計算に関する明細書を添付して申告する必要があります。

なお、繰越税額控除限度超過額の繰越控除を受けるためには、繰越税額控除限度超過額が生じた事業年度以後の各事業年度の確定申告書に繰越税額控除限度超過額の明細書を添付し、かつ、繰越税額控除限度超過額の繰越控除を受けようとする事業年度の確定申告書等に繰越控除を受ける金額を記載するとともに、その金額の計算に関する明細書を添付して申告する必要があります。

◆申告書

●中小企業者等が機械等を取得した場合の法人税額の特別控除に関する明細書（別表6(13)）

中小企業者等が機械等を取得した場合の法人税額の特別控除に関する明細書		事業年度	・　・	法人名		別表六(十三) 平三十一・四・一以後終了事業年度分

御注意
2 1 資本金の額又は出資金の額が三千万円を超える中小企業者が取得し又は製作した特定機械装置等については、この制度の適用がありませんので御注意ください。（裏面の「一中小企業者の判定」欄に記載して判定してください。）資本金の額又は出資金の額が一億円以下の法人でその発行済株式又は出資の総数又は総額の一定割合以上を大規模法人に所有されているものについては、この制度の適用がありませんので御注意ください

措法第42条の6第1項各号の該当号	1	第　　号	第　　号	第　　号	第　　号	第　　号
事　業　種　目	2					
資産区分 種　　　　　類	3					
機械装置等の名称	4					
取　得　年　月　日	5	・　・	・　・	・　・	・　・	・　・
指定事業の用に供した年月日	6	・　・	・　・	・　・	・　・	・　・
取得額 取得価額又は製作価額	7	円	円	円	円	円
法人税法上の圧縮記帳による積立金計上額	8					
差引改定取得価額 ((7)−(8))又は((7)−(8))×75/100	9					

法　人　税　額　の　特　別　控　除　額　の　計　算							
当期分	取得価額の合計額 ((9)の合計)	10	円	前期繰越分	差引当期税額基準額残額 (13)−(14)−(別表六(二十一)「14」)−(別表六(二十二)「15」)	17	円
	税額控除限度額 (10)×7/100	11			繰越税額控除限度超過額 (23の計)	18	
	調整前法人税額 (別表一(一)「2」、別表一(二)「2」、別表一(三)「3」又は別表一の三「13」)	12			同上のうち当期繰越税額控除可能額 ((17)と(18)のうち少ない金額)	19	
	当期税額基準額 (12)×20/100	13			調整前法人税額超過構成額 (別表六(二十八)「7の⑥」)	20	
	当期税額控除可能額 ((11)と(13)のうち少ない金額)	14			当期繰越税額控除額 (19)−(20)	21	
	調整前法人税額超過構成額 (別表六(二十八)「7の⑦」)	15			法人税額の特別控除額 (16)+(21)	22	
	当期税額控除額 (14)−(15)	16					

翌　期　繰　越　税　額　控　除　限　度　超　過　額　の　計　算				
事業年度又は連結事業年度	前期繰越額又は当期税額控除限度額 23	当期控除可能額 24	翌期繰越額 (23)−(24) 25	
・　・	円	円		
・　・			外 円	
計		(19)		
当　期　分	(11)	(14)	外	
合　計				

機　械　装　置　等　の　概　要

法　0301−0613

別表六（十三）の記載の仕方

1　この明細書は、青色申告法人が措置法第42条の6第2項若しくは第3項《中小企業者等が機械等を取得した場合の法人税額の特別控除》又は平成29年改正前の措置法（以下「平成29年旧措置法」といいます。）第42条の6第5項《中小企業者等が機械等を取得した場合の法人税額の特別控除》の規定の適用を受ける場合に記載します。

　なお、次に掲げる事業年度において、法人税額がないためその後の事業年度に繰り越して税額控除の適用を受けようとする場合にも、この明細書を提出しなければなりませんので、御注意ください。

(1) 特定機械装置等を事業の用に供した事業年度（供用年度）

(2) 供用年度後の繰越税額控除限度超過額がある事業年度

2　「法人税法上の圧縮記帳による積立金計上額8」は、法第42条から第49条まで《圧縮記帳》の規定の適用を受ける場合において、圧縮記帳による圧縮額を積立金として積み立てる方法により経理したときは、その積み立てた金額（積立限度超過額を除きます。）を記載します。

3　「差引改定取得価額 $(7)-(8)$ 又は $((7)-(8))\times\frac{75}{100}$ 9」は、措置法第42条の6第1項第1号から第3号までに掲げる減価償却資産にあっては「$((7)-(8))$」を適用して計算した金額を、同項第4号に掲げる減価償却資産にあっては「$(((7)-(8))\times\frac{75}{100})$」を適用して計算した金額を記載します。

4　「翌期繰越額25」の各欄の外書には、措置法第42条の13第1項から第5項まで《法人税の額から控除される特別控除額の特例》（東日本大震災の被災者等に係る国税関係法律の臨時特例に関する法律第17条の4第1項《法人税の額から控除される特別控除額の特例》の規定により読み替えて適用する場合を含みます。）の規定の適用を受ける場合に、別表六（二十八）「7」又は別表六（二十八）付表「2」の各欄の金額を記載します。この場合において、「計」及び「合計」の欄の記載に当たっては、当該金額を含めて計算します。

5　「機械装置等の概要」には、減価償却資産が特定機械装置等に該当することの詳細を記載します。この場合、この欄の記載に代えてできるだけ「特別償却の償却限度額の計算に関する付表」の所要欄を記載し添付することとしてください。

中　　小　　企　　業　　者　　の　　判　　定							
発行済株式又は出資の総数又は総額	a	大規模法人等の明細	順位	大規模法人名		株式数又は出資金の額	
常時使用する従業員の数	b	（人）	1			g	
大規模法人の保有株式合	第1順位の株式数又は出資金の額 (g)	c				h	
	保有割合 $\frac{(c)}{(a)}$	d	（%）			i	
	大規模法人合計の株式数又は出資金の額 (k)	e				j	
	保有割合 $\frac{(k)}{(a)}$	f	（%）		計 (g)+(h)+(i)+(j)	k	

この表の各欄は、その経営改善設備を事業の用に供した日の現況により記載するほか、次によります。

1　「保有割合d」が50%以上となる場合又は「保有割合f」が3分の2（66.666…%）以上となる場合には、この法人税額の特別控除の規定の適用はありませんので、御注意ください。

2　「大規模法人の保有する株式数等の明細g～k」の各欄は、その法人の株主等のうち大規模法人（資本金の額若しくは出資金の額が1億円を超える株式若しくは出資を有しない法人のうち常時使用する従業員の数が千人を超える法人をいい、中小企業投資育成株式会社を除きます。）について、その所有する株式数又は出資金の額の最も多いものから順次記載します。

●特定中小企業者等が経営改善設備を取得した場合の法人税額の特別控除に関する明細書（別表6（21））

特定中小企業者等が経営改善設備を取得した場合の法人税額の特別控除に関する明細書			事業 年度	・　・	法人名		別表六(二十一) 平三十・四・一以後終了事業年度分

事業又は資産区分	経営の改善に関する指導及び助言を受けた認定経営革新等支援機関等の名称	1	
	事　業　種　目	2	
	種　　　　類	3	
	設　備　の　名　称	4	
	取　得　年　月　日	5	・　・
	指定事業の用に供した年月日	6	・　・
取得価額	取 得 価 額 又 は 製 作 価 額	7	円
	法人税法上の圧縮記帳による積 立 金 計 上 額	8	
	差 引 改 定 取 得 価 額 (7)－(8)	9	

法　人　税　額　の　特　別　控　除　額　の　計　算

当期分	取 得 価 額 の 合 計 額 ((9)の合計)	10	円	前期繰越分	差 引 当 期 税 額 基 準 額 残 額 (13)－(14－(別表六(十三)「19」) －(別表六(二十二)「15」)	17	円
	税 額 控 除 限 度 額 (10)×$\frac{7}{100}$	11			繰越税額控除限度超過額 (23の計)	18	
	調 整 前 法 人 税 額 (別表一(一)「2」、別表一(二)「2」、別表一(三)「2」又は別表一の三「2」若しくは「13」)	12			同上のうち当期繰越税額控除可能額 ((17)と(18)のうち少ない金額)	19	
	当 期 税 額 基 準 額 (12)×$\frac{20}{100}$－(別表六(十三)「14」)	13			調整前法人税額超過構成額 (別表六(二十八)「7の⑱」)	20	
	当 期 税 額 控 除 可 能 額 ((11)と(13)のうち少ない金額)	14			当 期 繰 越 税 額 控 除 額 (19)－(20)	21	
	調整前法人税額超過構成額 (別表六(二十八)「7の⑲」)	15			法 人 税 額 の 特 別 控 除 額 (16)＋(21)	22	
	当 期 税 額 控 除 額 (14)－(15)	16					

翌　期　繰　越　税　額　控　除　限　度　超　過　額　の　計　算

事業年度又は連結事業年度	前 期 繰 越 税 額 又 は 当 期 税 額 控 除 限 度 額 23	当 期 控 除 可 能 額 24	翌 期 繰 越 額 (23)－(24) 25
・　・	円	円	
・　・		外	円
計		(19)	
当　期　分	(11)	(14)	外
合　計			

設　備　の　概　要

別表六（二十一）の記載の仕方

1 　この明細書は、青色申告法人が措置法第42条の12の3第2項又は第3項《特定中小企業者等が経営改善設備を取得した場合の法人税額の特別控除》の規定の適用を受ける場合に記載します。

　なお、次に掲げる事業年度において、法人税額がないためその後の事業年度に繰り越して税額控除の適用を受けようとする場合にも、この明細書を提出しなければなりませんので、御注意ください。

(1) 経営改善設備を事業の用に供した事業年度（供用年度）

(2) 供用年度後の繰越税額控除限度超過額がある事業年度

2 　「法人税法上の圧縮記帳による積立金計上額8」は、法第42条から第49条まで《圧縮記帳》の規定の適用を受ける場合において、圧縮記帳による圧縮額を積立金として積み立てる方法により経理したときに、その積み立て

た金額（積立限度超過額を除きます。）を記載します。

3 　「翌期繰越額25」の各欄の外書には、措置法第42条の13第1項から第5項まで《法人税の額から控除される特別控除額の特例》（東日本大震災の被災者等に係る国税関係法律の臨時特例に関する法律第17条の4第1項《法人税の額から控除される特別控除額の特例》の規定により読み替えて適用する場合を含みます。）の規定の適用を受ける場合に、別表六（二十八）「7」又は別表六（二十八）付表「2」の各欄の金額を記載します。この場合において、「計」及び「合計」の記載に当たっては、当該金額を含めて計算します。

4 　「設備の概要」には、その設備が、経営改善設備に該当することの詳細を記載します。この場合、この欄の記載に代えてできるだけ「特別償却の償却限度額の計算に関する付表」の所要欄を記載し添付することとしてください。

中　　　小　　　企　　　業　　　者　　　の　　　判　　　定							
発行済株式又は出資の総数又は総額	a		大株規模法人等の保有する株式数等の明細	順位	大 規 模 法 人 名		株式数又は出資金の額
常 時 使 用 す る 従 業 員 の 数	b	人		1			g
大規模等の法人の保有株式割合	第1順位の株式数又は出資金の額 (g)	c					h
	保 有 割 合 $\frac{(c)}{(a)}$	d	％				i
	大規模法人合計の株式数又は出資金の額 (k)	e					j
	保 有 割 合 $\frac{(e)}{(a)}$	f	％		計 (g) + (h) + (i) + (j)		k
この表の各欄は、その経営改善設備を事業の用に供した日の現況により記載するほか、次によります。							
1 　「保有割合d」が50％以上となる場合又は「保有割合f」が3分の2（66.666…％）以上となる場合には、この法人税額の特別控除の規定の適用はありませんので、御注意ください。							
2 　「大規模法人の保有する株式数等の明細g～k」の各欄は、その法人の株主等のうち大規模法人（資本金の額若しくは出資金の額が1億円を超える法人又は資本若しくは出資を有しない法人のうち常時使用する従業員の数が千人を超える法人をいい、中小企業投資育成株式会社を除きます。）について、その所有する株式数又は出資金の額の最も多いものから順次記載します。							

●中小企業者等が特定経営力向上設備等を取得した場合の法人税額の特別控除に関する明細書（別表６（22））

中小企業者等が特定経営力向上設備等を取得した場合の法人税額の特別控除に関する明細書

別表六（二十二）　平三十・四・一以後終了事業年度分

| | 事業年度 | ・　・ | 法人名 | |

御注意
　「中小企業者等」の判定は「種類」欄に記載して判定してください。

資本金の額又は出資金の額が一億円以下の法人でその発行済株式又は出資の総数又は総額の一定割合以上を大規模法人に所有されているものについては、この制度の適用がありませんので御注意ください（裏面）。

事 業 種 目	1				
資産区分	種　　　　　類	2				
	設 備 の 種 類 又 は 区 分	3				
	細　　　　　目	4				
	取 得 年 月 日	5	・ ・	・ ・	・ ・	・ ・
	指定事業の用に供した年月日	6	・ ・	・ ・	・ ・	・ ・
取得価額	取 得 価 額 又 は 製 作 価 額	7	円	円	円	円
	法人税法上の圧縮記帳による積 立 金 計 上 額	8				
	差 引 改 定 取 得 価 額 (7) − (8)	9				

法 人 税 額 の 特 別 控 除 額 の 計 算

当期分	取 得 価 額 の 合 計 額 ((9)の合計)	10	円	前期繰越分	差引当期税額基準額残額 (14) − (15) − (別表六(十三)「19」) − (別表六(二十一)「19」)	18	円
	同上のうち特定中小企業者等に係る額	11			繰越税額控除限度超過額 (24の計)	19	
	税 額 控 除 限 度 額 ((10) − (11)) × $\frac{7}{100}$ + (11) × $\frac{10}{100}$	12			同上のうち当期繰越税額控除可能額 ((18)と(19)のうち少ない金額)	20	
	調 整 前 法 人 税 額 (別表一(一)「2」、別表一(二)「2」、別表一(三)「2」又は別表一の三「2」若しくは「13」)	13			調整前法人税額超過構成額 (別表六(二十八)「7の⑳」)	21	
	当 期 税 額 基 準 額 (13) × $\frac{20}{100}$ − (別表六(十三)「14」) − (別表六(二十一)「14」)	14			当 期 繰 越 税 額 控 除 額 (20) − (21)	22	
	当 期 税 額 控 除 可 能 額 ((12)と(14)のうち少ない金額)	15					
	調 整 前 法 人 税 額 超 過 構 成 額 (別表六(二十八)「7の㉑」)	16			法 人 税 額 の 特 別 控 除 額 (17) + (22)	23	
	当 期 税 額 控 除 額 (15) − (16)	17					

翌 期 繰 越 税 額 控 除 限 度 超 過 額 の 計 算

事業年度又は連結事業年度	前期繰越額又は当期税額控除限度額 24	当 期 控 除 可 能 額 25	翌 期 繰 越 額 (24) − (25) 26
・ ・		円	
・ ・	円		円
・ ・		外	外
計		(20)	
当 期 分	(12)	(15)	外
合 計			外

機 械 設 備 等 の 概 要

法　0301−0622

別表六（二十二）の記載の仕方

1　この明細書は、青色申告法人が措置法第42条の12の4第2項又は第3項《中小企業者等が特定経営力向上設備等を取得した場合の法人税額の特別控除》の規定の適用を受ける場合に記載します。

　なお、次に掲げる事業年度において、法人税額がないためその後の事業年度に繰り越して税額控除の適用を受けようとする場合にも、この明細書を提出しなければなりませんので、御注意ください。

⑴　特定経営力向上設備を事業の用に供した事業年度（供用年度）

⑵　供用年度後の繰越税額控除限度超過額がある事業年度

2　「法人税法上の圧縮記帳による積立金計上額8」は、法第42条から第49条まで《圧縮記帳》の規定の適用を受ける場合において、圧縮記帳による圧縮額を積立金として積み立てる方法により経理したときに、その積み立てた金額（積立限度超過額を除きます。）を記載します。

3　「同上のうち特定中小企業者等に係る額11」は、措置法第42条の12の4第1項に規定する中小企業者等のうち措置法令第27条の12の4第3項《中小企業

者等が特定経営力向上設備等を取得した場合の法人税額の特別控除》に規定する法人以外の法人が同法第42条の12の4第1項に規定する指定事業の用に供した同項に規定する特定経営力向上設備等の取得価額の合計額を記載します。

4　「翌期繰越額26」の各欄の外書には、措置法第42条の13第1項から第5項まで《法人税の額から控除される特別控除額の特例》（東日本大震災の被災者等に係る国税関係法律の臨時特例に関する法律17条の4第1項《法人税の額から控除される特別控除額の特例》の規定により読み替えて適用する場合を含みます。）の規定の適用を受ける場合に、別表六（二十八）「7」又は別表六（二十八）付表「2」の各欄の金額を記載します。この場合において、「計」及び「合計」の記載に当たっては、当該金額を含めて計算します。

5　「機械設備等の概要」には、その機械設備等が、特定経営力向上設備等に該当することの詳細を記載します。この場合、この欄の記載に代えてできるだけ「特別償却の償却限度額の計算に関する付表」の所要欄を記載し添付することとしてください。

中　小　企　業　者　の　判　定							
発 行 済 株 式 又 は 出 資 の 総 数 又 は 総 額	a	大規模法人等の保有する明細	順位	大規模法人名		株 式 数 又 は 出 資 金 の 額	
常 時 使 用 す る 従 業 員 の 数	b	人					
大規模法人の保有の株式合	第 1 順 位 の 株 式 数 又 は 出 資 金 の 額 (g)	c		1		g	
	保 有 割 合 $\frac{(c)}{(a)}$	d	%			h	
	大規模法人合計の株式数 又 は 出 資 金 の 額 (k)	e				i	
	保 有 割 合 $\frac{(e)}{(a)}$	f	%			j	
				計 (g)+(h)+(i)+(j)		k	

この表の各欄は、期末の現況により記載するほか、次によります。

1　「保有割合 d」が50％以上となる場合又は「保有割合 f」が3分の2（66.666…％）以上となる場合には、中小企業者に該当しませんので、御注意ください。

2　「大規模法人の保有する株式数等の明細 g～k」の各欄は、その法人の株主等のうち大規模法人（資本金の額若しくは出資金の額が1億円を超える法人又は資本若しくは出資を有しない法人のうち常時使用する従業員の数が千人を超える法人をいい、中小企業投資育成株式会社を除きます。）について、その所有する株式数又は出資金の額の最も多いものから順次記載します。

法人税における税額控除の適用がある制度あれこれ

◆法人税法上の税額控除

①	所得税額の控除
②	外国税額の控除
③	分配時調整外国税相当額の控除
④	仮装経理に基づく過大申告の場合の更正に伴う法人税額の控除

◆租税特別措置法上の税額控除

①	試験研究を行った場合の法人税額の特別控除
②	高度省エネルギー増進設備等を取得した場合の法人税額の特別控除
③	中小企業者等が機械等を取得した場合の法人税額の特別控除
④	沖縄の特定地域において工業用機械等を取得した場合の法人税額の特別控除
⑤	国家戦略特別区域において機械等を取得した場合の法人税額の特別控除
⑥	国際戦略総合特別区域において機械等を取得した場合の法人税額の特別控除
⑦	地域経済牽引事業の促進区域内において特定事業用機械等を取得した場合の法人税額の特別控除
⑧	地方活力向上地域等において特定建物等を取得した場合の法人税額の特別控除
⑨	地方活力向上地域等において雇用者の数が増加した場合の法人税額の特別控除
⑩	認定地方公共団体の寄附活用事業に関連する寄附をした場合の法人税額の特別控除
⑪	特定中小企業者等が経営改善設備を取得した場合の法人税額の特別控除
⑫	中小企業者等が特定経営力向上設備等を取得した場合の法人税額の特別控除
⑬	給与等の引上げ及び設備投資を行った場合等の法人税額の特別控除
⑭	革新的情報産業活用設備を取得した場合の法人税額の特別控除

など

●租税特別措置法上の税額控除、特別償却・繰越しの有無まとめ

	特別償却との選択あり	繰越制度あり
①	なし	なし
②	○	○（特別償却のみあり）
③	○	○
④	なし	○
⑤	○	○（特別償却のみあり）
⑥	○	○（特別償却のみあり）
⑦	○	○（特別償却のみあり）
⑧	○	○（特別償却のみあり）
⑨	なし	なし
⑩	なし	なし
⑪	○	○
⑫	○	○
⑬	なし	なし
⑭	○	○（特別償却のみあり）

6 役員報酬の金額の決定と時期

役員に対する給与の損金算入

　役員給与の支給形態は「定期同額給与」、「事前確定届出給与」、「業績連動給与」の３通りのものがあります。役員に対して支給する報酬については、これらの形態以外の方法により支給したもので、退職給与以外のものについては、法人税法上「賞与」として取り扱われます。法人税法上、役員に対する賞与の額はその事業年度の損金の額には算入されません。

●損金算入が認められる役員報酬

定期同額給与	事前確定届出給与	業績連動給与

役員報酬で利益調整をする

　特に社長と株主が同一人物であるような同族会社の場合、経営者である役員と出資者である株主の利害関係は常に一致することになります。つまり、会社に利益が出ないようにするために自分の役員報酬の額を増額したり、逆に会社に利益が出るように役員報酬の額を減額したりすることはいとも簡単にできてしまいます。そこで、法人税法では、上記の定期同額給与や事前確定届出給与などによる損金算入のためのルールを制定することによって、期中において容易に租税回避に繋がるような利益操作ができないようにしています。

　期中における役員報酬額の改定は、特別な事情がない限り容易にすることはできませんが、法人の経営状況が著しく悪化したことなどの理由により役員報酬額の減額をすることはできます。

　その事業年度が欠損となりそうな状況にあるときには、適法な手続きに従っ

て役員報酬額を減額することによって、欠損金額を減らすことは可能です。

租税回避となる役員報酬額の変更はできない

　また、同族会社であるなど、役員報酬額について、社長が自由に意思決定やその調整をすることができる会社であれば、その事業年度の中途における租税回避のための役員報酬額の変更は原則としてできません。しかし、各事業年度ごとの会社の業績等を勘案して、世間一般でイメージされるような通常通りの改定をすることによって、長期的なタームを意識しての利益調整をすることは自由にすることができます。

長期的なタームでする利益調整のあれこれ

　たとえば、当期の業績が好調だったために、たくさんの税金を負担したとします。前年度の役員報酬額が業績に鑑みて少なかったために、翌事業年度において役員報酬額を大幅に増額したことによって、結果的に欠損金が生じた場合であっても、欠損金の繰戻還付の適用により、前年に支払った法人税を還付してもらうことができます。

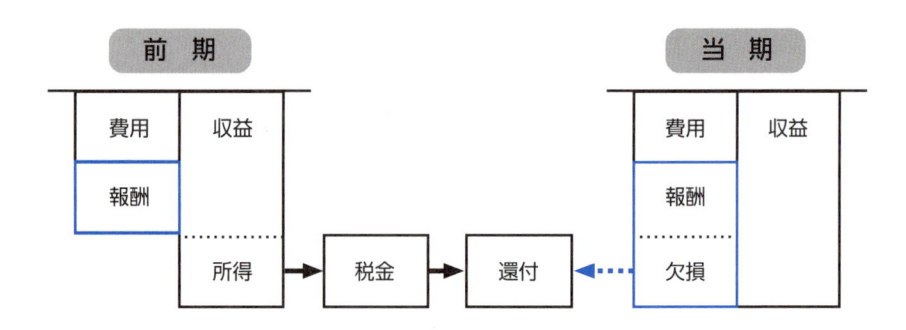

　また、常日頃から役員報酬額を毎期法人の所得が生じないように調整しながら支給しておき、毎期の事業年度において少額の欠損金が生じるように調整しておきます。そして、その累積した欠損金をもって、数年後の業績が好調となった事業年度に備えたり、ある程度の欠損金額が貯まった事業年度から次は所得が出るように役員報酬額を調整等して、今度は所得金額が生じる

ようにし、その貯まった欠損金額を消化していきます。

　つまり、短期的な役員報酬額の調整は税制上タブーとされますが、長期的な業績に応じた役員報酬額の調整は、常識的に許されることとなっています。本来、役員報酬額は、各事業年度の業績に応じて見直しをすべきものですので、会社の役員の業績に見合った報酬額を無理なく調整しながら改定することについては、租税回避も何もないこととなります。

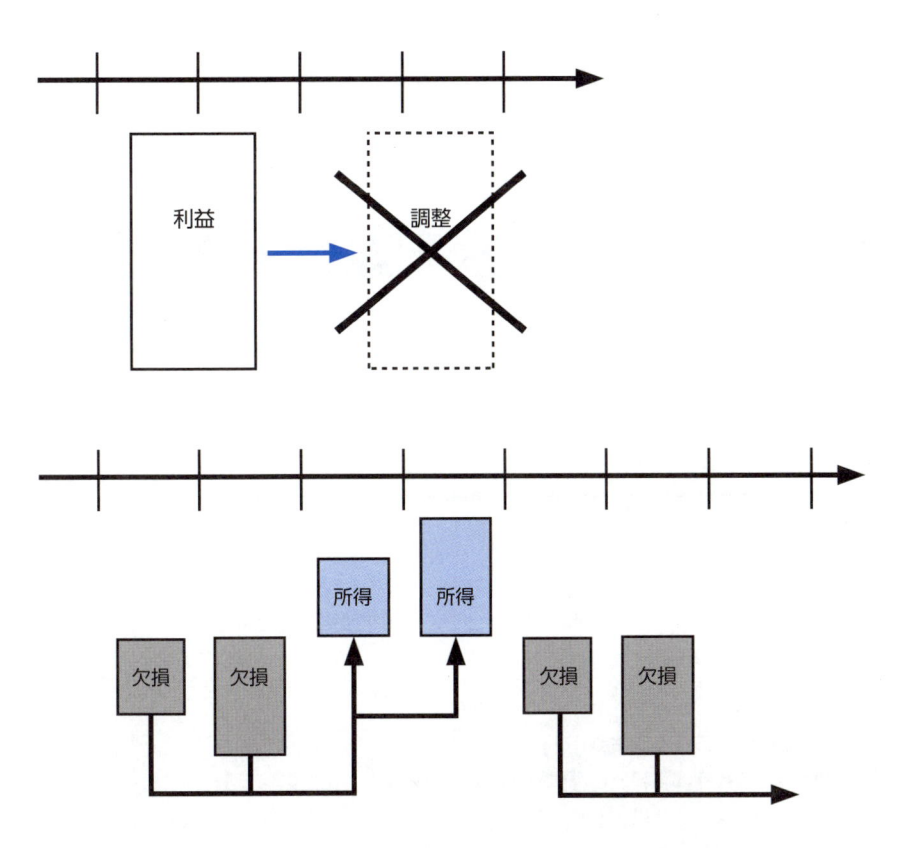

　ただし、何事もやり過ぎは租税回避の元凶となりますので注意が必要です。所得金額がたくさん生じたからといって、同種同規模の他社と比較して、役員報酬額としての常識を逸した高額な報酬額への改定は、その高額と判断される部分の金額については、不相当に高額な部分の金額として法人税法上は損金不算入となります。

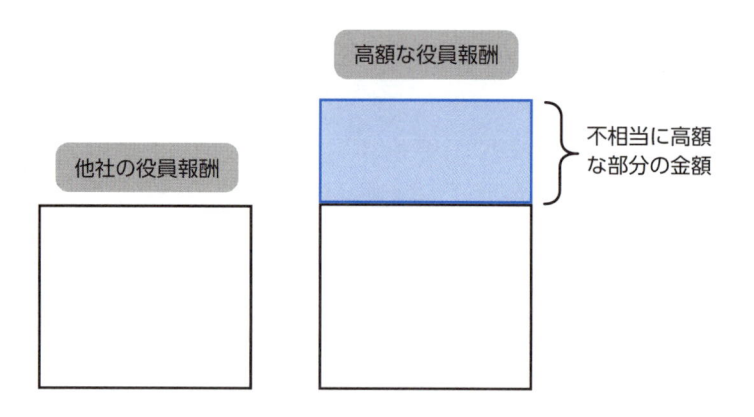

高額な役員報酬

他社の役員報酬

不相当に高額
な部分の金額

定期同額給与のルール

　定期同額給与といっても、通年を通して何年も同じ額の給与である必要はなく、一定期間同額であればそれでよいことになっています。しかし、報酬額の改定をする場合には、その理由やタイミングがいくつか定められていますので注意が必要です。

●定期であることが必要な期間

次の①又は②の期間

①その事業年度開始の日から給与改定後の最初の支給時期の前日まで

②給与改定前の最後の支給時期の翌日からその事業年度終了の日まで

●同額とされる金額

次の①又は②の金額

①各支給時期における支給額

②支給額から社会保険料及び源泉所得税等の額を控除した金額

　本来は①又は②のうちどちらかに統一されててもよいように思いますが、社会保険料や源泉所得税の税率の変更やミスにより同額でなくなることも想定されますので、ある程度の幅を持たせています。

●改定が認められる理由

①継続して毎年所定の時期にされる定期給与の額の改定

　その事業年度開始の日から3か月を経過する日までに継続して毎年所定の時期にされる定期給与の額の改定は認められます。

　ただし、上記の「3か月を経過する日まで」の改定の期限については、確定申告書の提出期限の特例に係る税務署長の指定を受けた法人である場合にはその指定に係る月数に2を加えた月数を経過する日となります。これを「3か月経過日等」といいますが、3か月経過日等後にされることについて特別の事情があると認められる場合には、さらにその改定の時期にされたものも認められています。

②臨時改定事由による改定

　①に掲げる改定以外で、その事業年度においてその法人の役員の職制上の地位の変更、その役員の職務の内容の重大な変更その他これらに類するやむを得ない事情によりされたその役員に係る定期給与の額の改定は認められます。この理由による改定は、期の途中において増額又は減額ができる改定となります。

③業績悪化改定事由による改定

　上記①及び②に掲げる改定以外で、その事業年度においてその法人の経営状況が著しく悪化したことその他これに類する理由によりされた定期給与の額の減額のための改定。この理由による改定は、期の途中において減額のみができる改定となります。

思わぬ高額な税負担が強いられることがあります

　役員報酬額を、法人税の税負担のみを考慮して増減していると、思わぬ高額な税負担が強いられることがありますので、注意が必要です。

　役員報酬は法人税法上損金算入されますので、法人の所得金額を押さえたいがために、その法人の業績や類似法人の報酬額を無視して、あまりにも高額な報酬を支給した場合には、法人税法上の規定によって、その高額な部分とされる金額は損金不算入となります。

業績に応じた報酬額の改定が必要

　また、業績が好調だったときに役員報酬額を増額させたまま、その後の事業年度において、業績が下降していったにもかかわらず、役員報酬額を減額改定せずに、実質上は支払っていない未払いの報酬額を法人税の確定した決算で継続して損金としてしまっていることがあります。

　法人税の申告書上では、欠損金が増える申告となりますので、そのまま放置したとしても一見、税負担に影響はないように思われますが、法人に徴収義務が課せられている個人所得税、個人住民税、社会保険料の負担額にはこれらの報酬額の金額が影響しています。つまり、役員報酬額については、法

人税法上は損金算入されますのでその分法人税の負担は減少しますが、個人所得税、個人住民税、社会保険料の負担はその役員報酬額の金額に応じて相応の税負担額が課税されています。

　法人には、これらの税金について、その役員報酬額を支払ったときに徴収する義務があり、これらの金額を報酬の支給対象者から報酬を支給する際に預かって、国や地方公共団体へ納付するという義務があります。

　対象となる役員報酬は未払いで実際に支払っていなくても、法人税の申告書上で支払ったものとして損金経理して申告をしてしまうと、役員報酬を支払ったという事実が確定してしまうため、個人所得税、個人住民税、社会保険料のその後の納税を回避することはできなくなります。

　役員報酬額の改定は、法人の業績に応じて、まめに行う必要があります。特に業績が下降しだした際の減額改定は、それを怠ると後で他の税負担が強いられるなど、思わぬ出費に繋がってしまうことがありますので注意が必要です。

社会保険料、住民税、所得税に留意する

　役員報酬は法人税では損金となりますので、法人税の税負担はその分少なくなりますが、個人所得税、個人住民税、社会保険料の金額にも直接影響していきますので、それらの税負担も考慮しながら役員報酬額は決定する必要があります。

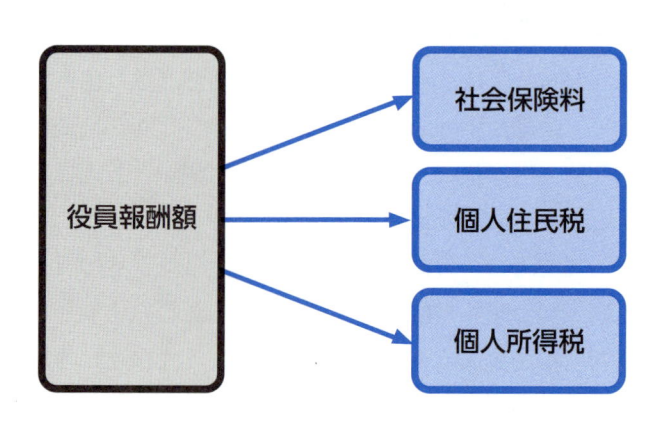

役員報酬がない事業年度の経費

　役員報酬や給与は所得税法上において、給与所得控除という経費の枠が定められています。これは給与所得について簡便的に経費の枠を考慮して定めた所得に対する控除額とされています。給与所得についてはこの給与所得控除を控除した残額から、基礎控除などのその他の控除額を差し引いた課税所得に対して所得税が課税されています。

　所得税の事業所得では、事業主のスーツ代などは経費として認められる一方で、法人税法上では、慣行として役員の使用するスーツ代は経費として認められていません。しかし、それはこういった経費はこの給与所得控除の範囲で想定した経費となっていますので、それを法人税法上でも経費として認めた場合には、経費の二重取りとなってしまうために認められないこととなっています。

　役員報酬の支給がない事業年度においては、給与所得控除もありませんので、これらの経費は逆に事業で必要なものであればそれは経費として認められるべきものとなります。しかし、その役員の使用するスーツがその役員に対する個人的な支出として認識されるような私用に近い内容のものであるなど、個人的に負担すべきものとして認定されれば、それは役員賞与若しくは社長貸付金として損金不算入となりますので注意が必要です。

　スーツ代などの経費は所得税法上の給与所得控除という形に転化することによって法人税法上でも経費として認められていますので、給与所得控除の範囲内の役員報酬はむしろ出しておくべきものといえます。なお、給与所得控除の最低額は年額で65万円となっていますので、基礎控除の38万円と合わせれば年103万円までは所得税も課税されない報酬の金額となります。

7 欠損金の繰越控除について考える

繰越期間の 10 年はタイムリミット

収益が少なく、費用が多いと欠損になる

　青色欠損金の繰越期間については、平成 30 年 4 月 1 日以後に開始した事業年度分の欠損金から 10 年間の繰越しができるようになります。

　欠損金を算出した事業年度について、その事業年度の業績が結果的に欠損になったということは、「収益が少なかった」又は「費用が多かった」ということになります。

　つまり、損益の集計にプラスとなる収益の取引よりも、マイナスとなる費用の取引が多いことによって、その集計結果が欠損金となったわけです。

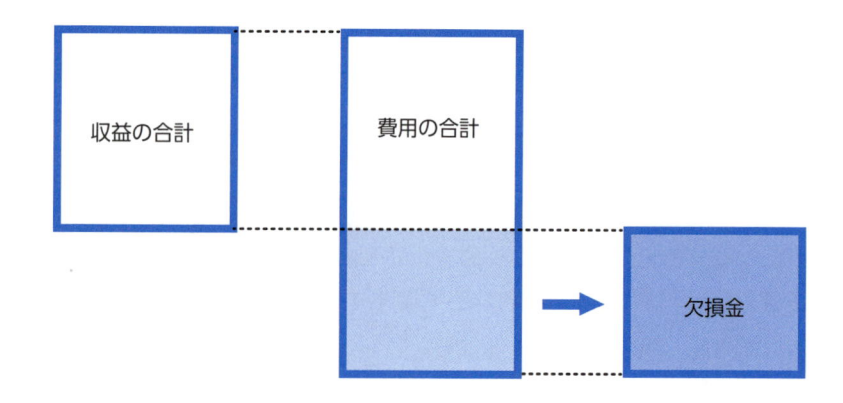

収益と費用の関係を考える

　費用として計上した金額が少なければ欠損金は減少し、逆に多ければ欠損金は増加します。

　収益が少なければ欠損金は増加し、収益が多ければ欠損金は減少します。これらは、いってみれば簡単で単純なことなのですが、欠損金や所得金額の構成要素はあくまでも、収益の合計額と費用の合計額とのバランスによって、それらの一つ一つの取引を集計した結果でその金額が決定されているだけのことなのです。

● **収益が増える・費用が減る　→　欠損金は減る**

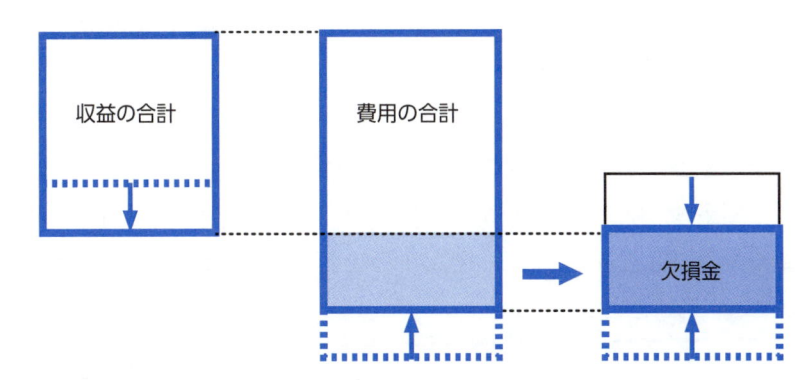

● **収益が減る・費用が増える　→　欠損金は増える**

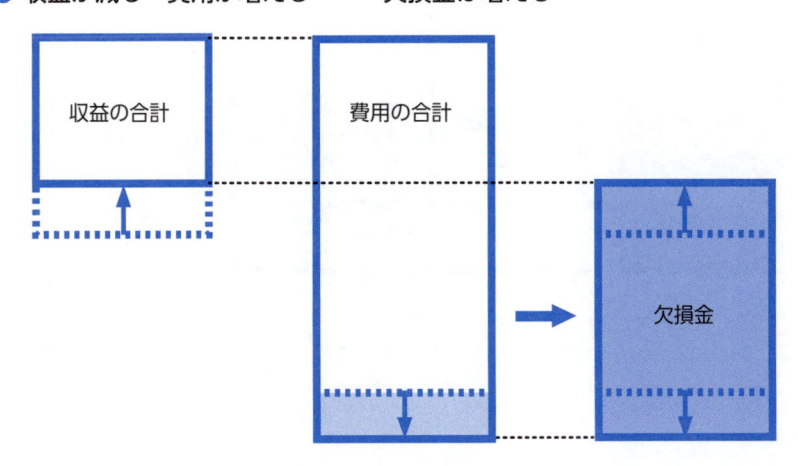

欠損金は収益から控除しきれなかった費用項目の集合体

　ここで、重要なことは、その事業年度の所得の金額の計算上、最終的に赤字である欠損となった場合には、その欠損となった原因の一部分である費用が損金算入した事業年度から、翌事業年度以降の所得計算において収益と費用の集計結果がプラスとなった事業年度の所得金額から、その事業年度の損金として控除できる機会が与えられるという制度が欠損金の繰越控除であるということです。

　欠損金は収益から控除しきれなかった費用項目の集合体ですので、費用として計上する時期、つまり収益から差し引くことができる時期を翌期以降に延長する権利が与えられることになっているのです。ただし、単純にその事業年度の損金の額として他の費用と同様に損益計算書に計上することができるというものではなく、その事業年度の「所得金額」から控除することができるという制限付きの費用となります。

　繰越欠損金は、所得金額からのみ控除することができるものとなりますので、所得金額がある場合にのみ、その金額を上限として繰越欠損金の損金算入が認められることとなります。

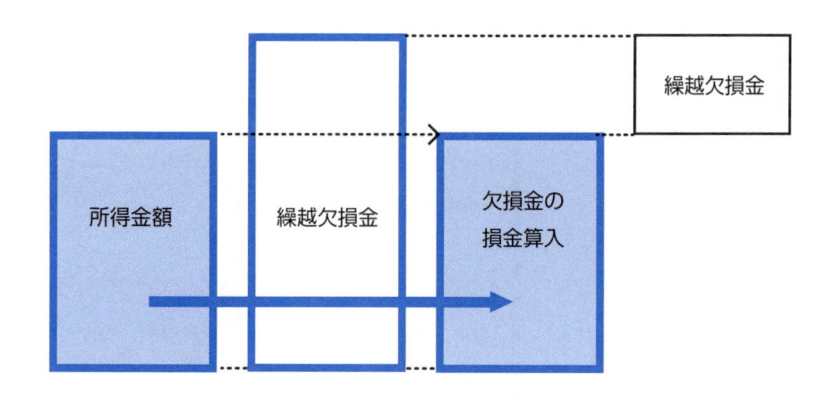

損益計上時期の延長ではなく損金算入のタイムリミットと考える

　欠損金の繰越期間は平成30年４月１日以後に開始した事業年度分の欠損金からは10年間の繰越しが認められます。それ以前である平成30年３月31日以前に開始した事業年度分については、９年間となっています。

　これらの繰越期間については、青色申告法人であれば、欠損事業年度で赤字を計上してしまった事業年度から９年間若しくは10年間の繰越しができるようになりますので、欠損金を損金算入することができる期間が将来に渡って猶予されたという感覚になると思います。10年という期間は長いタームとなりますので、ピンとこない年月でもありますが、しかし、それは同時に９年間若しくは10年間に機会が延長されたのではなく、その費用項目における損金算入時期についてのタイムリミットが始まったと捉えることもできます。

無期限の費用項目がある

　会社設立時に、まだ営業が開始されていない時期に支出した営業経費の費用項目として、創業費若しくは開業費という費用項目があります。これらの費用は法人税法では「繰延資産」として資産計上することになっています。

　繰延資産については、償却計算を通じて、会社が償却費として損金経理した金額のうち、法人税法上の償却限度額の範囲内での損金算入が認められています。なお、創業費・開業費としての繰延資産の法人税法上の償却限度額は、その支出額の全額です。

　つまり、これらの項目については、繰延資産として計上された支出額のうち、会社が償却費として損金経理した金額について、そのすべての損金算入が認められることとなっていますので、逆に会社が損金経理をしなければいつまでも、損金算入することはない費用項目となります。

　損金経理した金額が損金算入される金額となりますので、その金額も支出額の範囲でいくらでもよいことになっています。

　結論として、法人税では、これらの繰延資産の損金算入時期については、無期限の扱いとなっています。つまり、いつでも損金として認識したい事業年度において損金として扱うことができるのです。

カウントダウンが始まる

　ここで注意すべきこととして、創業費・開業費である繰延資産は、損金経理という会社の意思決定に基づいて損金算入時期を自由に選択することができる資産であるという立場のものですので、その意思決定により一旦損金経理したものについては、元には戻せないことになります。

　会社の損金経理により損金の額に算入された繰延資産の償却費は、たとえその事業年度が欠損事業年度になったとしても、決算が確定したあとは、その損金経理された金額が損金として算入されたままとなります。その欠損金の構成要素の一因である償却費として損金経理した金額は、いわば、30年後でもよかった損金算入時期の選択権をその瞬間に放棄して、欠損金の繰越期間10年という限られた期間となるタイムリミットへのカウントダウンが始まったこととなります。

期限切れの欠損金は切り捨てられる

　欠損金の繰越控除は、翌事業年度以降10年間の所得金額と相殺することができますので、仮にその10年間がずっと赤字であった場合には、期限の過ぎた繰越欠損金は、将来の所得金額から控除できる権利が無くなり、順次、切り捨てられることとなります。

欠損事業年度では償却費の計上は見送る方が有利

　創業費・開業費の繰延資産は、その全額について、いつでも損金算入する

機会がありますので、それを欠損事業年度の損金に算入してしまうのは、もったいないことになります。償却費の計上は通常、決算整理の段階で行うこととなりますので、決算の集計額が赤字になった事業年度においては、償却費の計上は通常見送ることとなります。

損金算入のタイミングを会社の意思決定に委ねる

　法人税法では、創業費などの繰延資産のように、損金算入のタイミングを会社の意思決定に委ねることができるものが多数存在します。

　会社が損金経理をした金額のうち税務上の限度額に達するまでの金額を損金算入することができるものとしては、他に減価償却費の損金算入、圧縮記帳の損金算入、貸倒引当金の繰入れ、などがあります。

　その他にも、申告調整項目とされている、受取配当等の益金不算入の規定については、法人がその保有する株式等の配当金について、決算書上では収益に計上されていますが、法人税の申告書において、その収益を益金不算入とすることができます。また、所得税額控除の規定の適用を受ける場合には、決算書上で費用として計上した源泉所得税について、法人税の申告書において加算調整をすることとなりますが、逆に適用を受けない場合には、そのまま費用として計上することも法人の意思により選択することが認められています。

選択できる規定を知ることは重要

　このように欠損事業年度においても、法人の選択により、欠損金を増やす調整を選択するのか、又は欠損金を減らす調整を選択するのかは、法人の将来の事情なども考慮して慎重に判断をして選択することとなります。調整が選択できる規定はたくさんありますので、それらの内容と所得金額や欠損金額に与える影響などを深く知ることは、会社を税金面でもコントロールするためにはとても重要であるといえます。

8 欠損金を「増やしたい・減らしたい」調整のあれこれ

法人税の認める調整項目について、その適用を受けるか受けないかを法人の任意により自由に決めることができるものがあります。これらの任意選択ができる規定は、それを受けたり受けなかったりすることによって、最終的には会社の所得金額を調整することができます。

欠損金を減らすためには、利益が増える調整をします。また逆に、欠損金を増やすためには、利益が減る調整をします。通常は所得金額が生じる事業年度においては、節税として所得金額が少しでも減る調整をすることになりますが、欠損金を減らす調整は、その逆をすることになるわけです。

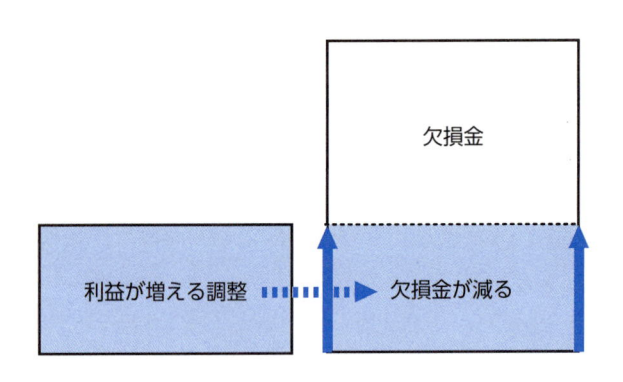

なお、翌期以降に生じる予定の所得に対する節税に備えるためには、当期の欠損金を極力増やす調整をすることになります。

翌期以降にも大きな所得の増加が見込まれないなどの事情がある場合には、極力欠損金を減らす調整をしておくこともあります。

◆調整項目の種類

法人税の規定にある調整項目には、決算調整項目と申告調整項目があります。

決算調整項目は、損益計算書上の当期利益に影響を与える項目で、結果的に所得金額の増減に繋がる項目となります。

申告調整項目は、当期利益には直接影響しませんが、別表四を通じて益金損金の加算減算を行うことによって、所得金額に影響を与える調整項目をいいます。

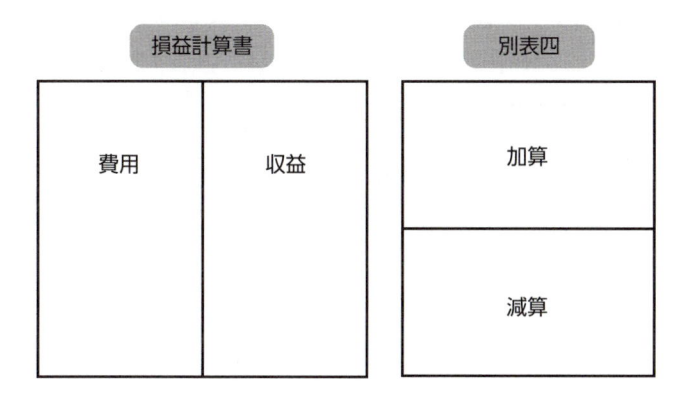

減価償却費の計上

　減価償却費の計上は税務上の限度額の範囲内であれば、会社の任意で自由
にその金額を設定することができます。

　利益が生じる事業年度の決算において、減価償却費を税務上の限度額いっ
ぱいまで、費用として計上した場合には、損益計算書上の当期利益はその分
減少します。また、逆に費用として計上できる減価償却費を計上しなかった
場合には、当期利益はその分増加します。

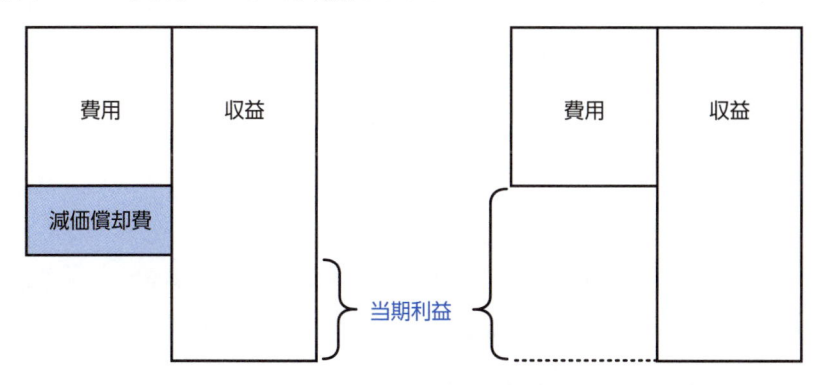

　欠損金が生じた事業年度においても、減価償却費を計上した場合にはその
事業年度の欠損金額は増加し、減価償却費を計上しなかった場合には欠損金
額は減少します。

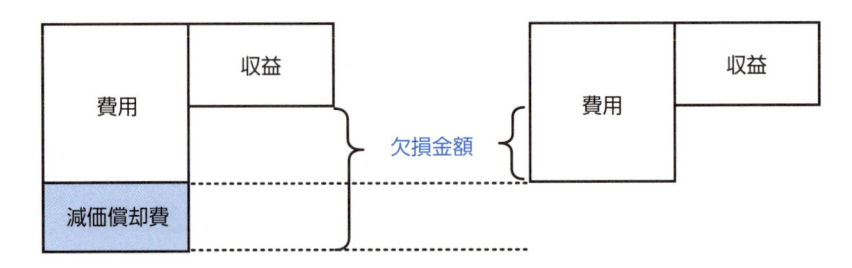

　減価償却費の計上は、特別償却の適用を受けることができる資産であれば同様に、欠損金を増加させたい事業年度であれば特別償却の適用を受けた方が欠損金はその分増加します。

繰延資産の計上

　繰延資産は、法人が支出する費用で、その支出の効果がその支出した日以後一年以上に及ぶものをいいます。なお、資産の取得に要した金額とされるべき費用及び前払費用を除きます。

　前払費用とは、法人が一定の契約に基づき継続的に役務の提供を受けるために支出する費用のうち、その支出する日の属する事業年度終了の日においてまだその提供を受けていない役務に対応するものをいいます。つまり繰延資産は、支出の効果が翌期以降に及ぶもので、その支出する日の属する事業年度終了の日において既に提供を受けている役務に対応するものをいいます。

　繰延資産には会計上の繰延資産と税法独自の繰延資産があります。

会計上の繰延資産

　会計上の繰延資産には、創立費、開業費、開発費、株式交付費、社債等発行費の５つがあります。これらの繰延資産については、その償却費の計上についてその全額を一時に償却することが認められています。

創立費	発起人に支払う報酬、設立登記のために支出する登録免許税その他法人の設立のために支出する費用で、その法人の負担に帰すべきものをいいます。
開業費	法人の設立後事業を開始するまでの間に開業準備のために特別に支出する費用をいいます。
開発費	新たな技術若しくは新たな経営組織の採用、資源の開発又は市場の開拓のために特別に支出する費用をいいます。

株式交付費	株券等の印刷費、資本金の増加の登記についての登録免許税その他自己の株式や出資の交付のために支出する費用をいいます。
社債等発行費	社債券等の印刷費その他債券、新株予約権の発行のために支出する費用をいいます。

税法独自の繰延資産

　税法独自の繰延資産は、次に掲げる費用で支出の効果がその支出の日以後一年以上に及ぶものとされています。

1. 自己が便益を受ける公共的施設又は共同的施設の設置又は改良のために支出する費用
2. 資産を賃借し又は使用するために支出する権利金、立ちのき料その他の費用
3. 役務の提供を受けるために支出する権利金その他の費用
4. 製品等の広告宣伝の用に供する資産を贈与したことにより生ずる費用
5. 上記に掲げる費用のほか、自己が便益を受けるために支出する費用

貸倒引当金の計上

　その事業年度終了の時において、一定の金銭債権を有する場合には、その金銭債権のうち、将来の貸倒れによる損失に備えるため、貸倒引当金の計上をすることができます。貸倒引当金の計上は税務上の限度額以下の金額を損金経理により貸倒引当金として計上した場合に、その損金経理をした金額について当期の損金として算入することが認められる制度です。

　なお、貸倒引当金を毎期の決算において計上している場合には、当期において、前期に計上した貸倒引当金の戻入れの処理をしなければなりません。この戻入れの処理は、前期に計上した貸倒引当金を収益に計上することになりますので、欠損金が生じる事業年度においては、欠損金が減る処理となります。そして、当期において計上する貸倒引当金の繰入額は、欠損金を増やす処理となります。

● 前期に計上した貸倒引当金を収益に計上する仕訳

　　　　貸倒引当金　××××　　　　貸倒引当金戻入 ××××

● 当期に貸倒引当金を設定して費用に計上する仕訳

> 貸倒引当金繰入　××××　　　貸倒引当金 ××××

短期前払費用の特例

　前払費用とは、法人が一定の契約に基づいて役務の提供を受けるために支出した費用のうち、その事業年度終了の時においてまだ提供を受けていない役務に対応するものをいいます。

　通常は支出した時に前払費用として資産に計上し、役務の提供を受けた時に費用に振り替えて損金の額に算入します。

> 支払時の仕訳：　（前払費用）×××（現　　金）×××
> 役務提供時の仕訳：（賃 借 料）×××（前払費用）×××

　しかし、その支払った日から1年以内に提供を受ける役務に係るものを支払った場合において、その支払った額に相当する金額を継続してその支払った日の属する事業年度の損金の額に算入しているときは、上記にかかわらず、その支払時点で損金の額に算入することが認められています。

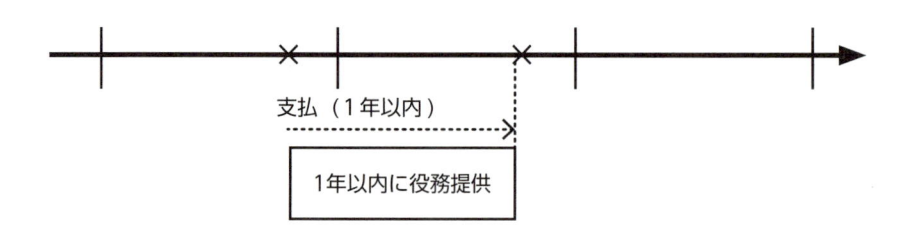

> 支払時の仕訳：　　（賃 借 料）×××（現　　金）×××
> 役務提供時の仕訳：　なし

　通常であれば、事務所や店舗の家賃などは商慣行として、翌月分を前払い
で支払っていることが殆どです。このような場合に決算の手間を考慮して、
期間のズレを修正することなく、毎期継続して決算日の翌月分の家賃をその
まま費用として計上します。

　このように短期前払費用の特例を適用している法人が、欠損事業年度にお
いて欠損金を減らしたい場合には、短期前払費用の特例の適用を停止して、
翌月分の家賃を前払費用として費用から資産へ振り替える経理処理をします。
短期前払費用の特例は継続して損金に算入することができる規定となってい
ますので、継続しなかった場合には、原則通りの取扱いをすることとなります。
このとき前期以前の取扱いについて、継続性が認められない場合には、前期
以前に適用を受けた特例が遡って認められないこともありますので注意が必
要です。

　短期前払費用の特例は、借入金を預金、有価証券などに運用する場合のそ
の借入金に係る支払利子のように、収益の計上と対応させる必要があるもの
については、たとえ１年以内の短期前払費用であっても、支払時点で損金の
額に算入することは認められません。

　また、規定の適用を受けるにあたっては、支払日から１年以内に提供を受
ける役務に係るものを支払った場合に適用を受けることができますので、例
えば決算時において、翌事業年度分の１年分を前払いで支払ったようなケー
スでは、支払日から１年以内をカウントすることとなる提供を受ける役務が
最終月分については、１年を超えてしまうこととなります。このような場合
には、その支払った金額の全額が適用を受けることができなくなりますので、
注意が必要です。

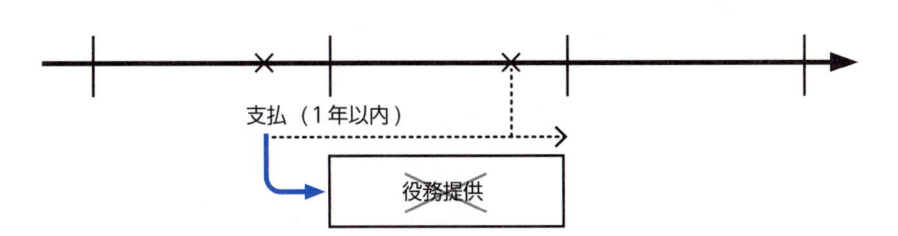

受取配当等の益金不算入

　法人が他の内国法人から配当等を受けた場合には、その受取配当等は、会計上では収益として計上されますが、法人税法上はその配当等に係る株式等の区分に応じて、その配当等の額の全額又は一定の金額を益金の額に算入しないことができます。

　欠損事業年度においては、決算書上は受取配当等の金額は収益に計上されています。受取配当等の益金不算入の規定は、申告書別表四上で益金不算入として減算処理をすることによって、所得金額を減少させることでその受取配当等による収益を減額させる手法がとられています。欠損事業年度においては、申告書上で益金不算入の調整をした場合は、欠損金額が増加することとなります。欠損金を増やしたくなければ、適用を受けないこととなります。

● 損益計算書での仕訳

（現金預金）×××　　　（受取配当金）×××

収益計上

● 別表四での調整
受取配当等の益金不算入額（減算社外※14①③欄）

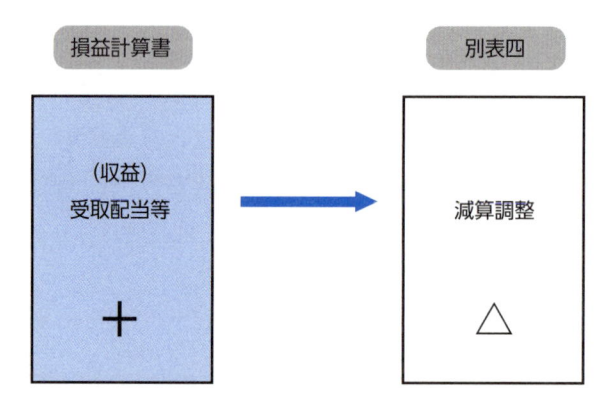

　ただし、受取配当等の益金不算入は、当期に適用を受けなかった分を翌期以降に繰り越して適用を受けることなどは一切できない規定となりますので注意が必要です。

所得の金額の計算に関する明細書（簡易様式）

別表四（簡易様式）　平三十・四・一以後終了事業年度分

事業年度	・　・	法人名	

御注意

区　　分		総　　額	処　　　　分		
			留　保	社　外　流　出	
		①	②	③	
当期利益又は当期欠損の額	1	円	円	配当	円
				その他	
加	損金経理をした法人税及び地方法人税（附帯税を除く。）	2			
	損金経理をした道府県民税及び市町村民税	3			
	損金経理をした納税充当金	4			
	損金経理をした附帯税（利子税を除く。）、加算金、延滞金（延納分を除く。）及び過怠税	5			その他
	減価償却の償却超過額	6			
算	役員給与の損金不算入額	7			その他
	交際費等の損金不算入額	8			その他
		9			
		10			
	小　　　計	11			
減	減価償却超過額の当期認容額	12			
	納税充当金から支出した事業税等の金額	13			
	受取配当等の益金不算入額（別表八（一）「13」又は「26」）	14			※
	外国子会社から受ける剰余金の配当等の益金不算入額（別表八（二）「26」）	15			※
	受贈益の益金不算入額	16			※
	適格現物分配に係る益金不算入額	17			※
	法人税等の中間納付額及び過誤納に係る還付金額	18			
算	所得税額等及び欠損金の繰戻しによる還付金額等	19			※
		20			
	小　　　計	21			外※
仮　　　計 (1)+(11)-(21)		22			外※
関連者等に係る支払利子等の損金不算入額（別表十七（二の二）「25」又は「30」）	23				その他
超過利子額の損金算入額（別表十七（二の三）「10」）	24	△			※ △
仮　　　計 ((22)から(24)までの計)	25				外※
寄附金の損金不算入額（別表十四（二）「24」又は「40」）	26				その他
法人税額から控除される所得税額（別表六（一）「6の③」）	29				その他
税額控除の対象となる外国法人税の額（別表六（二の二）「7」）	30				その他
外国関係会社等に係る控除対象所得税額等相当額（別表十七（三の十二）「1」）	31				その他
合　　　計 (25)+(26)+(29)+(30)+(31)	34				外※
契約者配当の益金算入額（別表九（一）「13」）	35				
中間申告における繰戻しによる還付に係る災害損失欠損金額の益金算入額	37				※
非適格合併又は残余財産の全部分配等による移転資産等の譲渡利益額又は譲渡損失額	38				※
差　　　引　　　計 (34)+(35)+(37)+(38)	39				外※
欠損金又は災害損失金等の当期控除額（別表七（一）「4の計」＋（別表七（二）「9」若しくは「21」又は別表七（三）「10」）	40	△			※ △
総　　　計 (39)+(40)	41				外※
新鉱床探鉱費又は海外新鉱床探鉱費の特別控除額（別表十「43」）	42	△			※ △
残余財産の確定の日の属する事業年度に係る事業税の損金算入額	48	△	△		
所得金額又は欠損金額	49				外※

法　0301-0402

㊞簡

圧縮記帳

　圧縮記帳は、担税力がない状況で譲渡益等に課税されては困る場合に、その譲渡益等を課税されないようにする税法特有の技術的な計算規定です。

```
[所有土地を譲渡したときの仕訳]
　　　　　　　　（現　　　　金）1,000 円　　（土　　　　地）　300 円
　　　　　　　　　　　　　　　　　　　　　　（譲　渡　益）　700 円
[代替土地を取得したときの仕訳]
　　　　　　　　（土　　　　地）1,000 円　　（現　　　　金）1,000 円
```

　上記の場合、譲渡益 700 円については、課税所得となりますので、法人税が課税されます。700 円× 30％＝ 210 円

　ここで、課税される法人税 210 円を納税する資金を確保しようと思えば、譲渡した土地の売却代金である 1,000 円で代替する土地を取得することが困難となります。担税力とは税金を担う力のことをいいます。

　つまり、上記のままで 1,000 円の代替土地を取得しようとすれば、210 円の現金を他から工面しなければならなくなります。

　単位が小さいので、ピンとこないでしょうが、上記の単位を円でなく、億円にしてみると、210 億円の納税資金が必要となるわけです。

　その法人の事情で譲渡や取得をするのであれば、210 億円の税負担を考慮してその譲渡や取得を実行する必要がありますが、仮に国から強制的に土地を収用されたりした場合には、法人にとっては酷な話となります。

　圧縮記帳は、そのような一定の事情がある場合や租税政策上の理由から、一定の事項に該当する場合には、譲渡益部分の損金算入を認めることとしています。

```
[所有土地を譲渡したときの仕訳]
　　　　　　　　（現　　　　金）1,000 円　　（土　　　　地）　300 円
　　　　　　　　　　　　　　　　　　　　　　（譲　渡　益）　700 円
[代替土地を取得したときの仕訳]
　　　　　　　　（土　　　　地）1,000 円　　（現　　　　金）1,000 円
[圧縮記帳の仕訳]
　　　　　　　　（土地圧縮損）　700 円　　（土　　　　地）　700 円
```

　上記の圧縮記帳の仕訳をすることによって、当期の所得金額は0円となりますので、210円の税金を工面する必要はなくなります。

　圧縮記帳にはいろいろなものがありますが、会社が損金経理した金額のうち一定の限度額に達するまでの金額の損金算入が認められます。

◆圧縮記帳は課税の延期制度

　圧縮記帳は、その適用を受けた事業年度については、譲渡益が課税されませんが、これは税金が減免されたわけではありません。

　圧縮記帳の適用を受けた資産の帳簿価額は、上記の例ですと、300円となりますので適用を受けた場合と受けなかった場合では、その後その資産を譲渡したときに、それぞれの課税所得は次のようになります。

> ［①圧縮記帳の適用を受けた場合］
> 　※土地の簿価300円（1,000円－700円）
> 　※その後2,000円で譲渡
> 　　　　　（現　　　金）2,000円（土　　　地）　300円
> 　　　　　　　　　　　　　　　　（譲　渡　益）1,700円
> 　　　　※税金……1,700円×30％＝510円
> ［②圧縮記帳の適用を受けなかった場合］
> 　※土地の簿価1,000円（1,000円－0円）
> 　※その後2,000円で譲渡
> 　　　　　（現　　　金）2,000円（土　　　地）1,000円
> 　　　　　　　　　　　　　　　　（譲　渡　益）1,000円
> 　　　　※税金……1,000円×30％＝300円
> ［①と②の税金の差額］
> 　　　　①510円－②300円＝210円

　圧縮記帳の適用を受けたことにより課税されなくなった210円は、その後譲渡をした事業年度に課税されることとなります。

　この資産が減価償却資産である場合には、圧縮記帳適用後の事業年度における減価償却費が少なくなりますので、減価償却を通じて課税の取戻しが行われます。

　圧縮記帳は所得金額が生じる事業年度において、その譲渡益等が課税され

ないようにするための技術的な計算規定です。

　当期が欠損事業年度である場合には、実際にはその譲渡益について課税はされません。従って、実際に圧縮記帳の適用を受ける受けないは元々が任意に選択ができる規定となっていますので、そのときの法人の選択に委ねられることとなります。法人にとっても当期において圧縮記帳をすべきか否かは、そのときの事情により判断することとなります。欠損金の増減額については、圧縮記帳をした場合には、圧縮記帳をしなかった場合よりも欠損金額は増えることとなります。

所得税額控除

　所得税額控除は、法人が受取利息などを受け取ったときに、徴収された所得税を法人税の前払いであると考え、同一所得に対する法人税と所得税の二重課税を排除する目的で制定されたものです。

◆源泉所得税の原則的な取扱い

　源泉所得税は徴収された時点では法人法上、損金として取り扱います。

◆税額控除の選択

　上記のような原則的な取扱いによらず、税額控除を選択した場合には申告書別表四において、次の調整をすることとなります。

> (1)損益計算書上の当期利益は徴収された源泉所得税が費用として処理した金額が反映されていますので、所得を基の状態に戻すために一旦、損金不算入の税務調整を行います。
> 　法人税額から控除される所得税額（加算社外）
> (2)上記（1）により税務調整した金額を別表一（一）において、法人税額から控除します。

◆欠損金額に対する影響

　当期が欠損事業年度である場合には、所得税額控除の適用を受けると、別表四において加算される所得税分、当期の欠損金額は減ることとなります。そして、当期において課税される法人税額はありませんので、所得税額控除の適用を受ける源泉所得税は、還付の手続きをすることとなります。

所得の金額の計算に関する明細書（簡易様式）

事業年度	・ ・	法人名	

別表四（簡易様式）　平三十・四・一以後終了事業年度分

御注意

区　分		総　額 ①	処　分	
			留　保 ②	社外流出 ③
当期利益又は当期欠損の額	1	円	円	配　当　　　　円
				その他
損金経理をした法人税及び地方法人税（附帯税を除く）	2			
損金経理をした道府県民税及び市町村民税	3			
損金経理をした納税充当金	4			
損金経理をした附帯税（利子税を除く。）、加算金、延滞金（延納分を除く。）及び過怠税	5			その他
減価償却の償却超過額	6			
役員給与の損金不算入額	7			その他
交際費等の損金不算入額	8			その他
	9			
	10			
小　　計	11			
減価償却超過額の当期認容額	12			
納税充当金から支出した事業税等の金額	13			
受取配当等の益金不算入額（別表八(一)「13」又は「26」）	14			※
外国子会社から受ける剰余金の配当等の益金不算入額（別表八(二)「26」）	15			※
受贈益の益金不算入額	16			※
適格現物分配に係る益金不算入額	17			
法人税等の中間納付額及び過誤納に係る還付金額	18			
所得税額等及び欠損金の繰戻しによる還付金額等	19			※
	20			
小　　計	21			外 ※
仮　　計　(1)+(11)-(21)	22			外 ※
関連者等に係る支払利子等の損金不算入額（別表十七(二の二)「25」又は「30」）	23			その他
超過利子額の損金算入額（別表十七(二の三)「10」）	24	△		※　　　△
仮　　計　((22)から(24)までの計)	25			外 ※
寄附金の損金不算入額	26			その他
法人税額から控除される所得税額（別表六(一)「6の③」）	29			その他
税額控除の対象となる外国法人税の額（別表六(二の二)「7」）	30			その他
外国関係会社等に係る控除対象所得税額等相当額（別表十七(三の六)「1」）	31			その他
合　　計　(25)+(26)+(29)+(30)+(31)	34			外 ※
契約者配当の益金算入額（別表九(一)「13」）	35			
中間申告における繰戻しによる還付に係る災害損失欠損金額の益金算入額	37			※
非適格合併又は残余財産の全部分配等による移転資産等の譲渡利益額又は譲渡損失額	38			※
差　引　計　(34)+(35)+(37)+(38)	39			外 ※
欠損金又は災害損失金等の当期控除額	40	△		※　　　△
総　　計　(39)+(40)	41			外 ※
新鉱床探鉱費又は海外新鉱床探鉱費の特別控除額（別表十(三)「43」）	42	△		※　　　△
残余財産の確定の日の属する事業年度に係る事業税の損金算入額	48	△	△	
所得金額又は欠損金額	49			外 ※

法　0301－0402

㊙

別表一（一）　普通法人（特定の医療法人を除く）、一般社団法人等及び人格のない社団等の分……平三十・四・一以後終了事業年度等分

御注意

平成　年　月　日
税務署長殿

納税地
電話（　　）　－

（フリガナ）
法人名

法人番号

（フリガナ）
代表者記名押印

代表者住所

事業種目

添付書類

白色申告　一連番号

整理番号
事業年度（至）
売上金額
申告年月日

申告区分

平成　　年　　月　　日
平成　　年　　月　　日

事業年度分の法人税　申告書
課税事業年度分の地方法人税　申告書

この申告書による法人税額の計算

		十位	百万	千	円
所得金額又は欠損金額（別表四「49の①」）	1				
法人税額（56）又は（57）	2				
法人税額の特別控除額	3				
差引法人税額（2）－（3）	4				
連結納税の承認を取り消された場合等における既に控除された法人税額の特別控除額の加算額	5				
課税土地譲渡利益金額				0 0 0
同上に対する税額（22）＋（23）＋（24）				
留保金額 課税留保金額（別表三（一）「4」）				0 0 0
同上に対する税額（別表三（一）「8」）				
法人税額計（4）＋（5）＋（7）＋（9）	10				
控除税額	13				
差引所得に対する法人税額（10）－（11）－（12）－（13）	14				
中間申告分の法人税額	15				
差引確定／中間申告の場合はその法人税額／税額とし、マイナスの／場合は、（26）へ記入	16				

この申告書による地方法人税額の計算

この申告書による地方法人税額の計算

銀行
金庫・組合
農協・漁協
ゆうちょ銀行の貯金記号番号

税理士署名押印

控除の対象となる所得税額あれこれ

①	預貯金の利子に係る源泉所得税
②	みなし配当に係る源泉所得税
③	株式の配当に係る源泉所得税
④	利息の配当に係る源泉所得税
⑤	出資分量配当金に係る源泉所得税
⑥	受益証券の収益分配金に係る源泉所得税
⑦	公社債の利子に係る源泉所得税
⑧	新株予約権付社債に係る源泉所得税

など

　圧縮記帳は、建物や土地などの固定資産を取得した際に、その帳簿価額を減額することにより、資産の取得事業年度における税金の負担を軽減するために設けられた課税の延期制度です。

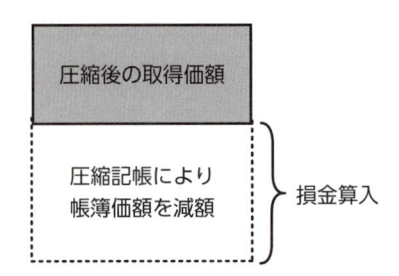

　圧縮記帳の仕組みはおおかた次のようになります。

　たとえば、建物の火災や自動車の物損事故による保険事故が発生したとします。このとき、その災害や事故により損壊した建物や自動車に対して損害保険が掛けられていた場合やその相手側から損害賠償金を受け取った場合には、その収受した保険金等による収入金額は税務上は益金となります。

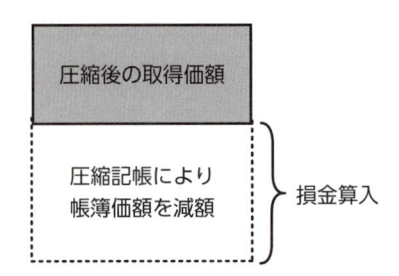

　この保険金等により収受する金銭の目的は、その事故により損壊をした建物や自動車に代替する固定資産を取得するための資金に充てられるべきものです。しかし、損壊をした固定資産の帳簿価額よりも収受した保険金等の額の方が大きい場合には、その差額について保険差益が生じます。つまり収受

した保険金等の額は益金となり、損壊をした固定資産の帳簿価額やその事故により生じたその他の経費は損金となりますので、その差額がある場合には保険差益となり、それは課税の対象となります。この保険差益について法人税などの税金が課税されてしまうと、収受した保険金で代替する固定資産を取得するはずだった資金がその分減ってしまうことになるため、課税される税金の負担が、代替資産取得の妨げになってしまうことになってしまいます。

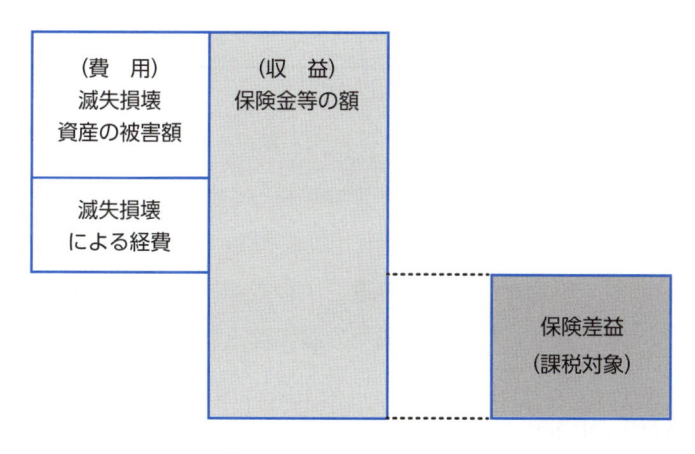

　そこで、そのような場合に、その保険差益について法人税などの税金が課税されないようにするために、その保険差益のうち、代替資産に充てられる部分に対応する金額を圧縮記帳をすることにより、課税されないようにする処理が圧縮記帳となります。

法人税で認められる圧縮記帳には次のものがあります。

●**法人税法上の圧縮記帳**
・国庫補助金等の圧縮記帳
・保険差益金等の圧縮記帳
・交換等の圧縮記帳

●**租税特別措置法上の圧縮記帳**
・収用等の圧縮記帳
・買換資産の圧縮記帳

・国庫補助金等の圧縮記帳

　法人が固定資産の取得又は改良に充てるための国庫補助金等の交付を受け、その事業年度においてその国庫補助金等をもってその交付の目的に適合した固定資産の取得又は改良をした場合には、これらの固定資産について、圧縮限度額の範囲内で帳簿価額を損金経理により減額するなど一定の方法で経理したときは、その減額した金額を損金の額に算入する圧縮記帳の適用を受けることができます。

・保険差益金等の圧縮記帳

　法人がその有する固定資産の滅失又は損壊により、その滅失又は損壊のあった日から３年以内に支払の確定した保険金等（保険金、共済金又は損害賠償金）の支払を受け、その支払を受けた事業年度において、その保険金等をもってその滅失をした固定資産に代替する同一種類の固定資産を取得するか、損壊を受けた固定資産や代替資産となるべき資産の改良をした場合には、これらの固定資産について圧縮限度額の範囲内で帳簿価額を損金経理することにより減額するなど一定の方法で経理したときは、その減額した金額を損金の額に算入する圧縮記帳の適用を受けることができます。

　また、法人が保険金等の支払に代えて代替資産の交付を受けた場合にも、その代替資産について、圧縮記帳をすることができます。

　なお、保険金等の支払を受けた事業年度に代替資産の取得又は改良ができない場合でもその翌期首から原則として２年以内に代替資産の取得又は改良をする見込みであるときは、圧縮限度額の範囲内の金額を特別勘定として経

理したときは、その経理した金額を損金の額に算入することができます。

・交換等の圧縮記帳

　法人が同じ種類の固定資産を交換により取得した場合には、圧縮限度額の範囲内で交換により取得した資産の帳簿価額を損金経理により減額したときは、その減額した金額を損金の額に算入する圧縮記帳の適用を受けることができます。

・収用等の圧縮記帳

　法人の所有する資産が収用等され、交付を受けた対価補償金及び移転補償金などの補償金により代替資産を取得した場合には、その代替資産について圧縮限度額の範囲内で帳簿価額を損金経理により減額するなど一定の方法で経理したときは、その減額した金額を損金の額に算入する圧縮記帳の適用を受けることができます。

・買替えの場合の圧縮記帳

　法人が、適用対象期間において、その所有する棚卸資産以外の特定の譲渡資産を譲渡し、譲渡の日を含む事業年度において特定の買換資産を取得し、かつ、取得の日から1年以内に買換資産を事業の用に供した場合又は供する見込みである場合に、買換資産について圧縮限度額の範囲内で帳簿価額を損金経理により減額するなど一定の方法で経理したときは、その減額した金額を損金の額に算入する圧縮記帳の適用を受けることができます。

　なお、買換資産の取得ができなかった場合において、その譲渡をした日を含む事業年度の翌事業年度の開始の日以後1年を経過する日までに一定の買換資産を取得し、その取得の日から1年以内に事業の用に供する見込みであるときは、特別勘定の設定をすることができます。

　この場合、譲渡資産の譲渡対価の額のうち買換資産の取得に充てようとする額に差益割合を掛けた金額の $\frac{80}{100}$ に相当する金額を特別勘定として経理することが認められています。この特別勘定に繰り入れた金額は、損金の額に算入されますので、譲渡益の一部と相殺されます。

　そして、譲渡をした日を含む事業年度の翌事業年度の開始の日以後1年を経過する日までの間に買換資産を取得して事業の用に供したときには、その

買換資産について圧縮記帳が認められます。

この場合、特別勘定の金額のうち、買換資産の圧縮基礎取得価額に差益割合を掛けた金額の80%に相当する金額を益金の額に算入しなければなりません。

圧縮記帳の効果

圧縮記帳は課税の延期制度となります。保険事故や資産の譲渡により利益が生じた場合に、その利益を圧縮記帳による損金算入で相殺し、課税をしないようにする制度です。しかし、圧縮記帳は圧縮額を損金算入することによって、その事業年度の利益は圧縮記帳で調整しますが、同時にそれは取得資産の取得価額を減額することによる調整となっています。つまり、取得資産の取得価額を取得事業年度において損金に算入することによって、将来に費用計上すべき金額を前取りしているということです。取得資産が減価償却資産である場合には、その事業年度以降に償却すべき減価償却費の限度額は、圧縮記帳をしなかった資産に比べて必ず少なくなります。また、取得資産が土地である場合には、その土地を譲渡する将来のどこかの事業年度において、その譲渡原価を構成する土地の帳簿価額が圧縮記帳をした土地は圧縮記帳をしなかった土地に比べて必ず少なくなります。

このように圧縮記帳をした資産は、将来において費用に計上できる金額が少なくなりますので、課税の取戻しがされることを前提とした制度となります。

当期が欠損事業年度である場合

当期が欠損事業年度である場合には、そもそも当期において法人税は課税されませんので、代替資産の取得に支障はきたしません。そして、圧縮記帳ができる要件が整っていても圧縮記帳をしなければ、保険差益や譲渡資産の譲渡利益による利益の分、欠損金額は減少するだけのこととなります。

このとき、欠損事業年度においても圧縮記帳を適用するか否かの判断をする際に押さえておきたいことは、代替資産が減価償却資産か土地かによって

もその事業年度以降における効果が変わる点にあります。それぞれの資産の特性によって判断すべき結果が変わりますので注意が必要です。

　代替資産が減価償却資産である場合には、圧縮記帳による効果は、特別償却制度を適用した場合とよく似た効果があります。また代替資産が土地である場合には、その資産を将来譲渡するまで課税の取戻しは行われません。

代替資産が減価償却資産である場合

　代替資産が減価償却資産である場合には、圧縮記帳の効果は、特別償却とよく似た効果があります。

　減価償却資産について、圧縮記帳により帳簿価額が減額されるタイミングは、原始取得価額から減額することになります。これはつまり、減価償却をする前の段階で取得価額を減額することになります。圧縮記帳により減額された資産の帳簿価額は圧縮後の取得価額といいます。

　一方特別償却では、取得価額に対して一定の割合を乗じた金額をもって特別償却費としていますが、この計算に用いる取得価額は圧縮後の取得価額を用いることとなります。

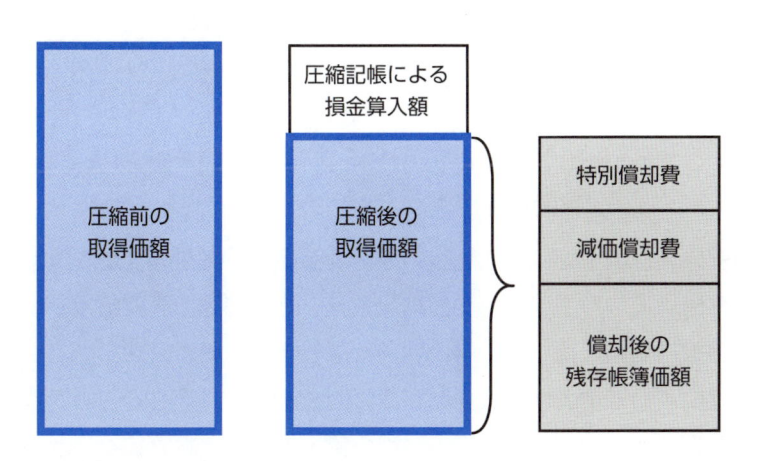

・圧縮後の取得価額を基礎とする

　圧縮記帳の適用を受けた取得資産の減価償却は、圧縮後の取得価額により計算をします。定額法により計算をする場合であっても、定額法の償却率を

乗ずる取得価額はその後の事業年度においても、圧縮後の取得価額を基礎として計算をすることとなります。なお、特別償却については、定額法を選択している資産についての定額法の計算は、その償却後の事業年度においても、償却前の取得価額を基礎として計算をします。

定率法を選択している資産については、まずは圧縮記帳、そしてその圧縮後の取得価額を基礎として定率法の計算をします。その後の事業年度においては、圧縮後の残存期首帳簿価額を基礎として計算をします。

特別償却制度におけるその後の事業年度の効果は、早期償却という目的のもとに、定額法であれば翌事業年度からも償却費相当額は減少せずに、耐用年数の期間が短縮されるという効果を生んでいましたが、圧縮記帳による効果は、翌事業年度以降の減価償却において、その償却費相当額が減少することによって、課税の取戻しが行われることとなります。定率法を選択している資産については、圧縮記帳による損金算入額と特別償却による損金算入額が翌事業年度以降の償却費に及ぼす影響は同様の効果となります。

代替資産が土地である場合

代替資産が土地である場合には、そもそも、土地は減価償却資産ではありませんので、特別償却の適用はありません。また減価償却もしませんので、翌事業年度から順次課税の取戻しが行われることもありません。取得資産が土地である場合の、課税の取戻しの効果は、その土地を譲渡したときまで繰り延べられることとなります。

圧縮記帳をした土地は、圧縮後の取得価額が、将来その土地を譲渡したときの譲渡原価になりますので、圧縮記帳をした土地は、圧縮記帳をしなかった土地の取得価額に比べて少ない金額となります。譲渡時においては、その圧縮記帳による取得価額の減少分が譲渡利益となり、そこで初めて課税の取戻しが実現することとなります。今回取得した土地を譲渡することが近い将来の計画であるのであれば、欠損事業年度において圧縮記帳の適用をするか否かの判断は、その時点での短期的な事情や計画などにより判断することとなりますが、近い将来において、譲渡する計画がないのであれば、当期に圧

縮記帳をしてしまっても、圧縮記帳による損金算入額の取戻課税は遙か遠い未来のこととなります。

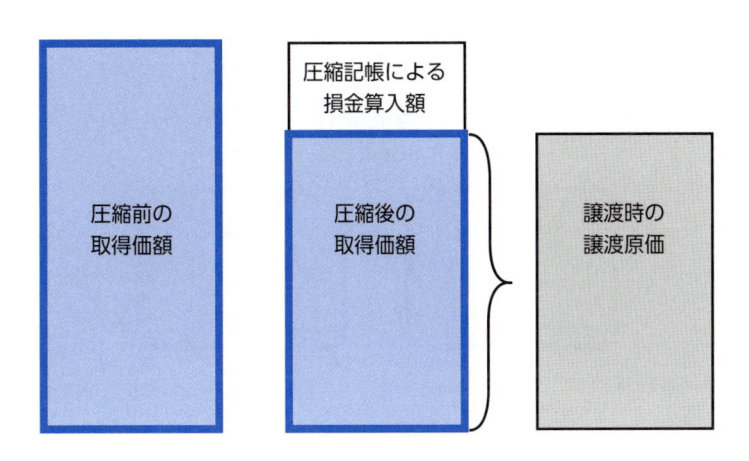

特別償却とのダブル適用

　ここで注意すべきことは、租税特別措置法上の圧縮記帳を適用した取得資産については、特別償却の適用を受けることはできません。しかし、法人税法上の圧縮記帳を適用した取得資産については、その他の要件が満たされていれば、特別償却の適用を受けることができます。

圧縮前か圧縮後か

　また、少額減価償却資産の取得価額 30 万円未満、少額の減価償却資産の取得価額 10 万円未満などの判定に用いる取得価額は圧縮記帳前の取得価額による金額で判定をしますので注意が必要です。

　つまり、特別償却を含む減価償却の計算は圧縮後の金額を基礎にして計算をしますが、少額な減価償却資産の取得価額による適用可否の判定については、圧縮前の取得価額により判定をします。

10 消費税の損金算入時期

消費税は法人税法上、損金の額に算入することができる費用です。消費税の経理方法には、税込経理方式と税抜経理方式があります。

税込み経理 108,000 円	税抜き経理 100,000 円 8,000 円

税込み経理

税込経理方式は売上や仕入れなど消費税が発生する取引を行ったときに、消費税を本体価格に含めて経理処理をする方法です。

たとえば、100,000 円の商品を購入する際に、その金額が消費税抜きの本体価格が 100,000 円なのであれば、その金額に 8,000 円の消費税（100,000 円×8％＝ 8,000 円）が別途加算されます。この商品を購入するために支払う金額は合わせて 108,000 円となります。そしてこの商品を購入したことを取引として経理処理をする場合に、別途加算された消費税を本体価格に含めた 108,000 円を商品の帳簿価額として経理処理をする方法が税込経理となります。

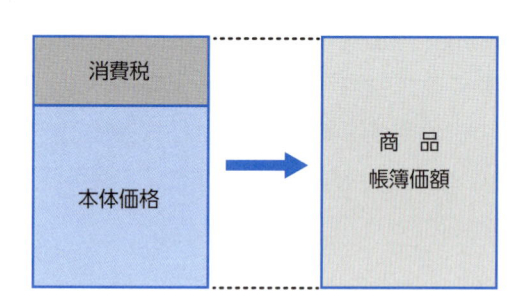

税抜き経理

　税抜経理方式は、消費税を本体価格に含めないで経理処理をする方法です。100,000円の商品を購入する際に別途加算された消費税を仮払消費税等として別の勘定科目で経理処理します。商品の仕入価額は100,000円となります。

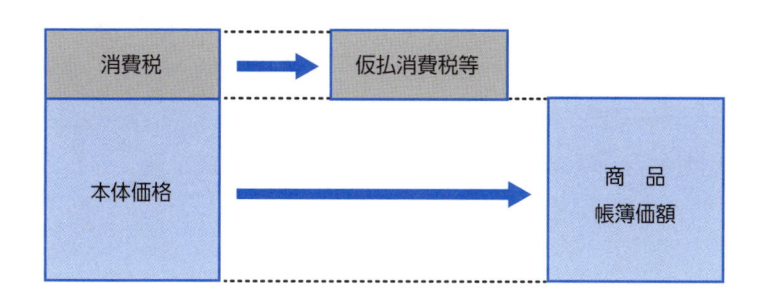

　なお、消費税込みの商品を購入した場合には、消費税分の金額を抜き出す経理処理をします。購入時の対価の額が消費税込みで50,000円であれば、50,000円×8％÷108％＝3,703円を仮払消費税等として、残りの46,297円を本体価格として経理処理をします。この場合の会社の仕訳は次のようになります。

> （商品仕入れ）46,297円　　（現　　　金）50,000円
> （仮払消費税等）　3,703円

消費税の納付の仕組み

　税込経理で処理をした商品の仕入れ価格は108,000円、税抜経理で処理をした商品の仕入れ価格は100,000円、仮払消費税等は8,000円となります。

　この商品を仮に消費税込みの金額162,000円で販売した場合には、税込経理をしている場合は売上は162,000円として仕訳をすることになります。

> （現　　　金）162,000円　（売　　　上）162,000円

そして、税抜経理をしている場合には、売上は 150,000 円、仮受消費税等は12,000 円として仕訳をします。

> （現　　　金）162,000 円　（売　　　上）150,000 円
> 　　　　　　　　　　　　　（仮受消費税等）　12,000 円

税抜経理をしている場合の納付すべき消費税額の計算は、仮受消費税等12,000 円から仮払消費税等 8,000 円を控除してその差額の 4,000 円を納付すべき消費税額として国へ納付します。このとき、貸借対照表上に計上されている仮受消費税等と仮払消費税等を相殺した際の差額について、未払金が同時に計上されることとなります。

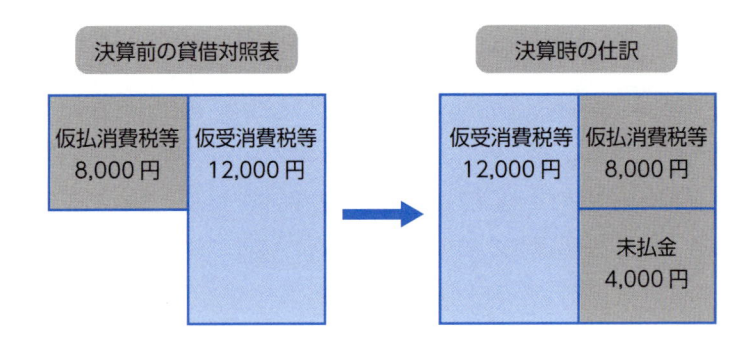

> （仮受消費税等）12,000 円　（仮払消費税等）8,000 円
> 　　　　　　　　　　　　　（未　払　金）4,000 円

税抜経理をしたときの損益計算

税抜経理をしたときの損益計算は、売上金額は 150,000 円、商品の売上原価が 100,000 円ですので、利益は 50,000 円となります。

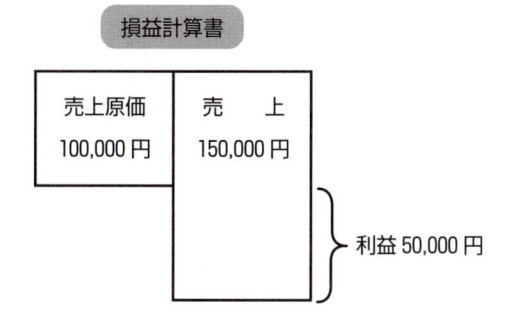

損益計算書

売上原価	売　　上
100,000円	150,000円

}利益 50,000円

税込経理をしたときの損益計算

　税込経理をしたときの損益計算は、売上金額は162,000円、商品の売上原価が108,000円ですので、利益は54,000円となります。

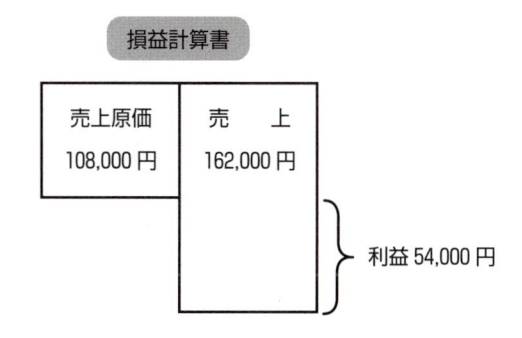

損益計算書

売上原価	売　　上
108,000円	162,000円

}利益 54,000円

　税込経理をしたときは、税抜経理をした場合と比べて、利益が4,000円高くなりますが、これは損益計算を消費税込みで計算しているために、納付すべき消費税額分が利益に転化されているためです。そのため、税込経理をしている場合には、納付すべき消費税額を未払金経理により租税公課として損金経理することが認められています。

> （租 税 公 課）4,000円　（未　払　金）4,000円

税込経理の消費税の損金算入時期は納付した時でもよい

　税込経理をしている場合には、支払う消費税の損金算入時期は決算時において上記のように損金経理により未払金に計上しても、翌事業年度の申告書を提出した事業年度の支払い時に損金として計上してもかまいません。

　税込経理をした場合の消費税の損金算入時期は、原則として申告書を提出した事業年度において計上することとなっていますが、継続適用を要件として、決算時に未払金として損金経理することも認められています。つまり、税込経理をしている法人については、消費税の損金算入時期を当期若しくは翌期のいずれかにすることによって、損益の調整ができることとなります。

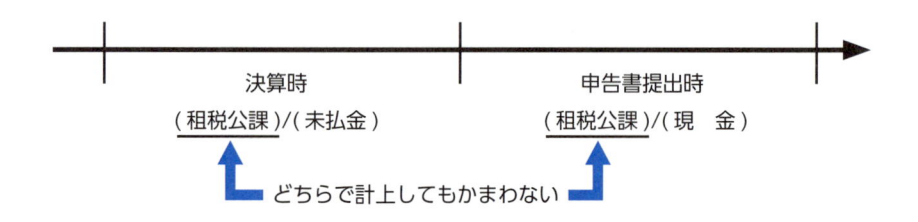

還付消費税の益金算入時期

　税抜経理をしている場合には、納付と同様に仮受消費税等と仮払消費税等の決算時の整理によって、還付されるべき消費税は未収入金として計上され、損益計算書においても、還付消費税等は自動的に収益として認識されてしまいます。しかし、税込経理をしている場合には、還付されるべき消費税の収益計上時期は、決算時に収益の額として未収入金に計上しても、申告書を提出する翌期の収益としてもどちらでもかまいません。

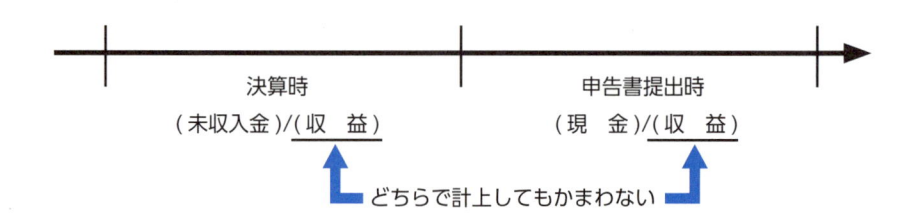

第 2 章

いざというとき、
各種別表、申請、届出の
ポイントはコレだ！

1 欠損金の繰越控除

当期に生じた欠損金

　当期において欠損金が生じた場合には、その欠損金は翌期以降に生じた所得と相殺することができます。また、前期の所得金額に対してすでに支払った法人税を還付してもらうこともできます。このとき、欠損金が生じた理由が災害によるものであるときには、その災害損失金の額を上限として翌期以降に生じた所得と相殺することができます。

　損失が生じた理由が災害によるものでない場合には、以後の所得と相殺できる欠損金の繰越しや法人税の還付をするための手続きは、青色申告法人であるなど、一定の要件が必要となります。

繰越控除、繰戻還付

　①翌期以降の所得と相殺する方法を選択する場合には、「欠損金の繰越控除」の手続きをします。②前期の所得金額に対して支払った法人税を還付してもらう方法を選択する場合には、「欠損金の繰戻還付」の手続きをします。これらの手続きは、欠損金を前期の所得に充てて、その残りを翌期以降に繰り越すこともできます。

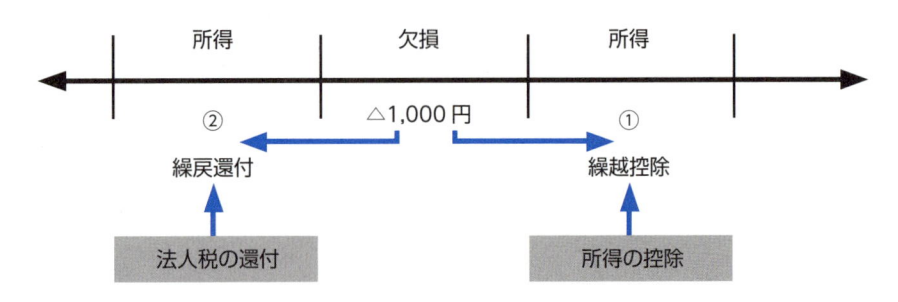

青色欠損金の繰越控除

　青色欠損金の繰越控除の規定の適用を受けるためには、当社が欠損事業年

度において青色申告法人である必要があります。そして、繰り越した欠損金を所得から控除するためには、その後、連続して確定申告書を提出している必要があります。なお、欠損金額が生じた事業年度において青色申告書である確定申告書を提出していれば、その後の事業年度について提出する確定申告書は白色申告書であっても、この繰越控除の規定は適用されます。つまり、①欠損事業年度が青色申告法人であること。②欠損事業年度から所得を控除する事業年度まで 連続して確定申告書を提出 していること。この２つの要件をクリアしていれば、欠損金の繰越控除の規定の適用は受けられることになります。所得を控除する事業年度は白色申告法人であっても控除ができるということです。

【欠損事業年度】

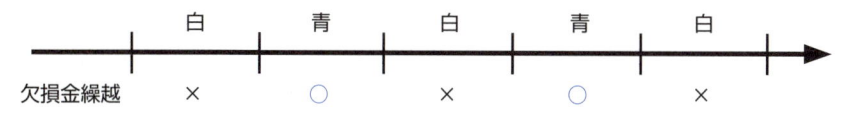

【所得控除事業年度】

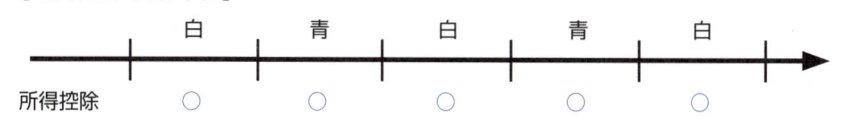

　　※欠損事業年度は、青のみ
　　※控除事業年度は、青白問わない

欠損金額が生じた事業年度の申告書・別表七（一）

「欠損金又は災害損失金の損金算入等に関する明細書」の書き方

【別表四】

　別表四49①欄（左側△2,000,000円の金額）の欠損金額を別表7（一）3欄③の該当箇所に転記します。

区　　分		総　　額	処　　　　分		
			留　　保	社　外　流　出	
		①	②	③	
当 期 利 益 又 は 当 期 欠 損 の 額	1	円	円	配　当	円
				その他	
加	損金経理をした法人税及び地方法人税（附帯税を除く。）	2				
	損金経理をした道府県民税及び市町村民税	3				
	損 金 経 理 を し た 納 税 充 当 金	4				
	損金経理をした附帯税（利子税を除く。）、加算金、延滞金（延納分を除く。）及び過怠税	5			その他	
	減 価 償 却 の 償 却 超 過 額	6				
	役 員 給 与 の 損 金 不 算 入 額	7			その他	
	交 際 費 等 の 損 金 不 算 入 額	8			その他	
		9				
		10				
算	小　　　　計	11				
減	減価償却超過額の当期認容額	12				
	納税充当金から支出した事業税等の金額	13				
	受取配当等の益金不算入額（別表八（一）「13」又は「26」）	14			※	
	外国子会社から受ける剰余金の配当等の益金不算入額（別表八（二）「26」）	15			※	
	受 贈 益 の 益 金 不 算 入 額	16			※	
	適格現物分配に係る益金不算入額	17			※	
	法人税等の中間納付額及び過誤納に係る還付金額	18				
	所得税額等及び欠損金の繰戻しによる還付金額等	19			※	
		20				
算	小　　　　計	21			外 ※	
仮　　　　計　(1)＋(11)－(21)	22			外 ※	
関連者等に係る支払利子等の損金不算入額（別表十七（二の三）「25」又は「30」）	23			その他	
超 過 利 子 額 の 損 金 算 入 額（別表十七（二の三）「10」）	24	△		※	△
仮　　　　計　(22)から(24)までの計	25			外 ※	
寄 附 金 の 損 金 不 算 入 額（別表十四（二）「24」又は「40」）	26			その他	
法人税額から控除される所得税額（別表六（一）「6の③」）	29			その他	
税額控除の対象となる外国法人税の額（別表六（二の二）「7」）	30			その他	
外国関係会社等に係る控除対象所得税額等相当額（別表十七（三の十二）「1」）	31			その他	
合　　　　計　(25)＋(29)＋(30)＋(31)	34			外 ※	
契 約 者 配 当 の 益 金 算 入 額（別表九（一）「13」）	35				
中間申告における繰戻しによる還付に係る災害損失欠損金額の益金算入額	37			※	
非適格合併又は残余財産の全部分配等による移転資産等の譲渡利益額又は譲渡損失額	38			※	
差　　引　　計　(34)＋(37)＋(38)	39			外 ※	
欠損金又は災害損失金等の当期控除額（別表七（一）「4の計」＋（別表七（四）「10」）	40	△		※	△
総　　　　計　(39)＋(40)	41			外 ※	
新鉱床探鉱費又は海外新鉱床探鉱費の特別控除額（別表十（三）「43」）	42	△		※	△
残余財産の確定の日の属する事業年度に係る事業税の損金算入額	48	△	△		
所 得 金 額 又 は 欠 損 金 額	49	△ 2,000,000	△ 2,500,000	外 ※	500,000

所得の金額の計算に関する明細書（簡易様式）

事業年度　　・　・

法人名

別表四（簡易様式）

平三十・四・一以後終了事業年度分

法　0301－0402

【別表七（一）】

　別表七（一）では、別表四から転記されていた数値を「青色欠損金の3欄、5欄にそれぞれ転記します。

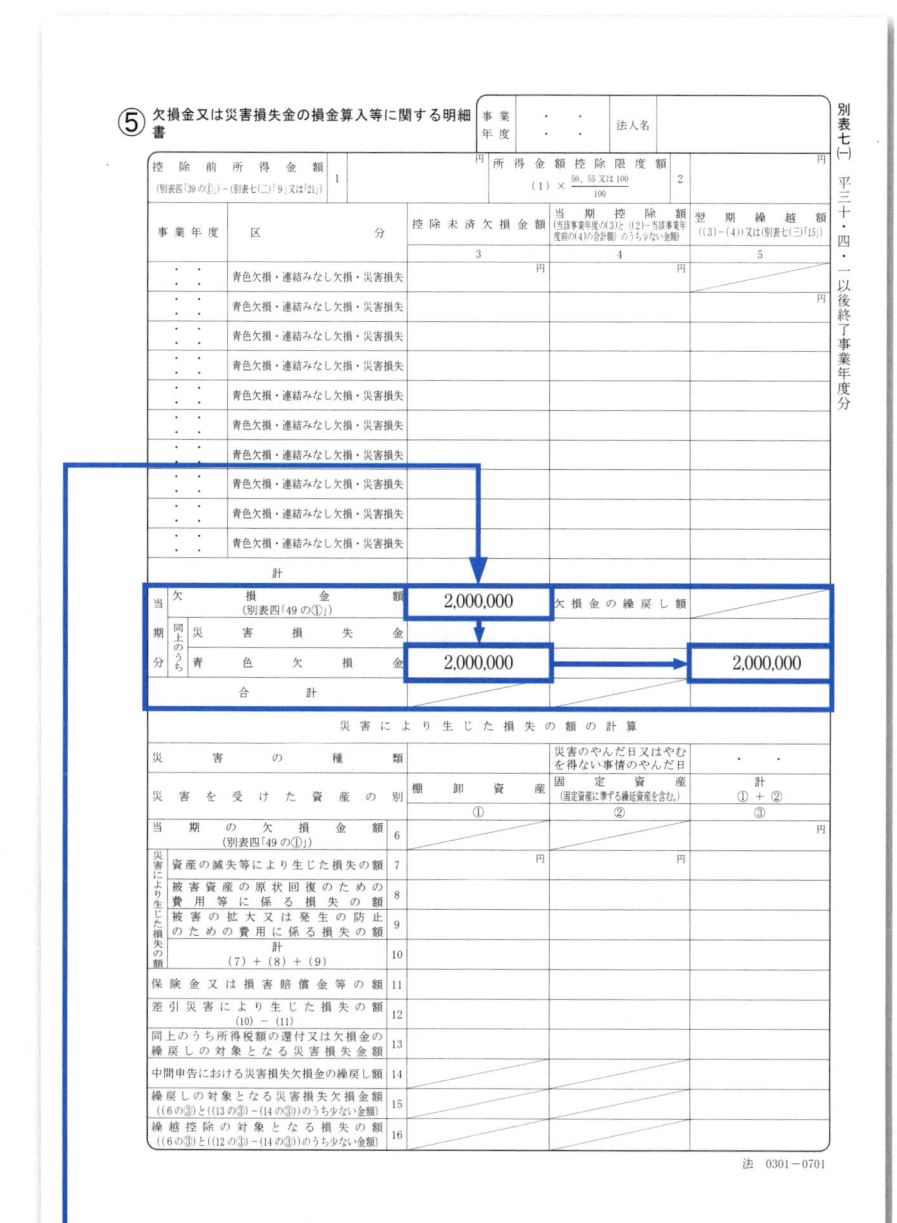

※繰戻還付の適用を受ける場合

　このとき、欠損金の繰戻しに使用した欠損金額がある場合には、4欄にその金額を記載して、結果的に5欄に記載する金額は、3欄の金額から4欄に記載する繰戻し還付に使用した金額を控除した残額を5欄に記載します。

⑤ 欠損金又は災害損失金の損金算入等に関する明細書

| 事業年度 | · · | 法人名 | |

| 控　除　前　所　得　金　額
（別表四「39の①」）−（別表七(二)「9」又は「21」） | 1 | | 所得金額控除限度額
$(1) \times \dfrac{50、55 又は100}{100}$ | 2 | 円 |

事　業　年　度	区　　　　分	控除未済欠損金額	当期控除額 （当該事業年度の(3)と((2)−当該事業年度前の(4)の合計額)のうち少ない金額）	翌期繰越額 ((3)−(4))又は(別表七(三)「15」)
		3	4	5
· ·	青色欠損・連結みなし欠損・災害損失	円	円	
· ·	青色欠損・連結みなし欠損・災害損失			
· ·	青色欠損・連結みなし欠損・災害損失			
· ·	青色欠損・連結みなし欠損・災害損失			
· ·	青色欠損・連結みなし欠損・災害損失			
· ·	青色欠損・連結みなし欠損・災害損失			
· ·	青色欠損・連結みなし欠損・災害損失			
· ·	青色欠損・連結みなし欠損・災害損失			
· ·	青色欠損・連結みなし欠損・災害損失			
· ·	青色欠損・連結みなし欠損・災害損失			
	計			

当期分	欠　損　金　額（別表四「49の①」）		2,000,000	欠損金の繰戻し額	
	同上のうち	災　害　損　失　金			
		青　色　欠　損　金	2,000,000	1,200,000	800,000
	合　　　計				

災　害　に　よ　り　生　じ　た　損　失　の　額　の　計　算

災　　害　　の　　種　　類		災害のやんだ日又はやむを得ない事情のやんだ日	· ·

災　害　を　受　け　た　資　産　の　別		棚　卸　資　産 ①	固　定　資　産 （固定資産に準ずる繰延資産を含む。） ②	計 ① ＋ ② ③
当　期　の　欠　損　金　額（別表四「49の①」）	6			円
災害により生じた損失の額	資産の滅失等により生じた損失の額	7	円	円
	被害資産の原状回復のための費用等に係る損失の額	8		
	被害の拡大又は発生の防止のための費用に係る損失の額	9		
	計 (7) ＋ (8) ＋ (9)	10		
保　険　金　又　は　損　害　賠　償　金　等　の　額	11			
差引災害により生じた損失の額 (10) − (11)	12			
同上のうち所得税額の還付又は欠損金の繰戻しの対象となる災害損失金額	13			
中間申告における災害損失欠損金の繰戻し額	14			
繰戻しの対象となる災害損失欠損金額 ((6の③)と((13の③)−(14の③))のうち少ない金額)	15			
繰越控除の対象となる損失の額 ((6の③)と((12の③)−(14の③))のうち少ない金額)	16			

法　0301−0701

欠損金の繰越期間

　欠損金の繰越期間は、9年とされています。なお、平成30年4月1日以後に開始する事業年度において生ずる欠損金の繰越期間は10年となります。

欠損事業年度	繰越	損金算入期限
平成21年3月期（2009.3）	9年	平成30年3月期（2018.3）
平成22年3月期（2010.3）	9年	平成31年3月期（2019.3）
平成23年3月期（2011.3）	9年	（新元号）01年3月期（2020.3）
平成24年3月期（2012.3）	9年	（新元号）02年3月期（2021.3）
平成25年3月期（2013.3）	9年	（新元号）03年3月期（2022.3）
平成26年3月期（2014.3）	9年	（新元号）04年3月期（2023.3）
平成27年3月期（2015.3）	9年	（新元号）05年3月期（2024.3）
平成28年3月期（2016.3）	9年	（新元号）06年3月期（2025.3）
平成29年3月期（2017.3）	9年	（新元号）07年3月期（2026.3）
平成30年3月期（2018.3）	9年	（新元号）08年3月期（2027.3）
平成31年3月期（2019.3）	10年	（新元号）10年3月期（2029.3）
（新元号）01年3月期（2020.3）	10年	（新元号）11年3月期（2030.3）
（新元号）02年3月期（2021.3）	10年	（新元号）12年3月期（2031.3）
（新元号）03年3月期（2022.3）	10年	（新元号）13年3月期（2032.3）
（新元号）04年3月期（2023.3）	10年	（新元号）14年3月期（2033.3）
（新元号）05年3月期（2024.3）	10年	（新元号）15年3月期（2034.3）

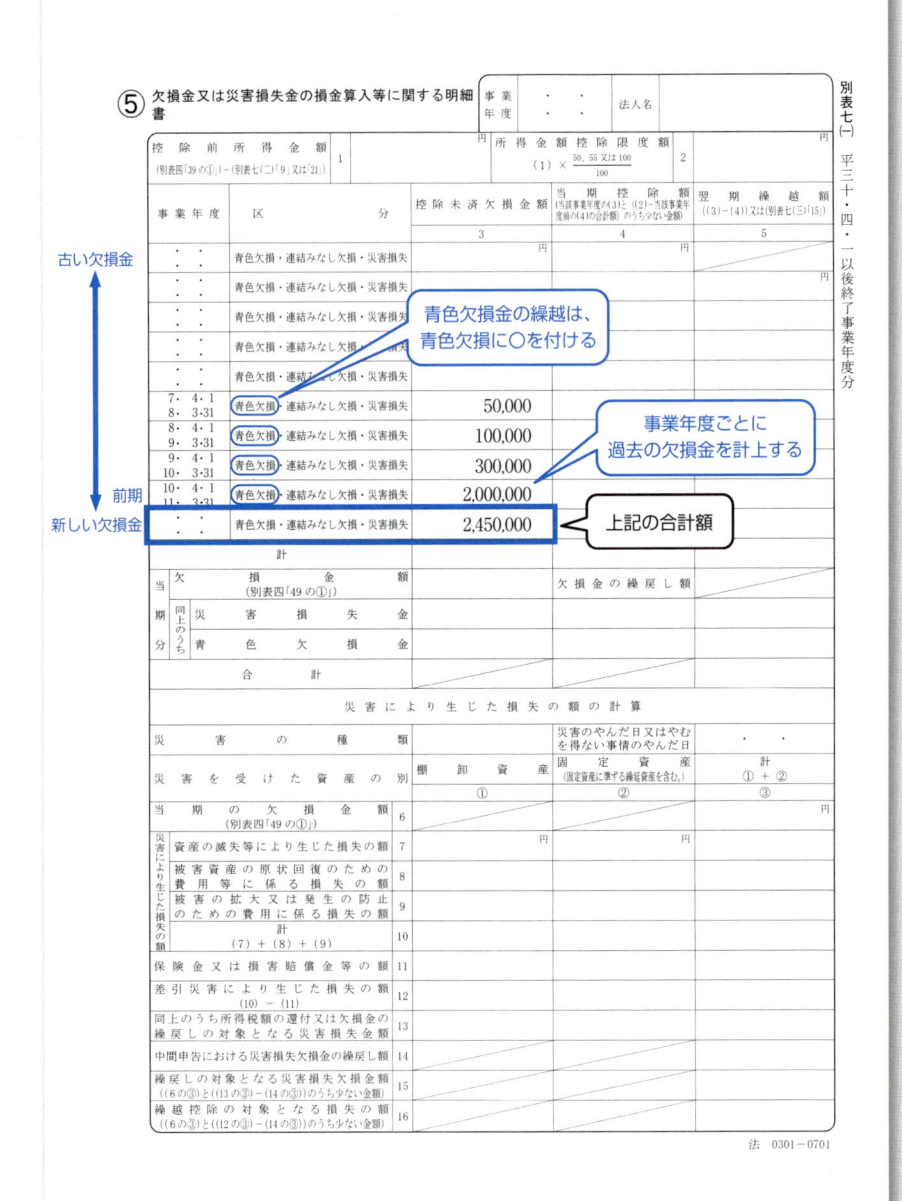

⑤ 欠損金又は災害損失金の損金算入等に関する明細書

| 事業年度 | ・ ・ | 法人名 | |

別表七(一) 平三十・四・一以後終了事業年度分

| 控 除 前 所 得 金 額
(別表四「39の①」)−(別表七(二)「9」又は「21」) | 1 | 円 | 所得金額控除限度額
$(1) × \dfrac{50,55 又は100}{100}$ | 2 | 円 |

事 業 年 度	区 分	控 除 未 済 欠 損 金 額 3	当 期 控 除 額 (当該事業年度の(3)と((2)−当該事業年度前の(4)の合計額)のうち少ない金額) 4	翌 期 繰 越 額 ((3)−(4))又は(別表七(三)「15」) 5
・ ・	青色欠損・連結みなし欠損・災害損失	円		円
・ ・	青色欠損・連結みなし欠損・災害損失			
・ ・	青色欠損・連結みなし欠損・災害損失			
・ ・	青色欠損・連結みなし欠損・災害損失			
・ ・	青色欠損・連結みなし欠損・災害損失			
7・4・1 8・3・31	青色欠損・連結みなし欠損・災害損失	50,000		
8・4・1 9・3・31	青色欠損・連結みなし欠損・災害損失	100,000		
9・4・1 10・3・31	青色欠損・連結みなし欠損・災害損失	300,000		
10・4・1 11・3・31	青色欠損・連結みなし欠損・災害損失	2,000,000		
・ ・	青色欠損・連結みなし欠損・災害損失	2,450,000		
計				

当期分	欠 損 金 額 (別表四「49の①」)		欠 損 金 の 繰 戻 し 額	
	同上のうち	災 害 損 失 金		
		青 色 欠 損 金		
合 計				

古い欠損金 ↑ 前期 ↓ 新しい欠損金

青色欠損金の繰越は、青色欠損に〇を付ける

事業年度ごとに過去の欠損金を計上する

上記の合計額

災 害 に よ り 生 じ た 損 失 の 額 の 計 算

災 害 の 種 類		災害のやんだ日又はやむを得ない事情のやんだ日	・ ・
災 害 を 受 け た 資 産 の 別	棚 卸 資 産 ①	固 定 資 産 (固定資産に準ずる繰延資産を含む。) ②	計 ① + ② ③
当 期 の 欠 損 金 額 (別表四「49の①」)	6			円
資産の滅失等により生じた損失の額	7		円	円
被害資産の原状回復のための費 用 等 に 係 る 損 失 の 額	8			
被 害 の 拡 大 又 は 発 生 の 防 止 の た め の 費 用 に 係 る 損 失 の 額	9			
計 (7) + (8) + (9)	10			
保 険 金 又 は 損 害 賠 償 金 等 の 額	11			
差 引 災 害 に よ り 生 じ た 損 失 の 額 (10) − (11)	12			
同上のうち所得税額の還付又は欠損金の繰 戻 し の 対 象 と な る 災 害 損 失 金 額	13			
中間申告における災害損失欠損金の繰戻し額	14			
繰戻しの対象となる災害損失欠損金額 ((6の③)と((13の③)−(14の③))のうち少ない金額)	15			
繰 越 控 除 の 対 象 と な る 損 失 の 額 ((6の③)と((12の③)−(14の③))のうち少ない金額)	16			

法 0301−0701

所得金額が生じた事業年度の申告書・別表七（一）

損金算入額

　欠損金が生じた事業年度以後の事業年度について、所得が生じた事業年度では、その欠損金額を損金の額に算入することができます。

　このとき欠損金を控除する前の所得金額（控除前所得金額）の50%を上限として損金算入することができます。なお、中小法人等、設立後7年を経過していない法人等については、控除前所得金額の100%について損金算入することができます。

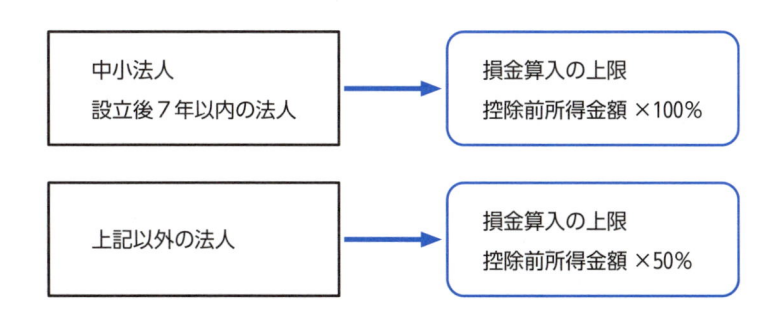

　控除前所得金額は、別表四39欄[差引計]の①欄の金額となり、別表七（一）1欄に記載します。なお、中小企業者等であればその金額をそのまま2欄へ記載します。当社が中小企業者等以外の法人である場合には、1欄に記載した金額に50%を乗じた金額を記載します。

所得の金額の計算に関する明細書（簡易様式）

事業年度	・ ・ ～ ・ ・	法人名	

区　分		総　額	処　　　　分		
			留　保	社　外　流　出	
		①	②	③	
当期利益又は当期欠損の額	1	円	円	配　当	円
				その他	
加算	損金経理をした法人税及び地方法人税（附帯税を除く。）	2			
	損金経理をした道府県民税及び市町村民税	3			
	損金経理をした納税充当金	4			
	損金経理をした附帯税（利子税を除く。）、加算金、延滞金（延納分を除く。）及び過怠税	5			その他
	減価償却の償却超過額	6			
	役員給与の損金不算入額	7			その他
	交際費等の損金不算入額	8			その他
		9			
		10			
	小　　計	11			
減算	減価償却超過額の当期認容額	12			
	納税充当金から支出した事業税等の金額	13			
	受取配当等の益金不算入額（別表八（一）「13」又は「26」）	14			※
	外国子会社から受ける剰余金の配当等の益金不算入額（別表八（二）「26」）	15			※
	受贈益の益金不算入額	16			※
	適格現物分配に係る益金不算入額	17			※
	法人税等の中間納付額及び過誤納に係る還付金額	18			
	所得税額等及び欠損金の繰戻しによる還付金額等	19			※
		20			
	小　　計	21			外※
仮計　(1)+(11)-(21)	22			外※	
関連者等に係る支払利子等の損金不算入額（別表十七（二の二）「25」又は「30」）	23			その他	
超過利子額の損金算入額（別表十七（二の三）「10」）	24	△		※	△
仮計　(22)から(24)までの計	25			外※	
寄附金の損金不算入額（別表十四（二）「24」又は「40」）	26			その他	
法人税額から控除される所得税額（別表六（一）「6の③」）	29			その他	
税額控除の対象となる外国法人税の額（別表六（二の二）「7」）	30			その他	
外国関係会社等に係る控除対象所得税額等相当額（別表十七（三の十二）「1」）	31			その他	
合　計　(25)+(26)+(29)+(30)+(31)	34			外※	
契約者配当の益金算入額（別表九（一）「13」）	35				
中間申告における繰戻しによる還付に係る災害損失欠損金額の益金算入額	37			※	
非適格合併又は残余財産の全部分配等による移転資産等の譲渡利益額又は譲渡損失額	38			※	
差　引　計　(34)+(35)+(37)+(38)	39	300,000	250,000	外※	50,000
欠損金又は災害損失金等の当期控除額（別表七（一）「4の計」＋（別表七（二）「9」若しくは「21」又は別表七（三）「10」）	40	△		※	△
総　計　(39)+(40)	41			外※	
新鉱床探鉱費又は海外新鉱床探鉱費の特別控除額（別表十（三）「43」）	42	△		※	△
残余財産の確定の日の属する事業年度に係る事業税の損金算入額	48	△	△		
所得金額又は欠損金額	49			外※	

法　0301－0402

㊞簡

⑤ 欠損金又は災害損失金の損金算入等に関する明細書

事 業 年 度	・ ・	法人名	

別表七(一) 平三十・四・一以後終了事業年度分

控除前所得金額 (別表四「39の①」)-(別表七(二)「9」又は「21」)	1	円 300,000	所得金額控除限度額 (1) × (50, 55 又は 100)/100	2	円 300,000

事業年度	区　　分	控除未済欠損金額	当期控除額 (当該事業年度の(3)と((2)-当該事業年度前の(4)の合計額))のうち少ない金額	翌期繰越額 ((3)-(4))又は(別表七(三)「15」)
			3	4	5
・ ・	青色欠損・連結みなし欠損・災害損失		円	円
・ ・	青色欠損・連結みなし欠損・災害損失			
・ ・	青色欠損・連結みなし欠損・災害損失			
・ ・	青色欠損・連結みなし欠損・災害損失			
・ ・	青色欠損・連結みなし欠損・災害損失			
・ ・	青色欠損・連結みなし欠損・災害損失			
・ ・	青色欠損・連結みなし欠損・災害損失			
・ ・	青色欠損・連結みなし欠損・災害損失			
・ ・	青色欠損・連結みなし欠損・災害損失			
	計			
当期分	欠 損 金 額 (別表四「49の①」)		欠損金の繰戻し額	
	同上のうち 災 害 損 失 金			
	同上のうち 青 色 欠 損 金			
	合　　計			

災害により生じた損失の額の計算

災 害 の 種 類		災害のやんだ日又はやむを得ない事情のやんだ日 ・ ・		
災 害 を 受 け た 資 産 の 別		棚 卸 資 産 ①	固 定 資 産 (固定資産に準ずる繰延資産を含む) ②	計 ① + ② ③
当 期 の 欠 損 金 額 (別表四「49の①」)	6			円
災害により生じた損失の額　資産の滅失等により生じた損失の額	7	円	円	
被害資産の原状回復のための費用等に係る損失の額	8			
被害の拡大又は発生の防止のための費用に係る損失の額	9			
計 (7) + (8) + (9)	10			
保 険 金 又 は 損 害 賠 償 金 等 の 額	11			
差引災害により生じた損失の額 (10) - (11)	12			
同上のうち所得税額の還付又は欠損金の繰戻しの対象となる災害損失金額	13			
中間申告における災害損失欠損金の繰戻し額	14			
繰戻しの対象となる災害損失欠損金額 ((6の③)と((13の③)-(14の③))のうち少ない金額)	15			
繰越控除の対象となる損失の額 ((6の③)と((12の③)-(14の③))のうち少ない金額)	16			

法　0301－0701

中小法人等以外の法人について控除前所得金額に対する繰越欠損金の損金算入制限には次の経過措置がありますので注意が必要です。

なお、開始事業年度とは、事業年度の期首の日を指します。

次の開始事業年度（損金算入事業年度）	制限割合
平成24年4月1日から平成27年3月31日まで	80%
平成27年4月1日から平成28年3月31日まで	65%
平成28年4月1日から平成29年3月31日まで	60%
平成29年4月1日から平成30年3月31日まで	55%
平成30年4月1日から	50%

繰越欠損金の控除

当期において生じた控除前所得金額から、繰越欠損金を控除します。このとき、控除前所得金額（2所得金額控除限度額）と繰越欠損金の合計額（3控除未済欠損金額の計）のいずれか少ない方の金額を控除します。

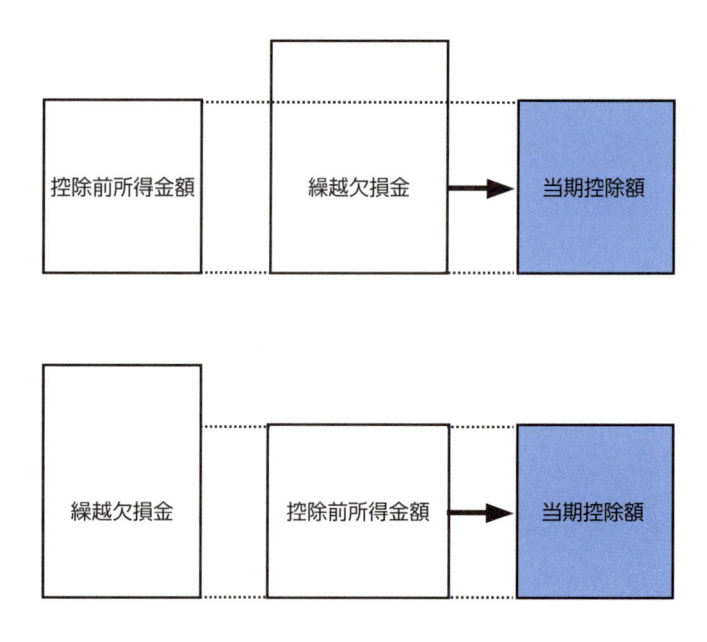

⑤ 欠損金又は災害損失金の損金算入等に関する明細書

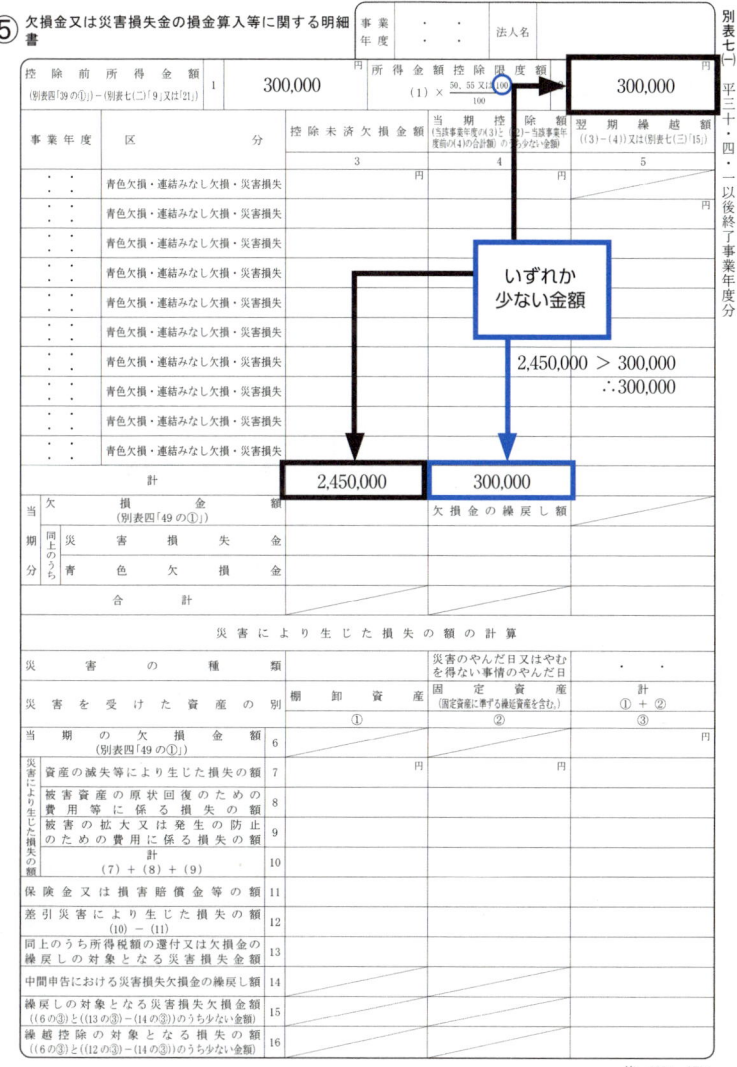

事業年度	区　　　　　分	控除未済欠損金額	当期控除額 (当該事業年度の(3)と、(2)-当該事業年度前の(4)の合計額)のうち少ない金額	翌期繰越額 ((3)-(4))又は(別表七(三)「15」)
		3	4	5
・・・	青色欠損・連結みなし欠損・災害損失	円	円	円
・・・	青色欠損・連結みなし欠損・災害損失			
・・・	青色欠損・連結みなし欠損・災害損失			
・・・	青色欠損・連結みなし欠損・災害損失			
・・・	青色欠損・連結みなし欠損・災害損失			
・・・	青色欠損・連結みなし欠損・災害損失			
・・・	青色欠損・連結みなし欠損・災害損失			
・・・	青色欠損・連結みなし欠損・災害損失			
・・・	青色欠損・連結みなし欠損・災害損失			
計		2,450,000	300,000	

控除前所得金額 (別表四「39の①」)-(別表七(二)「9」又は「21」)　1　300,000

所得金額控除限度額 (1)×(50、55又は100)/100　300,000

いずれか少ない金額

2,450,000 ＞ 300,000
∴300,000

当期分	欠損金額(別表四「49の①」)		欠損金の繰戻し額	
	同上のうち	災害損失金		
		青色欠損金		
	合計			

災害により生じた損失の額の計算

災害の種類			災害のやんだ日又はやむを得ない事情のやんだ日 ・・・	
災害を受けた資産の別		棚卸資産①	固定資産(固定資産に準ずる繰延資産を含む。)②	計①+②③
当期の欠損金額(別表四「49の①」)	6			円
災害により生じた損失の額	資産の滅失等により生じた損失の額	7	円	円
	被害資産の原状回復のための費用等に係る損失の額	8		
	被害の拡大又は発生の防止のための費用に係る損失の額	9		
	計(7)+(8)+(9)	10		
保険金又は損害賠償金等の額	11			
差引災害により生じた損失の額(10)-(11)	12			
同上のうち所得税額の還付又は欠損金の繰戻しの対象となる災害損失金額	13			
中間申告における災害損失欠損金の繰戻し額	14			
繰戻しの対象となる災害損失欠損金額((6の③)と((13の③)-(14の③))のうち少ない金額)	15			
繰越控除の対象となる損失の額((6の③)と((12の③)-(14の③))のうち少ない金額)	16			

法　0301－0701

損金算入の順序

　繰越欠損金がその事業年度開始の日前 10 年以内に開始した事業年度のうち2以上の事業年度において生じている場合には、最も古い事業年度において生じたものから順次損金算入をします。別表七（一）においては、当期控除額のうち、繰越期間の最も古い欠損金額から順次充てていきます。

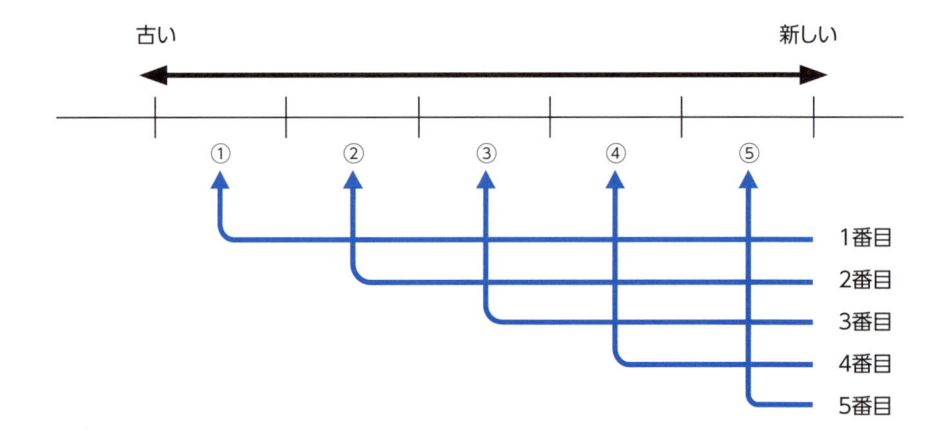

⑤　欠損金又は災害損失金の損金算入等に関する明細書

事業年度	・　・	法人名	

別表七(一)　平三十・四・一以後終了事業年度分

控除前所得金額 (別表四「39の①」)−(別表七(二)「9」又は「21」)	1	300,000	所得金額控除限度額 (1) × $\frac{50、55 又は100}{100}$	2	300,000

事業年度	区　分	控除未済欠損金額	当期控除額 (当該事業年度の(3)と((2)−当該事業年度前の(4)の合計額)のうち少ない金額)	翌期繰越額 ((3)−(4))又は(別表七(三)「15」)
		3	4	5
・　・ ・　・	青色欠損・連結みなし欠損・災害損失	円	円	
・　・ ・　・	青色欠損・連結みなし欠損・災害損失			円
・　・ ・　・	青色欠損・連結みなし欠損・災害損失			
・　・ ・　・	青色欠損・連結みなし欠損・災害損失			
・　・ ・　・	青色欠損・連結みなし欠損・災害損失			
・　・ ・　・	青色欠損・連結みなし欠損・災害損失			
7・4・1 8・3・31	青色欠損・連結みなし欠損・災害損失	50,000	50,000	
8・4・1 9・3・31	青色欠損・連結みなし欠損・災害損失	100,000	100,000	
9・4・1 10・3・31	青色欠損・連結みなし欠損・災害損失	300,000	150,000	
10・4・1 11・3・31	青色欠損・連結みなし欠損・災害損失	2,000,000		
計		2,450,000	300,000	

1 順位　2 順位　3 順位

当期分	欠損金額 (別表四「49の①」)		欠損金の繰戻し額	
	同上のうち	災害損失金		
		青色欠損金		
合　計				

災害により生じた損失の額の計算

災害の種類		災害のやんだ日又はやむを得ない事情のやんだ日	・　・	
災害を受けた資産の別		棚卸資産 ①	固定資産 (固定資産に準ずる繰延資産を含む。) ②	計 ①＋② ③
当期の欠損金額 (別表四「49の①」)	6			円
災害により生じた損失の額	資産の滅失等により生じた損失の額	7	円	円
	被害資産の原状回復のための費用等に係る損失の額	8		
	被害の拡大又は発生の防止のための費用に係る損失の額	9		
	計 (7)＋(8)＋(9)	10		
保険金又は損害賠償金等の額	11			
差引災害により生じた損失の額 (10)−(11)	12			
同上のうち所得税額の還付又は欠損金の繰戻しの対象となる災害損失金額	13			
中間申告における災害損失欠損金の繰戻し額	14			
繰戻しの対象となる災害損失欠損金額 ((6の③)と((13の③)−(14の③))のうち少ない金額)	15			
繰越控除の対象となる損失の額 ((6の③)と((12の③)−(14の③))のうち少ない金額)	16			

法　0301−0701

133

別表七（一）完成

別表七（一）5欄は、3欄から4欄を控除した金額を記載します。この5欄に記載した金額は、翌期の別表七（一）3欄に記載する金額となります。

⑤ 欠損金又は災害損失金の損金算入等に関する明細書

事業年度	・ ・	法人名	

控除前所得金額 （別表四「39の①」）－（別表七（二）「9」又は「21」）	1	300,000 円	所得金額控除限度額 (1) × 50、55又は100/100	2	300,000 円

事業年度	区 分	控除未済欠損金額 3	当期控除額 (当該事業年度の(3)と((2)－当該事業年度前の(4)の合計額)のうち少ない金額) 4	翌期繰越額 ((3)－(4))又は(別表七(三)「15」) 5
・ ・	青色欠損・連結みなし欠損・災害損失	円	円	円
・ ・	青色欠損・連結みなし欠損・災害損失			
・ ・	青色欠損・連結みなし欠損・災害損失			
・ ・	青色欠損・連結みなし欠損・災害損失			
・ ・	青色欠損・連結みなし欠損・災害損失			
・ ・	青色欠損・連結みなし欠損・災害損失			
7・ 4・1 8・ 3・31	青色欠損・連結みなし欠損・災害損失	50,000	50,000	0
8・ 4・1 9・ 3・31	青色欠損・連結みなし欠損・災害損失	100,000	100,000	0
9・ 4・1 10・ 3・31	青色欠損・連結みなし欠損・災害損失	300,000	150,000	150,000
10・ 4・1 11・ 3・31	青色欠損・連結みなし欠損・災害損失	2,000,000	0	2,000,000
	計	2,450,000	300,000	2,150,000

当期分	欠損金額（別表四「49の①」）		欠損金の繰戻し額	
	同上のうち 災害損失金			
	同上のうち 青色欠損金			
	合計			

災害により生じた損失の額の計算

災害の種類		災害のやんだ日又はやむを得ない事情のやんだ日	・ ・	
災害を受けた資産の別		棚卸資産 ①	固定資産 (固定資産に準ずる繰延資産を含む。) ②	計 ① ＋ ② ③
当期の欠損金額 （別表四「49の①」）	6			円
資産の滅失等により生じた損失の額	7	円	円	
被害資産の原状回復のための費用等に係る損失の額	8			
被害の拡大又は発生の防止のための費用に係る損失の額	9			
計 (7) ＋ (8) ＋ (9)	10			
保険金又は損害賠償金等の額	11			
差引災害により生じた損失の額 (10) － (11)	12			
同上のうち所得税額の還付又は欠損金の繰戻しの対象となる災害損失金額	13			
中間申告における災害損失欠損金の繰戻し額	14			
繰戻しの対象となる災害損失欠損金額 ((6の③)と((13の③)－(14の③))のうち少ない金額)	15			
繰越控除の対象となる損失の額 ((6の③)と((12の③)－(14の③))のうち少ない金額)	16			

法 0301－0701

災害による欠損金の繰越控除

　当社が青色申告法人でない場合においても、当期の欠損金額のうちに、棚卸資産、固定資産又は一定の繰延資産について災害による損失の金額があるときには、欠損金の繰越控除の規定の適用を受けることができます。災害損失金があった場合の欠損金の繰越控除は、欠損事業年度が青色申告でない事業年度がその対象となります。青色申告法人である場合には、上記の青色欠損金の繰越控除の規定の適用を受けることになりますので、注意が必要です。

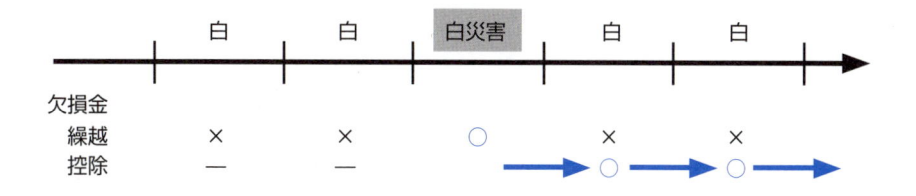

一定の繰延資産

　「青色申告書を提出しなかった事業年度の災害による損失金の繰越し」に規定する一定の繰延資産は、法人税法施行令第14条第1項第6号（繰延資産の範囲）に掲げる繰延資産のうち他の者の有する固定資産を利用するために支出された次に掲げる費用で支出の効果がその支出の日以後1年以上に及ぶものをいいます。

> ①自己が便益を受ける公共的施設又は共同的施設の設置又は改良のために支出する費用
> ②資産を賃借し又は使用するために支出する権利金、立退き料その他の費用
> ③役務の提供を受けるために支出する権利金その他の費用
> ④製品等の広告宣伝の用に供する資産を贈与したことにより生ずる費用
> ⑤①から④に掲げる費用のほか、自己が便益を受けるために支出する費用

災害の範囲

　震災、風水害及び火災、冷害、雪害、干害、落雷、噴火その他の自然現象

の異変による災害及び鉱害、火薬類の爆発その他の人為による異常な災害並びに害虫、害獣その他の生物による異常な災害をいいます。

災害損失欠損金額

災害欠損事業年度の欠損金額のうち、災害損失の額に達するまでの金額を繰越欠損金として認識することができます。

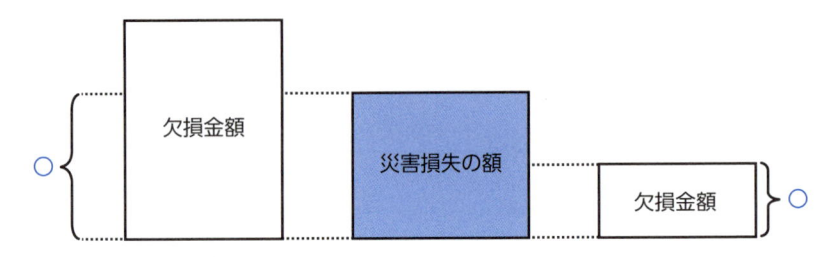

災害損失の額

災害により棚卸資産、固定資産又は一定の繰延資産について生じた損失の額で、資産の滅失等により生じた損失の額、被害資産の原状回復のための費用等に係る損失の額及び被害の拡大又は発生の防止のための費用に係る損失の額から保険金、損害賠償金等により補填されるものを除いた額の合計額をいいます。

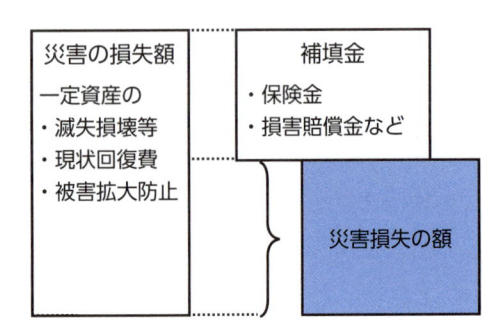

【別表七（一）】

7欄から12欄については、棚卸資産、固定資産、一定の繰延資産にかかる災害の損失額を計算する欄になっています。ここへ記載する金額は次ページの「災害により生じた損失の額に関する明細書」を使用して計算した金額で、それぞれの項目に記載した金額を記載していきます。

災害により生じた損失の額に関する明細書

| 事業年度 又は連結 事業年度 | ： ・ | 法人名 | （　　　　　　　　　） |

資産の種類	災害前の 帳簿価額	災害により生じた損失の額				保険金又は 損害賠償金 等の額
		資産の滅失等 により生じた 損失の額	被害資産の原 状回復のため に係る費用等 の損失の額	被害の拡大の 発生防止のた めに係る費用 又は損失の額	計	
	円	円	円	円	円	円
棚卸資産	500,000	500,000			500,000	0
機械及び装置	1,500,000	1,000,000	200,000	100,000	1,300,000	0
災害損失特別勘定						
合　計		1,500,000	200,000	100,000	1,800,000	0

30.04

「災害により生じた損失の額」の記載

●資産の滅失等により生じた損失の額「7欄」

資産の滅失、損壊、価値の減少に伴い、その資産の帳簿価額を減額したことにより生じた損失の額（資産の取壊しや除去にかかる費用、その他の付随費用を含みます。）を記載します。

●被害資産の原状回復のための費用等に係る損失の額「8欄」

資産の損壊、価値の減少、その他災害により資産を事業の用に供することが困難となった場合において、その災害のやんだ日の翌日から1年を経過した日の前日までに支出する災害により生じた土砂その他の障害物を除去するための費用、その資産の原状回復のための修繕費又はその資産の損壊や価値の減少を防止するための費用等に係る損失の額を記載します。

●被害の拡大又は発生の防止のための費用に係る損失の額「9欄」

資産につき現に被害が生じ、又はまさに被害が生ずるおそれがあると見込まれる場合において、その資産に係る被害の拡大又は発生を防止するため緊急に必要な措置を講ずるための費用に係る損失の額を記載します。

それぞれの欄の横にある①から③の欄は、「①棚卸資産」「②固定資産、一定の繰延資産」にそれぞれ区分して記載するようになっています。①欄と②欄の金額を合計したものを③欄に記載します。

⑤ 欠損金又は災害損失金の損金算入等に関する明細書

別表七(一)　平三十・四・一以後終了事業年度分

事業年度　　　　　・　　・　　　法人名

①＋②＝③

法 0301-0701

2 欠損金の繰戻還付

欠損金による還付の請求

　この制度は、青色申告書である確定申告書を提出する事業年度に欠損金額が生じた場合において、その欠損金額をその事業年度開始の日前1年以内に開始した事業年度に繰り戻して法人税額の還付が請求できる制度です。

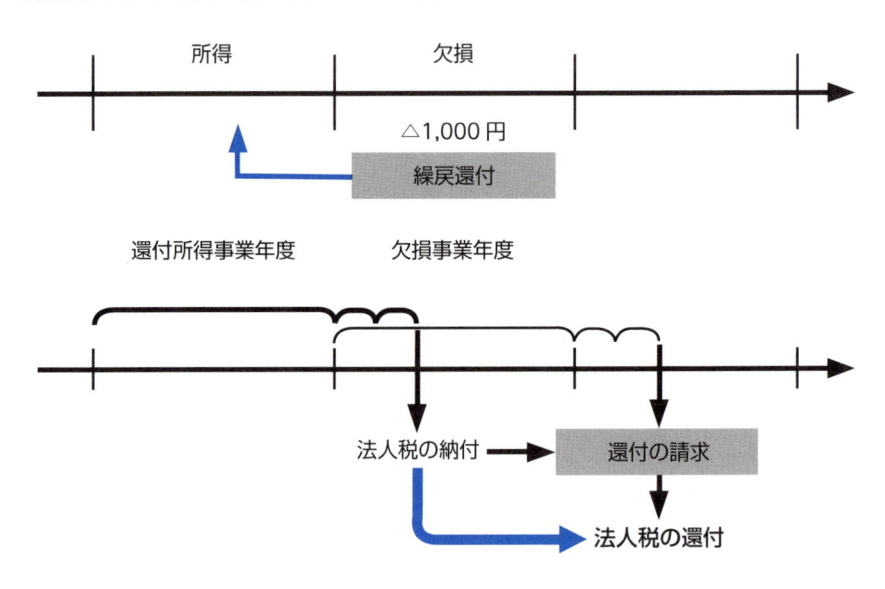

適用が停止されている欠損金額

　ただし、次の欠損金額については、現在適用が停止されています。

①解散等の事実が生じた場合の欠損金額
②平成4年4月1日から平成30年3月31日までの間に終了する各事業年度において生じた欠損金額

中小企業者等の適用停止の除外

　上記の適用停止の措置は、中小企業者等に限り平成21年2月1日以後に終了する各事業年度において生じた欠損金額については適用停止が除外されています。ですので、中小企業者等については、現在この制度の適用を受けることができます。

青色申告の要件

　欠損金の繰戻還付の規定の適用を受けるためには、当社が欠損事業年度において青色申告法人である必要があります。そして、繰戻しをする還付所得事業年度においても、青色申告書である確定申告書を提出している必要があります。

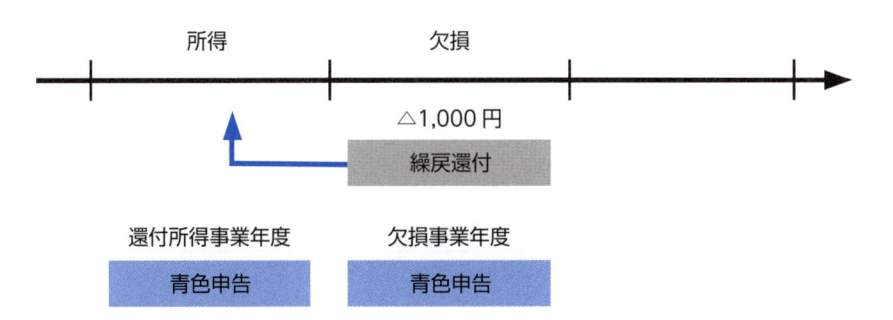

欠損事業年度の別表

【別表四】【別表七（一）】

　別表四 49①欄に記載した欠損金の額を別表七（一）3欄の該当箇所へ転記します。

別表四(簡易様式) 平三十・四・一以後終了事業年度分

所得の金額の計算に関する明細書(簡易様式)

事業年度　・　・　／　・　・　　法人名

御注意

1 この明細書は、沖縄の認定法人の課税の特例、国家戦略特別区域における指定法人の課税の特例、農業経営基盤強化準備金の課税の特例、組合事業等に係る損失がかさむ場合の課税の特例、対外船舶運航事業を営む法人の日本船舶による収入金額の課税の特例、中部国際空港整備準備金の課税の特例、特定目的会社又は特定目的信託に係る課税の特例及び再投資等準備金の課税の特例の規定の適用を受ける法人にあっては、これから、「別様式」の金額を加減算した額と符合することになりますから留意してください。

2 「49」の①欄の金額は、②欄の金額に③欄の本書の金額を加算し、

区分	総額①	処分	
		留保②	社外流出③
当期利益又は当期欠損の額	1		配当 / その他
加算	損金経理をした法人税及び地方法人税(附帯税を除く。)	2		
	損金経理をした道府県民税及び市町村民税	3		
	損金経理をした納税充当金	4		
	損金経理をした附帯税(利子税を除く。)、加算金、延滞金(延納分を除く。)及び過怠税	5		その他
	減価償却の償却超過額	6		
	役員給与の損金不算入額	7		その他
	交際費等の損金不算入額	8		その他
		9		
		10		
	小　計	11		
減算	減価償却超過額の当期認容額	12		
	納税充当金から支出した事業税等の金額	13		
	受取配当等の益金不算入額(別表八(一)「13」又は「26」)	14		※
	外国子会社から受ける剰余金の配当等の益金不算入額(別表八(二)「26」)	15		※
	受贈益の益金不算入額	16		※
	適格現物分配に係る益金不算入額	17		※
	法人税等の中間納付額及び過誤納に係る還付金額	18		
	所得税額等及び欠損金の繰戻しによる還付金額等	19		※
		20		
	小　計	21		外※
仮　計　(1)+(11)-(21)	22		外※
関連者等に係る支払利子等の損金不算入額(別表十七(二の二)「25」又は「30」)	23		その他
超過利子額の損金算入額(別表十七(二の三)「10」)	24	△	※ / △
仮　計　((22)から(24)までの計)	25		外※
寄附金の損金不算入額(別表十四(二)「24」又は「40」)	26		その他
法人税額から控除される所得税額(別表六(一)「6の③」)	29		その他
税額控除の対象となる外国法人税の額(別表六(二の二)「7」)	30		その他
外国関係会社等に係る控除対象所得税額等相当額(別表十七(三の六)「1」)	31		その他
合　計　(25)+(26)+(29)+(30)+(31)	34		外※
契約者配当の益金算入額(別表九(一)「13」)	37		※
中間申告における繰戻しによる還付に係る災害損失欠損金額の益金算入額	38		※
非適格合併又は残余財産の全部分配等による移転資産等の譲渡利益額又は譲渡損失額	38		※
差　引　計　(34)+(35)+(37)+(38)	39		外※
欠損金又は災害損失金等の当期控除額(別表七(一)「4の計」+(別表七(二)「9」若しくは「21」又は別表七(三)「10」)	40	△	※ / △
総　計　(39)+(40)	41		外※
新鉱床探鉱費又は海外新鉱床探鉱費の特別控除額(別表十(三)「43」)	42	△	※
残余財産の確定の日の属する事業年度に係る事業税の損金算入額	48	△	
所得金額又は欠損金額	49	△ 2,000,000	△ 2,500,000	外※ 500,000

法　0301-0402

簡

⑤ 欠損金又は災害損失金の損金算入等に関する明細書

| 事業年度 | ・　・
・　・ | 法人名 | | 別表七（一）　平三十・四・一以後終了事業年度分 |

| 控 除 前 所 得 金 額
（別表四「39の①」）－（別表七（二）「9」又は「21」） | 1 | 円 | 所 得 金 額 控 除 限 度 額
（1）× $\frac{50,55又は100}{100}$ | 2 | 円 |

事業年度	区　　　　分	控 除 未 済 欠 損 金 額	当 期 控 除 額 （当該事業年度の(3)と((2)－当該事業年度前の(4)の合計額)のうち少ない金額）	翌 期 繰 越 額 ((3)－(4))又は(別表七(三)「15」)
		3	4	5
・　・ ・　・	青色欠損・連結みなし欠損・災害損失	円	円	
・　・ ・　・	青色欠損・連結みなし欠損・災害損失			円
・　・ ・　・	青色欠損・連結みなし欠損・災害損失			
・　・ ・　・	青色欠損・連結みなし欠損・災害損失			
・　・ ・　・	青色欠損・連結みなし欠損・災害損失			
・　・ ・　・	青色欠損・連結みなし欠損・災害損失			
・　・ ・　・	青色欠損・連結みなし欠損・災害損失			
・　・ ・　・	青色欠損・連結みなし欠損・災害損失			
・　・ ・　・	青色欠損・連結みなし欠損・災害損失			
・　・ ・　・	青色欠損・連結みなし欠損・災害損失			
	計			

当期分	欠　損　金　額 （別表四「49の①」）	2,000,000	欠損金の繰戻し額	
	同上のうち　災 害 損 失 金			
	同上のうち　青 色 欠 損 金	2,000,000		
	合　　　計			

災 害 に よ り 生 じ た 損 失 の 額 の 計 算

災　害　の　種　類		災害のやんだ日又はやむを得ない事情のやんだ日		・　・
災 害 を 受 け た 資 産 の 別		棚 卸 資 産 ①	固 定 資 産 （固定資産に準ずる繰延資産を含む。） ②	計 ①＋② ③
当 期 の 欠 損 金 額 （別表四「49の①」）	6			円
災害により生じた損失の額	資 産 の 滅 失 等 に よ り 生 じ た 損 失 の 額	7	円	円	
	被 害 資 産 の 原 状 回 復 の た め の 費 用 等 に 係 る 損 失 の 額	8			
	被 害 の 拡 大 又 は 発 生 の 防 止 の た め の 費 用 に 係 る 損 失 の 額	9			
	計 （7）＋（8）＋（9）	10			
保 険 金 又 は 損 害 賠 償 金 等 の 額	11			
差 引 災 害 に よ り 生 じ た 損 失 の 額 （10）－（11）	12			
同上のうち所得税額の還付又は欠損金の繰戻しの対象となる災害損失金額	13			
中間申告における災害損失欠損金の繰戻し額	14			
繰戻しの対象となる災害損失欠損金額 ((6の③)と((13の③)－(14の③))のうち少ない金額)	15			
繰越控除の対象となる損失の額 ((6の③)と((12の③)－(14の③))のうち少ない金額)	16			

法　0301－0701

還付金額の計算

還付金額は次の算式により計算した金額となります。

$$\text{還付所得事業年度の法人税額} \times \frac{\text{欠損事業年度の欠損金額}}{\text{還付所得事業年度の所得金額}} = \text{還付金額}$$

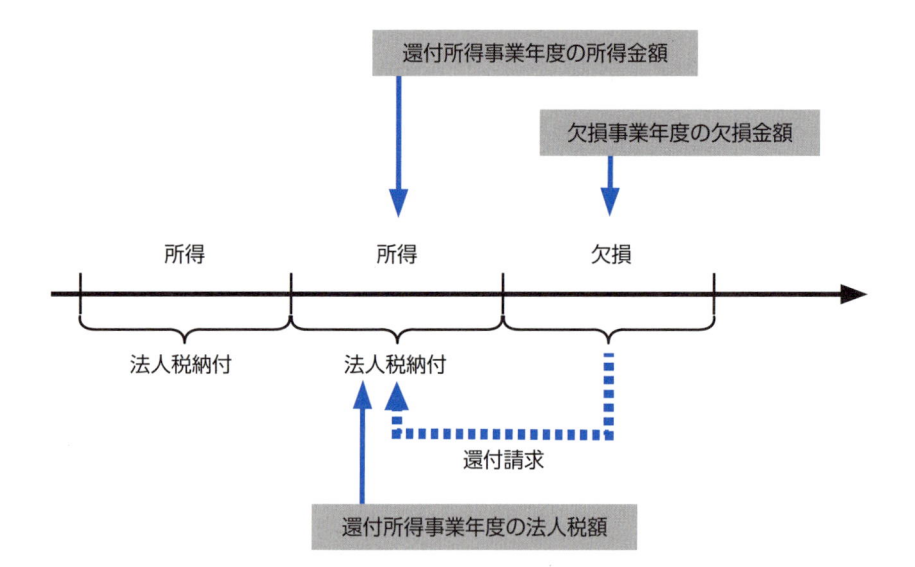

⑤ 欠損金又は災害損失金の損金算入等に関する明細書

別表七(一) 平三十・四・一以後終了事業年度分

法 0301-0701

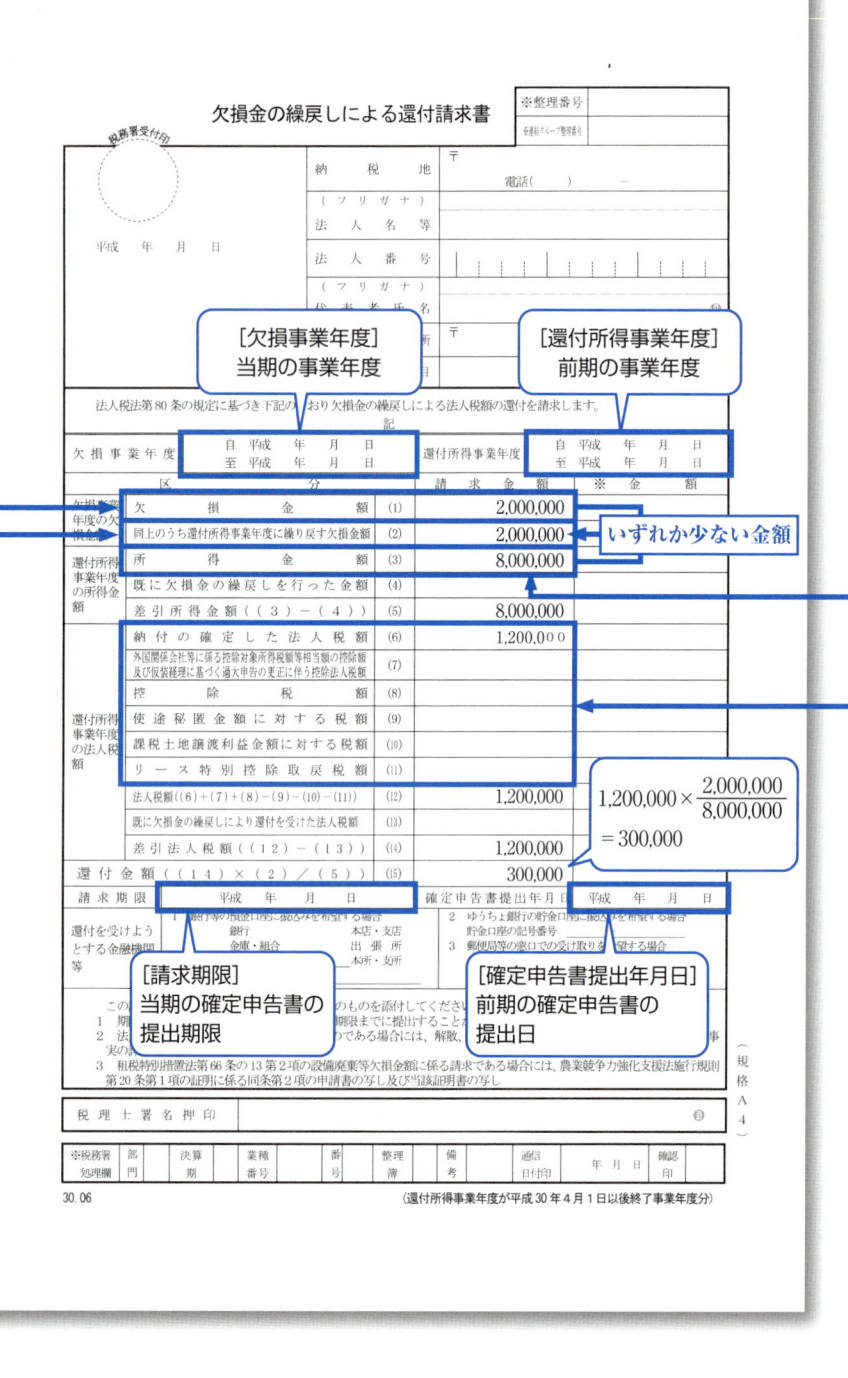

欠損金の繰戻しによる還付請求書

別表一（一）

前期の確定申告書

御注意

平成　年月日
税務署長殿

納税地
電話（　　）　－

（フリガナ）
法人名

法人番号

（フリガナ）
代表者記名押印

代表者住所

事業種目

期末現在の資本金の額又は出資金の額

同非区分

添付書類

青色申告　一連番号

整理番号
事業年度（至）
売上金額
申告年月日

通信日付印　確認印　庁指定　局指定　指導等　区分

申告区分

普通法人（特定の医療法人を除く）、一般社団法人等及び人格のない社団等の分……平三十・四・一以後終了事業年度等分

税理士法第30条の書面提出有
税理士法第33条の2の書面提出有

平成　　年　　月　　日
平成　　年　　月　　日
事業年度分の法人税　申告書
課税事業年度分の地方法人税　申告書

この申告書による法人税額の計算

		十億 百万 千 円
所得金額又は欠損金額（別表四の49の①）	1	8 000 000
法人税額（56又は57）	2	1 200 000
法人税額の特別控除額	3	
差引法人税額	4	
連結納税の承認を取り消された場合等における既に控除された法人税額の特別控除額の加算額	5	
土地譲渡税額	6	0 00
同上に対する税額（22）+（23）+（24）	7	
留保税留金額（別表三（一）「4」）	8	
同上に対する税額（別表三（一）「8」）	9	
法人税額計（4）+（5）+（7）+（9）	10	1 200 000
控除税額	13	
差引所得に対する法人税額（10）-（11）-（12）-（13）	14	1 200 000
中間申告分の法人税額	15	0 00
差引確定/中間申告の場合はその税額とし、マイナスの場合は（16）へ記入 法人税額（14）-（15）	16	1 200 000

		十億 百万 千 円
所得税の額（別表六（一）「6の③」）	17	
外国税額（別表六（二）「20」）	18	
計（17）+（18）	19	
控除した金額（13）	20	
控除しきれなかった金額（19）-（20）	21	
土地譲渡税額（別表三（二）「27」）	22	0 00
同（別表三（二の二）「28」）	23	0 00
同（別表三（三）「23」）	24	0 00
所得税額等の還付金額（21）	25	
中間納付額（15）-（14）	26	
欠損金の繰戻しによる還付請求税額（25）+（26）+（27）	27	
計	28	
	29	
	30	0 00
	31	
翌期へ繰り越す欠損金又は災害損失金（別表七（一）「5の合計」）	32	

この申告書による地方法人税額の計算

所得の金額に対する法人税額（33）+（34）	33	
課税留保金額に対する法人税額	34	
課税標準法人税額（33）+（34）	35	
地方法人税額（60）	36	
課税留保金額に係る地方法人税額（61）	37	
所得地方法人税額（36）+（37）	38	
外国税額の控除額（別表六（二）「50」）	40	
差引地方法人税額（38）-（39）-（40）-（41）	42	
中間申告分の地方法人税額	43	
差引確定/中間申告の場合はその税額とし、マイナスの場合は（45）へ記入 地方法人税額（42）-（43）	44	0 00

この申告による還付金額（43）-（42）	45	
この申告が修正申告である場合の所得の金額に対する法人税額（70）	46	
この申告前の金額（71）	47	
この申告により納付すべき課税標準法人税額（72）	48	0 00
この申告により納付すべき地方法人税額	49	0 00

剰余金・利益の配当（剰余金の分配）の金額

決算確定の日　平成　年　月　日

還付を受けようとする金融機関等

※税務署処理欄

税理士署名押印　　　　　㊞

法0301-0101

欠損金の繰戻しによる還付請求書の記載要領等

（ 単 体 申 告 用 ）

1 この請求書は、次に掲げる場合に使用してください。
 （1） 法人税法（以下「法」といいます。）第80条第1項によって各事業年度において生じた欠損金額をその事業年度開始の日前1年以内に開始したいずれかの事業年度に繰り戻し、法人税額の還付を請求する場合
   （注） 法第80条第1項の規定は、平成4年4月1日から平成32年3月31日までの間に終了する各事業年度において生じた欠損金額については、次の①から③の欠損金額を除き、適用されませんからご注意ください。
  ① 次のイからニまでに掲げる法人の欠損金額（租税特別措置法第66条の13）
   イ 普通法人（投資法人及び特定目的会社を除きます。）のうち、当該事業年度終了の時において資本金の額若しくは出資金の額が1億円以下であるもの（次の(ｲ)又は(ﾛ)に掲げる法人に該当するものを除きます。）又は資本若しくは出資を有しないもの（保険業法に規定する相互会社及び外国相互会社（以下「相互会社等」といいます。）を除きます。）。
    (ｲ) 大法人（次に掲げる法人をいい、以下(ｲ)から(ﾊ)までにおいて同じです。）との間にその大法人による完全支配関係がある普通法人
     (i) 資本金の額又は出資金の額が5億円以上である法人
     (ii) 相互会社等
     (iii) 法第4条の7に規定する受託法人
    (ﾛ) 普通法人との間に完全支配関係がある全ての大法人が有する株式及び出資の全部をその全ての大法人のうちいずれか一の法人が有するものとみなした場合においてそのいずれか一の法人とその普通法人との間にそのいずれか一の法人による完全支配関係があることとなるときのその普通法人
   ロ 公益法人等又は協同組合等
   ハ 認可地縁団体、管理組合法人、団地管理組合法人、法人である政党等、防災街区整備事業組合、特定非営利活動法人、マンション建替組合、マンション敷地売却組合
   ニ 人格のない社団等
  ② 平成22年10月1日以後に解散が行われた場合における清算中に終了する事業年度において生じた欠損金額（租税特別措置法第66条の13、平22法律第6号改正法附則第93条）
  ③ 次のイからハまでに掲げる要件を満たす欠損金額（設備廃棄等欠損金額）（租税特別措置法第66条の13）
   イ 青色申告書を提出し、農業競争力強化支援法第19条第1項に規定する認定事業再編事業者（同法第2条第5項に規定する事業再編の実施と併せて施設の撤去又は設備の廃棄を行う場合の当該施設又は設備（以下「対象設備」といいます。）が記載された同法第18条第1項に規定する事業再編計画（以下「特定事業再編計画」といいます。）について同条第1項の認定を受けたものに限ります。）である法人（①に掲げる法人を除きます。）であること。
   ロ 平成29年8月1日から平成32年3月31日までの間に終了する事業年度（租税特別措置法第46条の2並びに同条の規定に係る同法第52条の2第1項及び第4項並びに同法第52条の3第1項から第3項まで、第11項及び第12項の規定の適用を受ける事業年度を除きます。）において生じた欠損金額であること。
   ハ ロのうち、法人が、その有する国内にある減価償却資産でその事業再編促進対象事業（農業競争力強化支援法第2条第7項に規定する事業再編促進対象事業をいいます。）の用に供されていたものにつき、ロに記載する事業年度においてイに記載する認定に係る特定事業再編計画（同法第19条第1項の規定による変更の認定があった場合には、その変更後のもの）に基づく設備廃棄等（当該特定事業再編計画に記載された対象設備について同法第2条第5項に規定する事業再編の実施と併せて行われる撤去又は廃棄をいいます。）を行った場合の当該設備廃棄等を行ったことにより生じた損失の額のうち、農業競争力強化支援法施行規則第20条第1項各号列記以外の部分の合計額に達するまでの金額であること。

 （2） 法第80条第4項の規定によって次に掲げる解散等の事実（以下「解散等の事実」といいます。）が生じた場合に、当該事実が生じた日前1年以内に終了したいずれかの事業年度又は同日の属する事業年度において生じた欠損金額をこれらの事業年度開始の日前1年以内に開始したいずれかの事業年度に繰り戻し、法人税額の還付を請求する場合
   イ 解 散（適格合併による解散を除きます。）
   ロ 事業の全部の譲渡
   ハ 更生手続の開始
   ニ 事業の全部の相当期間の休止又は重要部分の譲渡（これらの事実が生じたことにより繰越欠損金の損金算入の適用を受けることが困難となると認められるものに限ります。）
   ホ 再生手続開始の決定
2 欠損金の繰戻しによる法人税額の還付請求は、欠損金額の繰戻しの対象となる所得金額及び法人税額の生じた事業年度（以下「還付所得事業年度」といいます。）から、当該欠損金額の生じた事業年度（以下「欠損事業年度」といいます。）まで、連続して青色申告書である確定申告書を提出している場合に限って請求することができます。
3 この請求書は、次の提出期限までに、納税地の所轄税務署長に1通（調査課所管法人の場合は2通）提出してください。この場合、還付所得事業年度が2以上ある場合には別葉に作成して提出してください。
 （1） 法第80条第1項の規定によって提出する場合は、欠損事業年度の確定申告書の提出期限
   なお、やむを得ない事情によって確定申告書をその提出期限までに提出することができなかったものと税

務署長が認めた場合には、期限後提出のものでも有効に取り扱われることになっていますので、このような場合には、その事情の詳細を記載した書類を添付してこの請求書を提出してください。

 (2) 法第80条第4項の規定によって提出する場合は、解散等の事実が生じた日以後1年以内

4 この請求書の各欄は、次により記載します。

 (1) 「※」欄は、記載しないでください。

 (2) 「欠損事業年度の欠損金額」の各欄

  イ 「欠損金額（1）」欄には、欠損事業年度において生じた欠損金額（申告書別表一（一）等の「所得金額又は欠損金額」欄に記載された欠損金額）を記載してください。

  ロ 「同上のうち還付所得事業年度に繰り戻す欠損金額（2）」欄には、欠損事業年度の欠損金額のうち還付所得事業年度に繰戻しをしようとする金額を記載してください。

   なお、その欠損事業年度において生じた災害損失欠損金額について欠損金の繰戻しを行った場合には、その災害損失欠損金額を除いた金額を記載してください。また、1（1）(注)③の設備廃棄等欠損金額の場合には、欠損事業年度の欠損金額（災害損失欠損金額について欠損金の繰戻しを行った場合には、その災害損失欠損金額を除いた金額）のうち当該設備廃棄等欠損金額を超える部分の金額はないものとしてください。

   (注) 欠損事業年度の欠損金額は、この請求書を提出する日までに確定した還付所得事業年度の所得金額が限度となりますからご注意ください。

 (3) 「還付所得事業年度の所得金額」の各欄

  イ 「所得金額（3）」欄には、還付所得事業年度の所得金額（申告書別表一（一）等の「所得金額又は欠損金額」欄に記載された所得金額ですが、その事業年度について更正が行われている場合には、更正決定通知書の「所得金額又は欠損金額」欄に記載された更正後の所得金額）を記載してください。

  ロ 「既に欠損金の繰戻しを行った金額（4）」欄には、還付所得事業年度について、既に欠損金の繰戻しにより、その一部の法人税額の還付を受けている場合にその繰戻しを行った欠損金額を記載してください。

 (4) 「還付所得事業年度の法人税額」の各欄

  イ 「納付の確定した法人税額（6）」欄には、還付所得事業年度の申告書別表一（一）若しくは別表一（三）の「差引所得に対する法人税額」欄又は別表一（二）の「差引この申告により納付すべき法人税額」欄の金額を記載しますが、その事業年度について更正が行われている場合には、更正決定通知書の「差引所得に対する法人税額」欄に記載された更正後の法人税額を記載してください。

  ロ 「外国関係会社等に係る控除対象所得税額等相当額の控除額及び仮装経理に基づく過大申告の更正に伴う控除法人税額（7）」欄には、還付所得事業年度において法人税額から控除した外国関係会社等に係る控除対象所得税額等相当額の控除額と仮装経理に基づく過大申告の更正に伴う控除法人税額の金額の合計額を記載してください。

  ハ 「控除税額（8）」欄には、還付所得事業年度において法人税額から控除した所得税額、みなし配当の25%相当額及び外国税額の合計額を記載してください。

   なお、還付所得事業年度において法人税額から控除できないため還付を請求した所得税額等については、これに含まれないことになりますからご注意ください。

  ニ 「使途秘匿金額に対する税額（9）」欄には、租税特別措置法第62条第1項（使途秘匿金の支出がある場合の課税の特例）の規定により加算された税額がある場合に、その金額を記載してください。

  ホ 「課税土地譲渡利益金額に対する税額（10）」欄には、租税特別措置法第3章第5節の2（土地の譲渡等がある場合の課税の特別税率）の規定により加算された税額がある場合に、その金額を記載してください。

  ヘ 「リース特別控除取戻税額（11）」欄には、還付所得事業年度の申告書別表一（一）の「連結納税の承認を取り消された場合等における既に控除された法人税額の特別控除額の加算額」欄又は別表一（二）若しくは別表一（三）の「リース特別控除取戻税額」欄の金額を記載してください。

  ト 「既に欠損金の繰戻しにより還付を受けた法人税額（13）」欄には、還付所得事業年度について既に欠損金の繰戻しにより、その一部の法人税額の還付を受けている場合に、その還付を受けた法人税額（還付加算金は含みません。）を記載してください。

 (5) 「還付金額（15）」欄には、$\left((14) \times \dfrac{(2)}{(5)} \right)$ の算式によって計算した金額（1円未満の端数が生じた場合は切り捨てます。）を記載してください。

 (6) 「還付を受けようとする金融機関等」には、還付金の支払を受ける場合に、取引銀行等の預金口座への振込みを希望するときは、その取引銀行等の名称等（該当の文字は○で囲んでください。）、預金の種類及びその口座番号を記載してください。ゆうちょ銀行の貯金口座への振込みを希望されるときは、その貯金口座の記号番号を記載してください。また、ゆうちょ銀行又は郵便局窓口での受取りを希望される場合には、支払を受けるのに便利な郵便局名等を記載してください。

 (7) 「税理士署名押印」欄は、この請求書を税理士及び税理士法人が作成した場合に、その税理士等が署名押印してください。

5 留意事項

 ○ 法人課税信託の名称の併記

  法第2条第29号の2に規定する法人課税信託の受託者がその法人課税信託について、国税に関する法律に基づき税務署長等に申請書等を提出する場合には、申請書等の「法人名等」の欄には、受託者の法人名又は氏名のほか、その法人課税信託の名称を併せて記載してください。

災害損失金の繰戻還付

　災害のあった日から同日以後１年を経過する日までの間に終了する各事業年度において生じた災害損失欠損金額がある場合には、その事業年度開始の日前１年（青色申告である場合には、前２年）以内に開始したいずれかの事業年度（還付所得事業年度）の法人税額のうち災害損失欠損金額に対応する部分の金額について、還付を請求することができます。

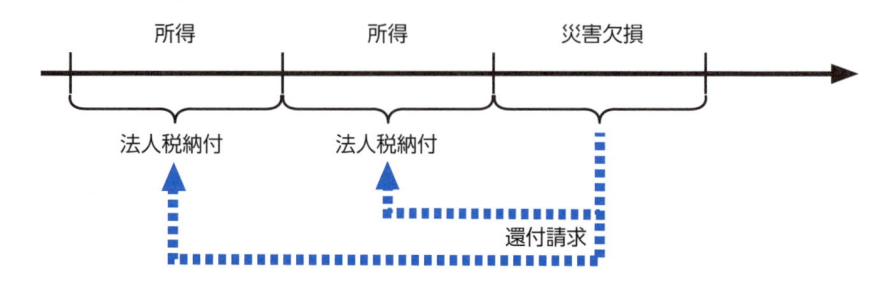

中間期間の欠損金の繰戻還付

　災害のあった日から同日以後６か月を経過する日までの間に終了する中間期間において生じた災害損失欠損金額がある場合には、中間期間（災害欠損事業年度）開始の日前１年（青色申告である場合には、前２年）以内に開始したいずれかの事業年度（還付所得事業年度）の法人税額のうち災害損失欠損金額に対応する部分の金額について、還付を請求することができます。

災害損失金の還付請求

①白色申告でも還付請求ができます。
②資本金が１億円を超える法人も還付請求ができます。
③青色申告法人は前１年だけでなく前２年分の法人税の還付請求ができます。
④中間申告による還付請求ができます。

災害の範囲

　震災、風水害及び火災、冷害、雪害、干害、落雷、噴火その他の自然現象

の異変による災害及び鉱害、火薬類の爆発その他の人為による異常な災害並びに害虫、害獣その他の生物による異常な災害をいいます。

災害損失欠損金額

災害欠損事業年度の欠損金額のうち、災害損失の額に達するまでの金額をいいます。

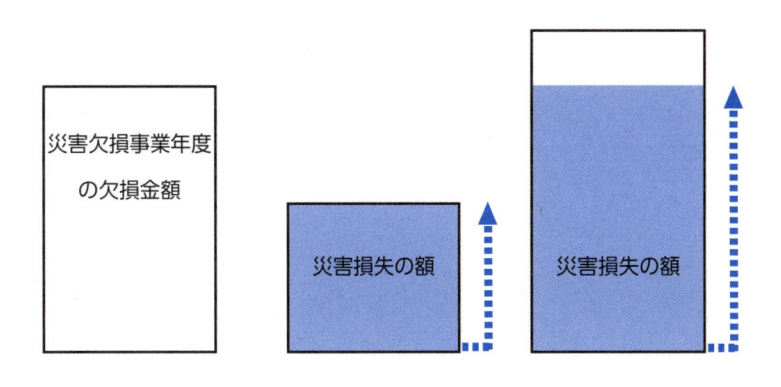

災害損失の額

災害により棚卸資産、固定資産又は一定の繰延資産について生じた損失の額で、資産の滅失等により生じた損失の額、被害資産の原状回復のための費用等に係る損失の額及び被害の拡大又は発生の防止のための費用に係る損失の額から保険金、損害賠償金等により補填されるものを除いた金額の合計額をいいます。

災害損失の繰戻しによる還付請求書

税務署受付印

平成　年　月　日	納　税　地	〒　　　　電話（　　）　－
	（　フ　リ　ガ　ナ　）	
	法　人　名　等	
	法　人　番　号	
	（　フ　リ　ガ　ナ　）	
	代　表　者　氏　名	㊞
税務署長殿	代　表　者　住　所	〒
	事　業　種　目	業

法人税法第80条の規定に基づき下記のとおり災害損失の繰戻しによる法人税額の還付を請求します。

記

災　害　欠　損 事　業　年　度	自　平成　年　月　日 至　平成　年　月　日	［確定 中間 申告書］	還　付　所　得 事　業　年　度	自　平成　年　月　日 至　平成　年　月　日

区　　　　　分		請　求　金　額	※　金　額
災害欠損事業年度の災害損失欠損額	災　害　損　失　欠　損　金　額　(1)		
	同上のうち還付所得事業年度に繰り戻す災害損失欠損金額　(2)		
還付所得事業年度の所得金額	所　　得　　金　　額　(3)		
	既に災害損失又は欠損金の繰戻しを行った金額　(4)		
	差引所得金額（（3）－（4））　(5)		
還付所得事業年度の法人税額	納　付　の　確　定　し　た　法　人　税　額　(6)	0 0	
	外国関係会社等に係る控除対象所得税額等相当額の控除額及び仮装経理に基づく過大申告の更正に伴う控除法人税額　(7)		
	控　　　除　　　税　　　額　(8)		
	使　途　秘　匿　金　額　に　対　す　る　税　額　(9)		
	課税土地譲渡利益金額に対する税額　(10)		
	リ　ー　ス　特　別　控　除　取　戻　税　額　(11)		
	法人税額（（6）＋（7）＋（8）－（9）－(10)－(11)）　(12)		
	既に災害損失又は欠損金の繰戻しにより還付を受けた法人税額　(13)		
	差　引　法　人　税　額　（（12）－（13））　(14)		
還　付　金　額　（（14）×（2）／（5））　(15)			

請　求　期　限	平成　年　月　日	確定申告書等提出年月日	平成　年　月　日
還付を受けようとする金融機関等	1　銀行等の預金口座に振込みを希望する場合 　　銀行　　　　　　　　　　本店・支店 　　金庫・組合　　　　　　　出　張　所 　　漁協・農協　　　　　　　本所・支所 　　　　　　預金　口座番号	2　ゆうちょ銀行の貯金口座に振込みを希望する場合 　　貯金口座の記号番号　　　　－ 3　郵便局等の窓口での受取りを希望する場合 　　郵便局名等	

税　理　士　署　名　押　印		㊞

※税務署処理欄	部門	決算期	業種番号	番号	整理簿	備考	通信日付印	年　月　日	確認印

30.06　　　　　　　　　　　　（還付所得事業年度が平成30年4月1日以後終了事業年度分）

災害損失の繰戻しによる還付請求書の記載の仕方

1　この還付請求書は、法人が法人税法第80条《災害損失の繰戻しによる法人税額の還付》の規定によって、災害の
あった日から同日以後１年を経過する日までの間に終了する各事業年度又は災害のあった日から同日以後６月を
経過する日までの間に終了する同法第72条第１項に規定する期間（当該期間について仮決算の中間申告書を提出す
る場合の当該期間に限ります。以下「中間期間」といいます。）において生じた災害損失欠損金額を、その災害損
失欠損金額に係る事業年度又は中間期間（以下「災害欠損事業年度」といいます。）開始の日前１年（当該災害欠
損事業年度に係る確定申告書等が青色申告書である場合には、前２年）以内に開始したいずれかの事業年度に繰り
戻し、法人税額の還付を請求する場合に使用します。
　なお、この請求書には「災害損失欠損金額に関する明細書（付表）」を添付して提出してください。
2　災害損失の繰戻しによる法人税額の還付は、法人が災害損失欠損金額の繰戻しの対象となる所得金額及び法人税
額の生じた事業年度（以下「還付所得事業年度」といいます。）から、災害欠損事業年度の前事業年度までの各事
業年度について連続して確定申告書を提出している場合に限って請求をすることができます。
3　この還付請求書は、災害欠損事業年度の確定申告書等の提出と同時に（仮決算の中間申告において災害損失の繰
戻しによる法人税額の還付を受けようとする場合には、仮決算の中間申告書の提出期限までに、その仮決算の中間
申告書の提出と同時に）納税地の所轄税務署長に１通（調査課所管法人の場合は２通）提出してください。
　なお、２以上の還付所得事業年度の所得に対する法人税額について還付を受けようとする場合には、その還付所
得事業年度ごとに、還付請求書を別葉にしてください。
4　この還付請求書の各欄は、次により記載します。
(1)　「※」の各欄は、記載しないでください。
(2)　「災害欠損事業年度」欄には、この還付請求が仮決算の中間申告によるものである場合は、その仮決算の中間
申告に係る中間期間を記載してください。
　　また「（確定・中間　申告書）」には、この還付請求が確定申告又は仮決算の中間申告のいずれによるもの
であるかの区分に応じて、該当するものを〇で囲みます。
(3)　「災害欠損事業年度の災害損失欠損金額」の各欄
　　イ　「災害損失欠損金額(1)」欄には、「災害損失欠損金額に関する明細書（付表）」の「(1)」の欄に記載
した金額を記載してください。
　　ロ　「同上のうち還付所得事業年度に繰り戻す災害損失欠損金額(2)」欄には、災害欠損事業年度の災害損失
欠損金額のうち還付所得事業年度に繰戻しをしようとする金額を「差引所得金額(5)」欄の金額を限度と
して記載してください。
　　(注)　この還付請求書に記載した還付所得事業年度以外の還付所得事業年度の所得に対する法人税額につき還
付を受けようとする場合には、その還付を受けようとする金額の基礎とする災害損失欠損金額に相当する金
額を控除した残額が還付の対象とする限度額となります。
(4)　「還付所得事業年度の所得金額」の各欄
　　イ　「所得金額(3)」欄には、還付所得事業年度の申告書別表一（一）等の「1」欄に記載された所得金額を記載
しますが、その事業年度について更正が行われている場合には、更正決定通知書の「所得金額又は欠損金額」
欄に記載された更正後の所得金額を記載してください。
　　ロ　「既に災害損失又は欠損金の繰戻しを行った金額(4)」欄には、還付所得事業年度について、既に災害損失
又は欠損金の繰戻しにより、その一部の法人税額の還付を受けている場合に、その繰戻しを行った災害損失
欠損金額又は欠損金額を記載してください。
(5)　「還付所得事業年度の法人税額」の各欄
　　イ　「納付の確定した法人税額(6)」欄には、還付所得事業年度の申告書別表一（一）若しくは別表一（三）の「差
引所得に対する法人税額」欄又は別表一（二）の「差引この申告により納付すべき法人税額」欄の金額を記載
しますが、その事業年度について更正が行われている場合には、更正決定通知書の「差引所得に対する法人
税額」欄に記載された更正後の法人税額を記載してください。
　　ロ　「外国関係会社等に係る控除対象所得税額等相当額の控除額及び仮装経理に基づく過大申告の更正に伴う控
除法人税額(7)」欄には、還付所得事業年度において法人税額から控除した外国関係会社等に係る控除対象
所得税額等相当額の控除額と仮装経理に基づく過大申告の更正に伴う控除法人税額の金額の合計額を記載し
てください。
　　ハ　「控除税額(8)」欄には、還付所得事業年度において法人税額から控除した所得税額、みなし配当の25％相
当額及び外国税額の合計額を記載してください。
　　　なお、還付所得事業年度において法人税額から控除できないため還付を請求した所得税額等については、

これに含まれないことになりますからご注意ください。

ニ 「使途秘匿金額に対する税額（9）」欄には、租税特別措置法第62条第1項《使途秘匿金の支出がある場合の課税の特例》の規定により加算された税額がある場合に、その金額を記載してください。

ホ 「課税土地譲渡利益金額に対する税額(10)」欄には、租税特別措置法第3章第5節の2《土地の譲渡等がある場合の特別税率》の規定により加算された税額がある場合に、その金額を記載してください。

ヘ 「リース特別控除取戻税額(11)」欄には、還付所得事業年度の申告書別表一(一)の「連結納税の承認を取り消された場合等における既に控除された法人税額の特別控除額の加算額」欄又は別表一(二)若しくは別表一(三)の「リース特別控除取戻税額」欄の金額を記載してください。

ト 「既に災害損失又は欠損金の繰戻しにより還付を受けた法人税額(13)」欄には、還付所得事業年度について、既に災害損失又は欠損金の繰戻しにより、その法人税額の一部の還付を受けている場合に、その還付を受けた法人税額（還付加算金は含みません。）を記載してください。

(6) 「還付金額(15)」欄には、$\left[\dfrac{(14) \times (2)}{(5)}\right]$ の算式によって計算した金額（1円未満の端数が生じた場合は切り捨てます。）を記載してください。

(7) 「請求期限」欄には、仮決算の中間申告において災害損失の繰戻しによる法人税の還付を受けようとする場合において、その仮決算の中間申告書の提出期限を記載してください。

(注) 各事業年度で適用を受けようとする場合には、この欄の記載は不要です。

(8) 「還付を受けようとする金融機関等」欄には、還付金の支払を受ける場合に、取引銀行等の預金口座への振込みを希望されるときは、その取引銀行等の名称等（該当の文字を〇で囲んでください。）、預金の種類及びその口座番号を記載してください。また、ゆうちょ銀行の貯金口座への振込みを希望されるときは、その貯金口座の記号番号を記載してください。また、ゆうちょ銀行又は郵便局窓口での受取りを希望される場合には、支払を受けるのに便利な郵便局名等を記載してください。

(9) 「税理士署名押印」欄は、この請求書を税理士及び税理士法人が作成した場合に、その税理士等が署名押印してください。

5 留意事項

○ 法人課税信託の名称の併記

法人税法第2条第29号の2に規定する法人課税信託の受託者がその法人課税信託について、国税に関する法律に基づき税務署長等に申請書等を提出する場合には、申請書等の「法人名等」の欄には、受託者の法人名又は氏名のほか、その法人課税信託の名称を併せて記載してください。

3 還付の場合の租税公課の処理方法

　租税公課の取扱いについては、大きくわけて次の2つの事項に留意しなければなりません。

　まずひとつは、その租税公課の種類による税務上の取扱いです。

　納付した法人税は加算留保の調整をしますし、事業税は損金となる租税公課ですので、納付時の税務調整はありません。

　そして、もうひとつは、それらの租税公課を支払ったときの経理処理についてです。会計上の取扱いでそれを費用として処理したのか、仮払金などの資産として計上したのかによって税務上の取扱いも変わります。

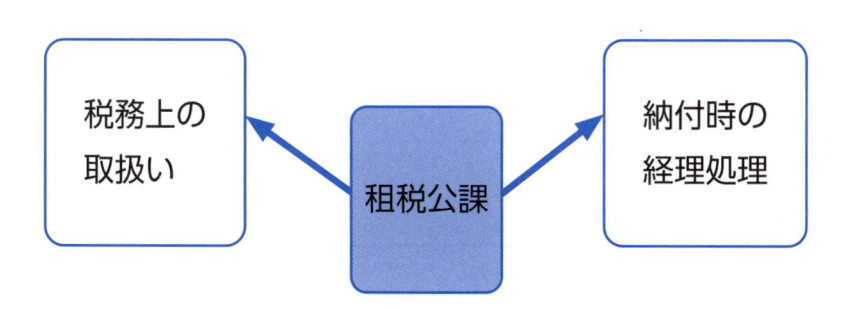

　なお、欠損事業年度により税金が還付されることもあります。税金が還付されたときの租税公課の処理方法は、納付をした場合とはまた違った調整が必要になりますので注意が必要です。

　しかし、まずはその前に、基本となる税金を納付したときの処理や調整方法について詳しく知る必要があります。

納付時の租税公課の調整

　租税公課を納付したときの法人税の取扱いについては、その租税公課の種類によって変わります。

　法人税や住民税については、一旦費用として認識した後に、別表四で加算留保として調整します。法人税や住民税の調整は一旦留保として調整をしますので、別表五（一）にも連動してその記載が必要になります。

　事業税や消費税については納付をした事業年度の損金として認められますので、別表四での調整はありません。

　また、延滞税については、法人税と同様に一旦費用として認識した後に、別表四で加算調整をしますが、法人税と同様に留保として処理をするのではなく、社外流出として処理をします。

・これらの取扱いをまとめると次のようになります。

	納付事業年度の調整		使用別表
法人税・住民税	A	加算留保	別表 4 別表 5-1 別表 5-2
事業税・消費税・利子税 延滞金（納期限延長に係るもの）	―	損　金	別表 5-2
延滞税・延滞金 源泉所得税など	B	加算社外	別表 4 別表 5-2

加算調整が必要な租税公課の別表四・別表五（一）

利益積立金額及び資本金等の額の計算に関する明細書

事業年度	・　・	法人名	

Ⅰ　利益積立金額の計算に関する明細書

区　分		期首現在利益積立金額 ①	当期の増減 減 ②	当期の増減 増 ③	差引翌期首現在利益積立金額 ①−②+③ ④
利　益　準　備　金	1	円		円	円
積　立　金	2				
	3				
	4				
	5				
	6				
	7				
	8				
	9				
	10				
	11				
	12				
	13				
	14				
	15				
	16				
	17				
	18				
	19				
	20				
	21				
	22				
	23				
	24				
	25				
繰　越　損　益　金（損は赤）	26				
納　税　充　当　金	27				
未納法人税等（通常の場合は△印を付すること。）	未納法人税及び未納地方法人税（附帯税を除く。）	28	△	△	中間　△	△
					確定　△	
	未納道府県民税（均等割額を含む。）	29	△	△	中間　△	△
					確定　△	
	未納市町村民税（均等割額を含む。）	30	△	△	中間　△	△
					確定　△	
差　引　合　計　額	31				

（中央に大きく「A」と記載）

Ⅱ　資本金等の額の計算に関する明細書

区　分		期首現在資本金等の額 ①	当期の増減 減 ②	当期の増減 増 ③	差引翌期首現在資本金等の額 ①−②+③ ④
資　本　金　又　は　出　資　金	32	円	円	円	円
資　本　準　備　金	33				
	34				
	35				
差　引　合　計　額	36				

法　0301−0501

A・・・加算留保の調整をする租税公課を記載する箇所

B・・・加算社外の調整をする租税公課を記載する箇所

経理処理による調整

租税公課を納付したときの経理方法は主に次の３種類の方法があります。

> ・費用として経理処理する方法
> ・仮払金として経理処理する方法
> ・納税充当金を取り崩して充てる方法

　上記におけるどの経理方法を採用したとしても、所得金額に与える影響は、費用として経理処理をした場合と同様になるように調整されます。つまり、納付した租税公課を費用として経理処理する方法は、損益計算書上で当期利益を減少させる経理処理となりますが、その他の経理処理を採用した場合には、損益計算書に影響を与える経理処理ではありませんので当期利益は減少しません。そこで所得金額が費用として経理処理をした場合と同様の結果となるように別表四で減算調整されます。

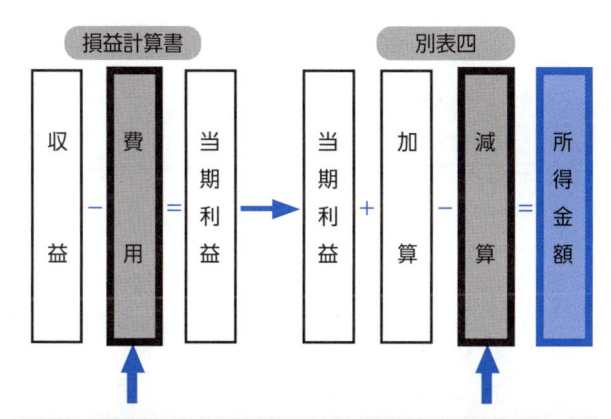

※費用計上、若しくは減算調整により、所得金額は同じ金額となる。

　例えば、租税公課が 48,000 円だったとして、それを費用に計上した結果の当期利益は 52,000 円だったとします。その租税公課を費用に計上せずに仮払金や納税充当金を取り崩す経理処理をした場合の当期利益は、租税公課の48,000 円が費用に計上されていないわけですから 100,000 円となります。しかしこの場合には、別表四において仮払金として経理処理をした租税公課や納税充当金を取り崩して充てた租税公課について、減算留保の税務調整がされ

ることとなります。

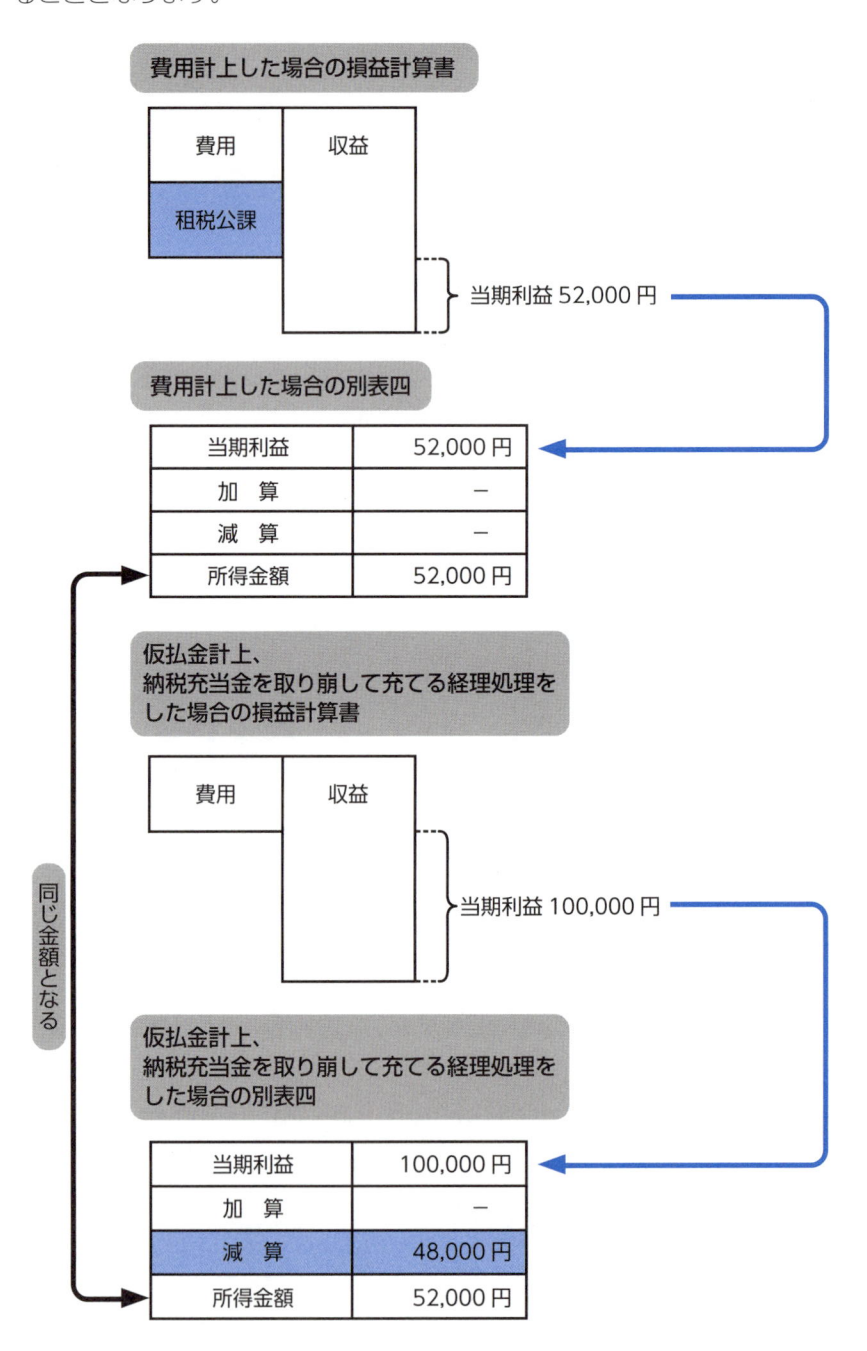

費用計上した場合の損益計算書

費用	収益
租税公課	

当期利益 52,000 円

費用計上した場合の別表四

当期利益	52,000 円
加　算	－
減　算	－
所得金額	52,000 円

仮払金計上、
納税充当金を取り崩して充てる経理処理を
した場合の損益計算書

費用	収益

当期利益 100,000 円

同じ金額となる

仮払金計上、
納税充当金を取り崩して充てる経理処理を
した場合の別表四

当期利益	100,000 円
加　算	－
減　算	48,000 円
所得金額	52,000 円

減算調整

上記の別表四における具体的な調整項目は仮払金経理及び納税充当金を取り崩す経理、それぞれの場合で次のようになります。

仮払金経理	仮払税金認定損（減算留保）
納税充当金	納税充当金から支出した事業税等の金額（減算留保）

別表五（二）

租税公課を納付したときには、「租税公課の納付状況等に関する明細書」別表五（二）を記載します。縦の1〜29欄については、それぞれ納付をした租税公課の税目によって定められた箇所へ記載をします。横の①〜⑥のうち、③〜⑤については納付時の経理処理に応じてそれぞれ定められた欄に記載します。

仮払金経理の場合の別表

所得の金額の計算に関する明細書（簡易様式）

別表四（簡易様式）　平三十・四・一以後終了事業年度分

区　分		総　額	処　　分		
			留　保	社外流出	
		①	②	③	
当期利益又は当期欠損の額	1	100,000 円	100,000	配当　　　　円	
				その他	
加	損金経理をした法人税及び地方法人税（附帯税を除く。）	2				
	損金経理をした道府県民税及び市町村民税	3				
	損金経理をした納税充当金	4				
	損金経理をした附帯税（利子税を除く。）、加算金、延滞金（延納分を除く。）及び過怠税	5			その他	
	減価償却の償却超過額	6				
	役員給与の損金不算入額	7			その他	
	交際費等の損金不算入額	8			その他	
		9				
		10				
算	小　　計	11				
減	減価償却超過額の当期認容額	12				
	納税充当金から支出した事業税等の金額	13				
	受取配当等の益金不算入額（別表八（一）「13」又は「26」）	14			※	
	外国子会社から受ける剰余金の配当等の益金不算入額（別表八（二）「26」）	15			※	
	受贈益の益金不算入額	16			※	
	適格現物分配に係る益金不算入額	17			※	
	法人税等の中間納付額及び過誤納に係る還付金額	18				
	所得税額等及び欠損金の繰戻しによる還付金額等	19			※	
	仮払税金認定額	20	48,000	48,000		→ 別表五（一）へ
算	小　　計	21	48,000	48,000	外※	
	仮　計　(1)＋(11)－(21)	22	52,000	52,000	外※	
	関連者等に係る支払利子等の損金不算入額（別表十七（二の二）「25」又は「30」）	23			その他	
	超過利子額の損金算入額（別表十七（二の三）「10」）	24	△		※	
	仮　計　(22)＋(23)＋(24)	25	52,000	52,000	外※	
	寄附金の損金不算入額（別表十四（二）「24」又は「40」）	26			その他	
	法人税額から控除される所得税額（別表六（一）「6の③」）	29			その他	
	税額控除の対象となる外国法人税の額（別表六（二の二）「7」）	30			その他	
	外国関係会社等に係る控除対象所得税額等相当額（別表十七（三の六）「1」）	31			その他	
	合　計　(25)＋(26)＋(29)＋(30)＋(31)	34	52,000	52,000	外※	
	契約者配当の益金算入額（別表九（一）「13」）	35				
	中間申告における繰戻しによる還付に係る災害損失欠損金額の益金算入額	37			※	
	非適格合併又は残余財産の全部分配等による移転資産等の譲渡利益額又は譲渡損失額	38			※	
	差　引　計　(34)＋(35)＋(37)＋(38)	39	52,000	52,000	外※	
	欠損金又は災害損失金等の当期控除額	40	△		※	△
	総　計　(39)＋(40)	41	52,000	52,000	外※	
	新鉱床探鉱費又は海外新鉱床探鉱費の特別控除額（別表十（三）「43」）	42	△			△
	残余財産の確定の日の属する事業年度に係る事業税の損金算入額	48	△			
	所得金額又は欠損金額	49	52,000	52,000	外※	

御注意

1　沖縄の認定法人の課税の特例、国家戦略特別区域における指定法人の課税の特例、組合事業等による損失がある場合の課税の特例、対外船舶運航事業を営む法人の日本船舶による収入金額の課税の特例、中部国際空港整備準備金の特例

2　備金の特例及び再投資等準備金の特例の適用を受ける法人にあっては、別表四を御使用ください。

「49」の「①」欄の金額は、「②」欄の金額に「③」欄の本書の金額を加算し、これから「※」の金額を加減算した額と符合することになりますから留意してください。

法　0301－0402　簡

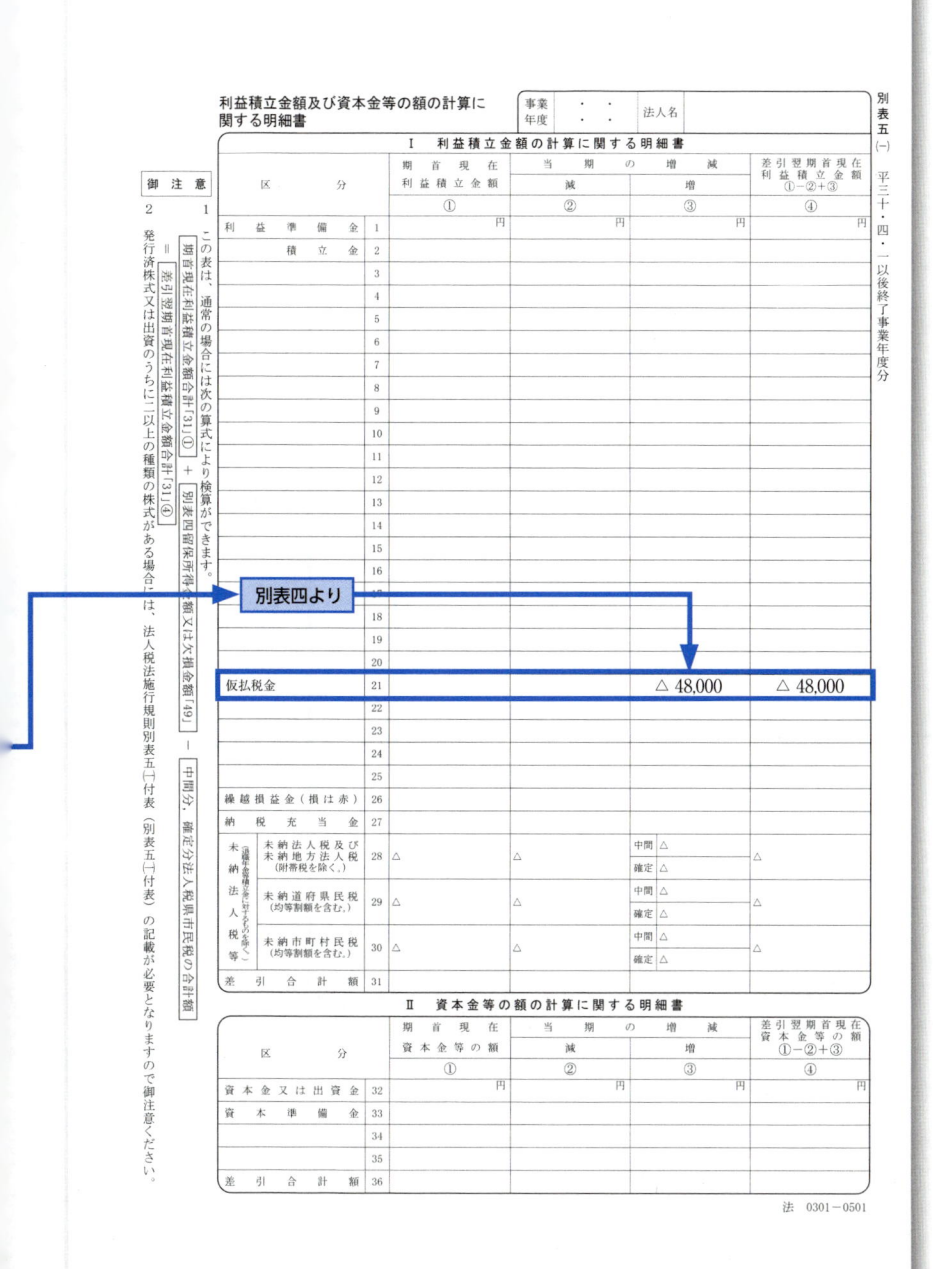

利益積立金額及び資本金等の額の計算に関する明細書

事業年度	・　・	法人名	

別表五(一)　平三十・四・一以後終了事業年度分

I　利益積立金額の計算に関する明細書

区　　分		期首現在利益積立金額 ①	当　期　の　増　減 減 ②	当　期　の　増　減 増 ③	差引翌期首現在利益積立金額 ①－②＋③ ④
利益準備金	1	円	円	円	円
積　立　金	2				
	3				
	4				
	5				
	6				
	7				
	8				
	9				
	10				
	11				
	12				
	13				
	14				
	15				
	16				
	17				
	18				
	19				
	20				
仮払税金	21			△ 48,000	△ 48,000
	22				
	23				
	24				
	25				
繰越損益金（損は赤）	26				
納税充当金	27				
未納法人税等	未納法人税及び未納地方法人税（附帯税を除く。） 28	△	△	中間 △ 確定 △	△
未納法人税等	未納道府県民税（均等割額を含む。） 29	△	△	中間 △ 確定 △	△
未納法人税等	未納市町村民税（均等割額を含む。） 30	△	△	中間 △ 確定 △	△
差　引　合　計　額	31				

II　資本金等の額の計算に関する明細書

区　　分		期首現在資本金等の額 ①	当　期　の　増　減 減 ②	当　期　の　増　減 増 ③	差引翌期首現在資本金等の額 ①－②＋③ ④
資本金又は出資金	32	円	円	円	円
資本準備金	33				
	34				
	35				
差　引　合　計　額	36				

別表四より

御注意
2　発行済株式又は出資のうちに二以上の種類の株式がある場合には、法人税法施行規則別表五(一)付表（別表五(一)付表）の記載が必要となりますので御注意ください。
1　この表は、通常の場合には次の算式により検算ができます。
期首現在利益積立金額合計「31」① ＋ 別表四留保所得金額又は欠損金額「49」 － 中間分、確定分法人税県市民税の合計額 ＝ 差引翌期首現在利益積立金額合計「31」④

法　0301－0501

租税公課の納付状況等に関する明細書

事業年度	・　・	法人名	

税　目　及　び　事　業　年　度				期首現在未納税額 ①	当期発生税額 ②	当期中の納付税額			期末現在未納税額 ①+②-③-④-⑤ ⑥
						充当金取崩しによる納付 ③	仮払経理による納付 ④	損金経理による納付 ⑤	
法人税及び地方法人税		・　・ ・　・	1 2	円			円	円	円
	当期分	中　　　間	3			円			
		確　　　定	4						
		計	5						
道府県民税			6 7						
	当期分	中　　　間	8						
		確　　　定	9						
		計	10						
市町村民税			11 12						
	当期分	中　　　間	13						
		確　　　定	14						
		計	15						
事業税		・　・ ・　・	16 17						
	当　期　中　間　分		18						
	計		19						
その他	損金算入のもの	利　子　税	20						
		延滞金（延納に係るもの）	21						
		自動車税	22		48,000		48,000		0
			23						
	損金不算入のもの	加算税及び加算金	24						
		延　滞　税	25						
		延滞金（延納分を除く。）	26						
		過　怠　税	27						
			28						
			29						

納　税　充　当　金　の　計　算

繰入額	期　首　納　税　充　当　金		30	円	取崩額	その他	損　金　算　入　の　も　の	36	円
	損金経理をした納税充当金		31				損　金　不　算　入　の　も　の	37	
			32					38	
	計 (31) + (32)		33				仮　払　税　金　消　却	39	
取崩額	法人税額等 (5の③)+(10の③)+(15の③)		34				計 (34)+(35)+(36)+(37)+(38)+(39)	40	
	事　業　税 (19の③)		35			期末納税充当金 (30)+(33)-(40)		41	

法　0301−0502

納税充当金取崩しによる経理の場合の別表

所得の金額の計算に関する明細書(簡易様式)

区　分		総　額	処　　分		
		①	留　保 ②	社　外　流　出 ③	
当期利益又は当期欠損の額	1	100,000 円	100,000 円	配　当	円
				その他	
損金経理をした法人税及び地方法人税(附帯税を除く。)	2				
損金経理をした道府県民税及び市町村民税	3				
損金経理をした納税充当金	4				
損金経理をした附帯税(利子税を除く。)、加算金、延滞金(延納分を除く。)及び過怠税	5			その他	
減価償却の償却超過額	6				
役員給与の損金不算入額	7			その他	
交際費等の損金不算入額	8			その他	
	9				
	10				
小　　計	11				
減価償却超過額の当期認容額	12				
納税充当金から支出した事業税等の金額	13	48,000	48,000		
受取配当等の益金不算入額(別表八(一)「13」又は「26」)	14			※	
外国子会社から受ける剰余金の配当等の益金不算入額(別表八(二)「26」)	15			※	
受贈益の益金不算入額	16			※	
適格現物分配に係る益金不算入額	17			※	
法人税等の中間納付額及び過誤納に係る還付金額	18				
所得税額等及び欠損金の繰戻しによる還付金額等	19			※	
	20				
小　　計	21	48,000	48,000	外　※	
仮　　計 (1)+(11)-(21)	22	52,000	52,000	外　※	
関連者等に係る支払利子等の損金不算入額(別表十七(二の二)「25」又は「30」)	23			その他	
超過利子額の損金算入額(別表十七(二の三)「10」)	24	△		※	△
仮　計 ((22)から(24)までの計)	25	52,000	52,000	外　※	
寄附金の損金不算入額(別表十四(二)「24」又は「40」)	26			その他	
法人税額から控除される所得税額(別表六(一)「6の③」)	29			その他	
税額控除の対象となる外国法人税の額(別表六(二の二)「7」)	30			その他	
外国関係会社等に係る控除対象所得税額等相当額(別表十七(三の十二)「1」)	31			その他	
合　　計 (25)+(26)+(29)+(30)+(31)	34	52,000	52,000	外　※	
契約者配当の益金算入額(別表九(一)「13」)	35				
中間申告における繰戻しによる還付に係る災害損失欠損金額の益金算入額	37			※	
非適格合併又は残余財産の全部分配等による移転資産等の譲渡利益額又は譲渡損失額	38			※	
差　引　計 (34)+(35)+(37)+(38)	39	52,000	52,000	外　※	
欠損金又は災害損失金等の当期控除額(別表七(一)「4の計」+別表七(四)「10」)	40	△		※	△
総　　計 (39)+(40)	41	52,000	52,000	外　※	
新鉱床探鉱費又は海外新鉱床探鉱費の特別控除額(別表十(三)「43」)	42	△		※	△
残余財産の確定の日の属する事業年度に係る事業税の損金算入額	48	△			
所得金額又は欠損金額	49	52,000	52,000	外　※	

別表四(簡易様式)　平三十・四・一以後終了事業年度分

別表五(一)へ

法　0301－0402

利益積立金額及び資本金等の額の計算に関する明細書

事業年度	・　・	法人名	

Ⅰ　利益積立金額の計算に関する明細書

別表四より

区　　分		期首現在利益積立金額 ①	当期の減 ②	当期の増 ③	差引翌期首現在利益積立金額 ①−②+③ ④
利 益 準 備 金	1	円		円	円
積　　立　　金	2				
	3				
	4				
	5				
	6				
	7				
	8				
	9				
	10				
	11				
	12				
	13				
	14				
	15				
	16				
	17				
	18				
	19				
	20				
	21				
	22				
	23				
	24				
	25				
繰 越 損 益 金 （損 は 赤）	26				
納 税 充 当 金	27	200,000	48,000		152,000
未納法人税等	未 納 法 人 税 及 び 未 納 地 方 法 人 税（附帯税を除く。）	28	△	△	中間 △ ／ 確定 △	△
	未 納 道 府 県 民 税（均等割額を含む。）	29	△	△	中間 △ ／ 確定 △	
	未 納 市 町 村 民 税（均等割額を含む。）	30	△	△	中間 △ ／ 確定 △	
差　引　合　計　額	31				

Ⅱ　資本金等の額の計算に関する明細書

区　　分		期首現在資本金等の額 ①	当期の減 ②	当期の増 ③	差引翌期首現在資本金等の額 ①−②+③ ④
資 本 金 又 は 出 資 金	32	円	円	円	円
資 本 準 備 金	33				
	34				
	35				
差　引　合　計　額	36				

法　0301−0501

租税公課の納付状況等に関する明細書

事業年度	・ ・	法人名	

別表五(二)　平三十・四・一以後終了事業年度分

税 目 及 び 事 業 年 度				期首現在未納税額 ①	当期発生税額 ②	当 期 中 の 納 付 税 額			期末現在未納税額 ①＋②－③－④－⑤ ⑥
						充当金取崩しによる納付 ③	仮払経理による納付 ④	損金経理による納付 ⑤	
法人税及び地方法人税		・ ・ ・	1	円		円	円	円	円
		・ ・ ・	2						
	当期分	中　間	3		円				
		確　定	4						
		計	5						
道府県民税		・ ・ ・	6						
		・ ・ ・	7						
	当期分	中　間	8						
		確　定	9						
		計	10						
市町村民税		・ ・ ・	11						
		・ ・ ・	12						
	当期分	中　間	13						
		確　定	14						
		計	15						
事業税		・ ・ ・	16						
		・ ・ ・	17						
	当 期 中 間 分		18						
		計	19						
その他	損金算入のもの	利 子 税	20						
		延 滞 金（延納に係るもの）	21						
		自 動 車 税	22		48,000	48,000			0
			23						
	損金不算入のもの	加算税及び加算金	24						
		延 滞 税	25						
		延 滞 金（延納分を除く。）	26						
		過 怠 税	27						
			28						
			29						

納 税 充 当 金 の 計 算

期 首 納 税 充 当 金	30	円	取崩額	その他	損 金 算 入 の も の	36	円
繰入額	損金経理をした納税充当金	31			損 金 不 算 入 の も の	37	
		32				38	
	計 (31)＋(32)	33			仮 払 税 金 消 却	39	
取崩額	法 人 税 額 等 (5の③)＋(10の③)＋(15の③)	34			計 (34)＋(35)＋(36)＋(37)＋(38)＋(39)	40	
	事 業 税 (19の③)	35		期 末 納 税 充 当 金 (30)＋(33)－(40)	41	

法　0301－0502

租税公課の還付

　納付した租税公課が還付されたときには、納付の場合と同様に、その還付される租税公課の取扱いはその租税公課の種類によって変わります。また、その還付がされたときの経理処理も、納付の場合と同様にさまざまな税務調整が必要になります。

　法人税や住民税については、一旦収益として認識した後に、別表四で減算留保として調整します。法人税や住民税の調整は留保の調整をしますので、別表五（一）にも連動してその記載が必要になります。

　事業税や消費税については原則として還付を受けた事業年度の益金となります。

　また、延滞税などの還付金については、一旦収益として認識した後に、別表四で減算調整をしますが、社外流出として処理をします。

　これらの取扱いをまとめると次のようになります。

	納付時の調整	還付時の調整
法人税・住民税	加算留保	減算留保
事業税・消費税・利子税・延滞金（納期限延長に係るもの）	損　　金	益　　金
延滞税・延滞金・源泉所得税など	加算社外	減算社外

租税公課の還付時の経理方法

　租税公課が還付されたときの経理方法には、次の４種類の方法があります。

- ・収益として経理処理する方法
- ・仮受金として経理処理する方法
- ・仮払金を相殺して充てる方法
- ・納税充当金として経理処理する方法

　上記におけるどの経理方法を採用したとしても、所得金額に与える影響は、収益として経理処理をした場合と同様になります。

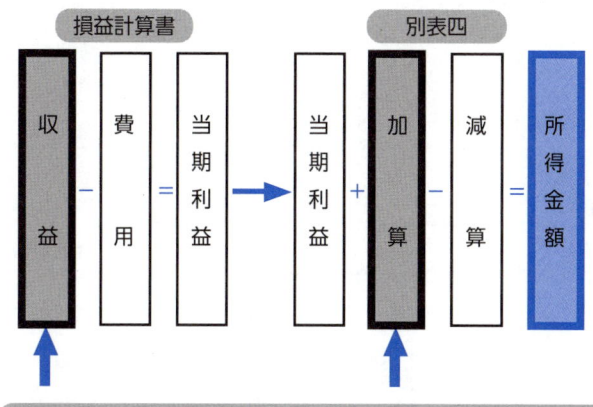

※収益計上、若しくは加算調整により、所得金額は同じ金額となる。

　例えば、還付税金が200,000円だったとして、それを収益に計上した結果の当期利益は1,200,000円だったとします。その還付税金を収益に計上せずに仮受金や納税充当金として経理処理をした場合の当期利益は、還付税金の200,000円が収益に計上されていないわけですから1,000,000円となります。しかしこの場合には、別表四において仮受金や納税充当金に計上した還付税金の受け入れについて、加算留保の税務調整がされることとなります。なお、別表五（二）は「租税公課の納付の状況等に関する明細書」となりますので、還付について書く必要はありません。ただし、納税充当金の繰り入れにより処理をする場合には、下段「納税充当金の計算」の欄は記載が必要となります。この場合には繰入額32欄の空欄に「還付○○税等」などと記載することになります。

仮受金による還付税金の受け入れ処理

		総　　　額	処　　　　　分		
区　　分			留　保	社　外　流　出	
		①	②	③	

所得の金額の計算に関する明細書（簡易様式）

別表四（簡易様式）平三十・四・一以後終了事業年度分

区　　　　分		総額 ①	留保 ②	社外流出 ③	
当期利益又は当期欠損の額	1	1,000,000 円	1,000,000 円	配当	円
				その他	
加算	損金経理をした法人税及び地方法人税（附帯税を除く。）	2			
	損金経理をした道府県民税及び市町村民税	3			
	損金経理をした納税充当金	4			
	損金経理をした附帯税（利子税を除く。）、加算金、延滞金（延納分を除く。）及び過怠税	5		その他	
	減価償却の償却超過額	6			
	役員給与の損金不算入額	7		その他	
	交際費等の損金不算入額	8		その他	
	還付金計上もれ	9	200,000	200,000	別表五（一）へ
		10			
	小　　　計	11	200,000	200,000	
減算	減価償却超過額の当期認容額	12			
	納税充当金から支出した事業税等の金額	13			
	受取配当等の益金不算入額（別表八（一）「13」又は「26」）	14			※
	外国子会社から受ける剰余金の配当等の益金不算入額（別表八（二）「26」）	16			※
	受贈益の益金不算入額	16			※
	適格現物分配に係る益金不算入額	17			※
	法人税等の中間納付額及び過誤納に係る還付金額	18			
	所得税額等及び欠損金の繰戻しによる還付金額等	19			※
		20			
	小　　　計	21			外 ※
仮 計　(1)+(11)-(21)		22	1,200,000	1,200,000	外 ※
関連者等に係る支払利子等の損金不算入額（別表十七（二の二）「25」又は「30」）		23			その他
超過利子額の損金算入額（別表十七（二の三）「10」）		24	△		※ △
仮　計　(22)から(24)までの計		25	1,200,000	1,200,000	外 ※
寄附金の損金不算入額（別表十四（二）「24」又は「40」）		26			その他
法人税額から控除される所得税額（別表六（一）「6の③」）		29			その他
税額控除の対象となる外国法人税の額（別表六（二の二）「7」）		30			その他
外国関係会社等に係る控除対象所得税額等相当額（別表十七（三の十二）「1」）		31			その他
合　計　(25)+(26)+(29)+(30)+(31)		34	1,200,000	1,200,000	外 ※
契約者配当の益金算入額（別表九（一）「13」）		35			
中間申告における繰戻しによる還付に係る災害損失欠損金額の益金算入額		37			※
非適格合併又は残余財産の全部分配等による移転資産等の譲渡利益額又は譲渡損失額		38			※
差　　引　　計　(34)+(35)+(37)+(38)		39	1,200,000	1,200,000	外 ※
欠損金又は災害損失金等の当期控除額（別表七（一）「4の計」＋（別表七（二）「9」若しくは「21」又は別表七（三）「10」）		40			※ △
総　　　計　(39)+(40)		41	1,200,000	1,200,000	外 ※
新鉱床探鉱費又は海外新鉱床探鉱費の特別控除額（別表十（三）「43」）		42	△		※
残余財産の確定の日の属する事業年度に係る事業税の損金算入額		48	△		
所得金額又は欠損金額		49	1,200,000	1,200,000	外 ※

事業年度　・　・　法人名

御注意
1　この明細書は、租税特別措置法の規定による特別控除等を受けない青色申告法人が使用することができます。ただし、同法第六十六条の九の四（特定目的会社に係る課税の特例）、第六十六条の九の九（特定目的信託に係る受託法人の課税の特例）又は第六十七条の十五（投資法人に係る課税の特例）に規定する特定目的会社、特定目的信託に係る受託法人及び投資法人を除きます。

2　特定目的会社等に係る課税の特例、農業経営基盤強化準備金の積立て及び取崩しの特例、船舶の特別償却準備金の特例、対外船舶運航事業を営む法人の日本船舶による収入金額に係る課税の特例、中部国際空港整備準備金の特例……

法　0301-0402

（簡）

利益積立金額及び資本金等の額の計算に関する明細書

| 事業年度 | ・ ・ ～ ・ ・ | 法人名 | | 別表五(一) |

I　利益積立金額の計算に関する明細書

区　分		期首現在利益積立金額 ①	当期の増減 減 ②	当期の増減 増 ③	差引翌期首現在利益積立金額 ①－②＋③ ④
利益準備金	1	円	円	円	円
積立金	2				
	3				
	4				
	5				
	6				
	7				
	8				
	9				
	10				
	11				
	12				
	13				
	14				
	15				
	16				
	17				
	18				
	19				
	20				
	21				
仮受金	22			200,000	200,000
	23				
	24				
	25				
繰越損益金（損は赤）	26				
納税充当金	27				
未納法人税等	未納法人税及び未納地方法人税（附帯税を除く。）	28	△	△	中間 △ 確定 △	△
	未納道府県民税（均等割額を含む。）	29	△	△	中間 △ 確定 △	△
	未納市町村民税（均等割額を含む。）	30	△	△	中間 △ 確定 △	△
差引合計額	31				

別表四より

御注意

2　発行済株式又は出資のうちに二以上の種類の株式がある場合には　法人税法施行規則別表五（一）付表（別表五（一）付表）の記載が必要となりますので御注意ください。

1　この表は、通常の場合には次の算式により検算ができます。

期首現在利益積立金額合計「31」① ＋ 別表四留保所得金額又は欠損金額「49」 ＝ 差引翌期首現在利益積立金額合計「31」④ － 中間分、確定分法人税県市民税の合計額

II　資本金等の額の計算に関する明細書

区　分		期首現在資本金等の額 ①	当期の増減 減 ②	当期の増減 増 ③	差引翌期首現在資本金等の額 ①－②＋③ ④
資本金又は出資金	32	円	円	円	円
資本準備金	33				
	34				
	35				
差引合計額	36				

法　0301－0501

納税充当金の繰入れによる還付税金の受け入れ処理

所得の金額の計算に関する明細書（簡易様式）

事業年度	・ ・	法人名	

別表四（簡易様式）　平三十・四・一以後終了事業年度分

区　　　分		総　　額	処　　　　　分		
			留　保	社　外　流　出	
		①	②	③	
当期利益又は当期欠損の額	1	1,000,000 円	1,000,000 円	配　当	円
				その他	
加算	損金経理をした法人税及び地方法人税（附帯税を除く。）	2				
	損金経理をした道府県民税及び市町村民税	3				
	損金経理をした納税充当金	4				
	損金経理をした附帯税（利子税を除く。）、加算金、延滞金（延納分を除く。）及び過怠税	5			その他	
	減価償却の償却超過額	6				
	役員給与の損金不算入額	7			その他	
	交際費等の損金不算入額	8			その他	
	納税充当金	9	200,000	200,000		→ 別表五（一）へ
		10				
	小　　　計	11	200,000	200,000		
減算	減価償却超過額の当期認容額	12				
	納税充当金から支出した事業税等の金額	13				
	受取配当等の益金不算入額（別表八（一）「13」又は「26」）	14			※	
	外国子会社から受ける剰余金の配当等の益金不算入額（別表八（二）「26」）	15			※	
	受贈益の益金不算入額	16			※	
	適格現物分配に係る益金不算入額	17			※	
	法人税等の中間納付額及び過誤納に係る還付金額	18				
	所得税額等及び欠損金の繰戻しによる還付金額等	19			※	
		20				
	小　　　計	21			外※	
	仮　計 (1)＋(11)－(21)	22	1,200,000	1,200,000	外※	
	関連者等に係る支払利子等の損金不算入額（別表十七（二の二）「25」又は「30」）	23			その他	
	超過利子額の損金算入額（別表十七（二の三）「10」）	24	△		※	△
	仮　計 (22)から(24)までの計	25	1,200,000	1,200,000	外※	
	寄附金の損金不算入額（別表十四（二）「24」又は「40」）	26			その他	
	法人税額から控除される所得税額（別表六（一）「6の③」）	29			その他	
	税額控除の対象となる外国法人税の額（別表六（二の二）「7」）	30			その他	
	外国関係会社等に係る控除対象所得税額等相当額（別表十七（三の六）「1」）	31			その他	
	合　計 (25)＋(26)＋(29)＋(30)＋(31)	34	1,200,000	1,200,000	外※	
	契約者配当の益金算入額（別表九（一）「13」）	35				
	中間申告における繰戻しによる還付に係る災害損失欠損金額の益金算入額	37			※	
	非適格合併又は残余財産の全部分配等による移転資産等の譲渡利益額又は譲渡損失額	38			※	
	差　引　計 (34)＋(35)＋(37)＋(38)	39	1,200,000	1,200,000	外※	
	欠損金又は災害損失金等の当期控除額（別表七（一）「4の計」＋（別表七（四）「10」）	40	△		※	△
	総　計 (39)＋(40)	41	1,200,000	1,200,000	外※	
	新鉱床探鉱費又は海外新鉱床探鉱費の特別控除額（別表十（三）「43」）	42	△		※	△
	残余財産の確定の日の属する事業年度に係る事業税の損金算入額	48	△			
	所得金額又は欠損金額	49	1,200,000	1,200,000	外※	

御注意

1　例えば、沖縄の認定法人の課税の特例、国家戦略特別区域における指定法人の課税の特例、組合事業等による損失がある場合の課税の特例、対外船舶運航事業を営む法人の日本船舶による収入金額の課税の特例、中部国際空港整備準備金の課税の特例、農業経営基盤強化準備金の課税の特例、特定の会社等に係る特定目的会社及び特定目的信託に係る投資信託等の課税の特例の規定の適用を受ける法人にあっては、別表式による別表四を御使用ください。

2　備考「49」の①欄の金額は、②欄の金額に③欄の本書の金額を加減算し、これから「※」の金額を加減算した額と符合することになりますから御留意してください。

法　0301－0402　㊞

172

利益積立金額及び資本金等の額の計算に関する明細書

別表五(一)

平三十一・四・一以後終了事業年度分

事業年度	・　・	法人名	

I　利益積立金額の計算に関する明細書

区　分		期首現在利益積立金額①	当期の増減 減②	当期の増減 増③	差引翌期首現在利益積立金額①-②+③ ④
利益準備金	1	円	円	円	円
積立金	2				
	3				
	4				
	5				
	6				
	7				
	8				
	9				
	10				
	11				
	12				
	13				
	14				
	15				
	16				
	17				
	18				
	19				
	20				
	21				
	22				
	23				
	24				
	25				
繰越損益金（損は赤）	26				
納税充当金	27			200,000	200,000
未納法人税等 未納法人税及び未納地方法人税（附帯税を除く。）	28	△	△	中間 △／確定 △	△
未納法人税等 未納道府県民税（均等割額を含む。）	29	△	△	中間 △／確定 △	△
未納法人税等 未納市町村民税（均等割額を含む。）	30	△	△	中間 △／確定 △	△
差引合計額	31				

II　資本金等の額の計算に関する明細書

区　分		期首現在資本金等の額①	当期の増減 減②	当期の増減 増③	差引翌期首現在資本金等の額①-②+③ ④
資本金又は出資金	32	円	円	円	円
資本準備金	33				
	34				
	35				
差引合計額	36				

別表四より

法　0301－0501

御注意

1　この表は、通常の場合には次の算式により検算ができます。

期首現在利益積立金額合計「31」① ＋ 別表四留保所得金額又は欠損金額「49」 － 中間分、確定分法人税県市民税の合計額 ＝ 差引翌期首現在利益積立金額合計「31」④

2　発行済株式又は出資のうちに二以上の種類の株式がある場合には、法人税法施行規則別表五(一)付表（別表五(一)付表）の記載が必要となりますので御注意ください。

租税公課の納付状況等に関する明細書

別表五(二) 平三十・四・一以後終了事業年度分

事業年度	・ ・	法人名	

税目及び事業年度				期首現在未納税額 ①	当期発生税額 ②	当期中の納付税額			期末現在未納税額 ⑥ (①+②-③-④-⑤)
						充当金取崩しによる納付 ③	仮払経理による納付 ④	損金経理による納付 ⑤	
法人税及び地方法人税		・ ・	1	円		円	円	円	円
		・ ・	2						
	当期分	中間	3		円				
		確定	4						
		計	5						
道府県民税		・ ・	6						
		・ ・	7						
	当期分	中間	8						
		確定	9						
		計	10						
市町村民税		・ ・	11						
		・ ・	12						
	当期分	中間	13						
		確定	14						
		計	15						
事業税		・ ・	16						
		・ ・	17						
	当期中間分		18						
		計	19						
その他	損金算入のもの	利子税	20						
		延滞金(延納に係るもの)	21						
			22						
			23						
	損金不算入のもの	加算税及び加算金	24						
		延滞税	25						
		延滞金(延納分を除く。)	26						
		過怠税	27						
			28						
			29						

納税充当金の計算

期首納税充当金		30	円		取崩額	その他	損金算入のもの	36	円
繰入額	損金経理をした納税充当金	31					損金不算入のもの	37	
	還付○○税等	32	200,000					38	
	計 (31)+(32)	33	200,000				仮払税金消却	39	
取崩額	法人税額等 (5の③)+(10の③)+(15の③)	34					計 (34)+(35)+(36)+(37)+(38)+(39)	40	
	事業税 (19の③)	35			期末納税充当金 (30)+(33)-(40)			41	200,000

法 0301-0502

4 消費税の還付、原則課税と簡易課税の選択

消費税の申告書には原則課税と簡易課税があります。

消費税の納付税額は、通常は次のように計算します。

課税売上げ等に係る消費税額	−	課税仕入れ等に係る消費税額

　しかし、基準期間である課税期間の課税売上高が 5,000 万円以下で、簡易課税制度の適用を受ける旨の届出書を事前に提出している事業者は、実際の課税仕入れ等の税額を計算することなく、課税売上高から仕入控除税額の計算を行うことができる簡易課税制度の適用を受けることができます。

※基準期間はその課税期間の前々事業年度の課税期間をいいます。

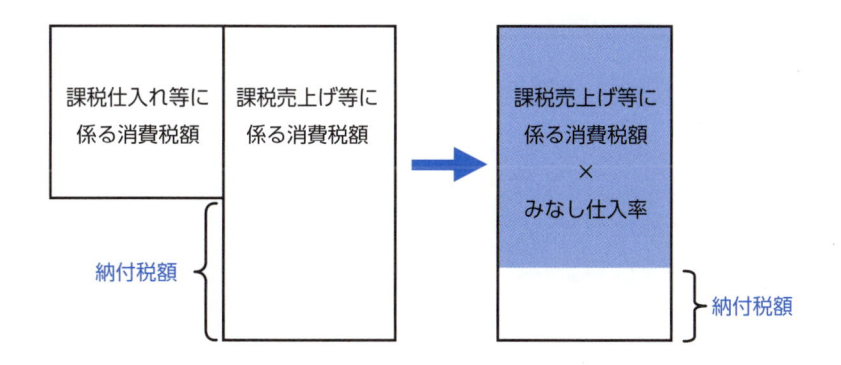

簡易課税制度

　簡易課税制度は、課税売上高に対する税額の一定割合を仕入控除税額とするというものです。この一定割合をみなし仕入率といい、売上げを、「卸売業・小売業・製造業等・サービス業等・不動産業・その他の事業」の6つに区分し、それぞれの区分ごとのみなし仕入率を適用します。

事業区分とみなし仕入率

区　分	業　種	みなし仕入率
第一種事業	卸売業	90%
第二種事業	小売業	80%
第三種事業	製造業等	70%
第五種事業	サービス業等	50%
第六種事業	不動産業	40%
第四種事業	その他の事業	60%

※平成27年4月1日以後に開始する課税期間から、従前の第四種事業のうち、金融業及び保険業を第五種事業とすることとされました。

第24号様式

消費税簡易課税制度選択届出書

収受印

平成　年　月　日

＿＿＿＿税務署長殿

届出者		
	(フリガナ)	
	納税地	（〒　－　） （電話番号　－　－　）
	(フリガナ)	
	氏名又は名称及び代表者氏名	印
	法人番号	※ 個人の方は個人番号の記載は不要です。

下記のとおり、消費税法第37条第1項に規定する簡易課税制度の適用を受けたいので、届出します。

① 適用開始課税期間	自 平成　年　月　日	至 平成　年　月　日
② ①の基準期間	自 平成　年　月　日	至 平成　年　月　日
③ ②の課税売上高	円	

事業内容等	（事業の内容）	（事業区分）第　種事業

提出要件の確認

次のイ、ロ又はハの場合に該当する
（「はい」の場合のみ、イ、ロ又はハの項目を記載してください。）　はい □　いいえ □

イ 消費税法第9条第4項の規定により課税事業者を選択している場合
　課税事業者となった日　平成　年　月　日
　課税事業者となった日から2年を経過する日までの間に開始した各課税期間中に調整対象固定資産の課税仕入れ等を行っていない

ロ 消費税法第12条の2第1項に規定する「新設法人」又は同法第12条の3第1項に規定する「特定新規設立法人」に該当する（／していた）場合
　設立年月日　平成　年　月　日
　基準期間がない事業年度に含まれる各課税期間中に調整対象固定資産の課税仕入れ等を行っていない　はい □

ハ 消費税法第12条の4第1項に規定する「高額特定資産の仕入れ等」を行っている場合
　仕入れ等を行った課税期間の初日　平成　年　月　日　はい □
　この届出による①の「適用開始課税期間」は、高額特定資産の仕入れ等を行った課税期間の初日から、同日以後3年を経過する日の属する課税期間までの各課税期間に該当しない
　仕入れ等を行った課税期間の初日　平成　年　月　日
　建設等が完了した課税期間の初日　平成　年　月　日　はい □

※ この届出書を提出した課税期間が、上記イ、ロ又はハに記載の各課税期間である場合、この届出書提出後、届出を行った課税期間中に高額特定資産の仕入れ等又は自己建設高額特定資産の仕入れ等を行うと、原則としてこの届出書の提出はなかったものとみなされます。詳しくは、裏面をご確認ください。

参考事項	
税理士署名押印	印 （電話番号　－　－　）

※税務署処理欄	整理番号		部門番号			
	届出年月日	年　月　日	入力処理	年　月　日	番号確認	
	通信日付印 年　月　日	確認			台帳整理	年　月　日
	確認 印	年　月　日				

注意 1. 裏面の記載要領等に留意の上、記載してください。
　　 2. 税務署処理欄は、記載しないでください。

消費税簡易課税制度選択届出書の記載要領等

1 提出すべき場合

　この届出書は、事業者が、その基準期間における課税売上高が5,000万円以下である課税期間について、簡易課税制度を適用しようとする場合に提出します（法37①）。

　なお、簡易課税制度を選択した場合は、事業を廃止した場合等を除き、2年間継続した後でなければ簡易課税制度の選択をやめることはできません（法37⑥）。

（注）1　この届出書を提出した事業者のその課税期間の基準期間における課税売上高が5,000万円を超えることにより、その各課税期間について簡易課税制度を適用できなくなった場合又はその課税期間の基準期間における課税売上高が1,000万円以下となり免税事業者となった場合であっても、その後の課税期間において基準期間における課税売上高が1,000万円を超え5,000万円以下となったときには、その課税期間の初日の前日までに「消費税簡易課税制度選択不適用届出書（第25号様式）」を提出している場合を除き、再び簡易課税制度が適用されます。

　　　2　課税事業者を選択することにより課税事業者となった日から2年を経過する日までの間に開始した各課税期間中又は法第12条の2第1項に規定する新設法人若しくは法第12条の3第1項の特定新規設立法人が基準期間のない事業年度に含まれる各課税期間中に調整対象固定資産の課税仕入れ等を行った場合は、その仕入れ等の属する課税期間の初日から3年を経過する日の属する課税期間の初日以後でなければこの届出書を提出することはできません（法37②）。

　　　　　また、これら各課税期間中にこの届出書を提出した後、同一の課税期間に調整対象固定資産の課税仕入れ等を行った場合には、既に提出したこの届出書はその提出がなかったものとみなされます（法37④）。（課税事業者を選択した課税期間が事業を開始した課税期間である場合の当該課税期間の初日又は設立の日の属する課税期間から簡易課税制度を適用しようとする場合には提出することができます。）

　　　　　なお、この届出書の提出制限等の規定は、平成22年4月1日以後に「消費税課税事業者選択届出書（第1号様式）」を提出した事業者の同日以後開始する課税期間及び同日以後設立した法人に対して適用されます。

　　　3　課税事業者が、高額特定資産の仕入れ等を行ったことにより、法第12条の4第1項の規定の適用を受ける場合には、その仕入れ等の属する課税期間の初日の属する課税期間の初日から3年を経過する日の属する課税期間の初日以後でなければこの届出書を提出することはできません。また、高額特定資産が自己建設高額特定資産に該当する場合には、当該自己建設高額特定資産の建設等に要した仕入れ等の対価の額（事業者免税点制度及び簡易課税制度の適用を受けない課税期間中において行った原材料費及び経費に係るものに限り、消費税相当額を除きます。）の累計額が1,000万円以上となった日の属する課税期間の初日から、当該自己建設高額特定資産の建設等が完了した日の属する課税期間の初日から3年を経過する日の属する課税期間の初日以後でなければこの届出書を提出することはできません（法37③）。

　　　　　なお、これら各課税期間中にこの届出書を提出した後、同一の課税期間に高額特定資産の仕入れ等を行った場合には、既に提出したこの届出書はその提出がなかったものとみなされます（法37④）。

2 提出時期等

　この届出書の効力は、提出した日の属する課税期間の翌課税期間から生じます。

　したがって、簡易課税制度の適用を受けようとする課税期間の初日の前日までに提出しなければならないことになります。

　なお、新規開業した事業者等は、その開業した課税期間の末日までにこの届出書を提出すれば、開業した日の属する課税期間から簡易課税制度を選択することができます。

3 記載要領

(1)　「適用開始課税期間」欄には、簡易課税制度の適用を受けようとする課税期間の初日及び末日を記載します。

(2)　「①の基準期間」欄には、「適用開始課税期間」欄の基準期間の初日及び末日を記載します。

(3)　「②の課税売上高」には、基準期間における課税資産の譲渡等の対価の額の合計額を記載します。

　　　なお、基準期間が1年に満たない法人については、その期間中の課税資産の譲渡等の対価の額の合計額をその期間の月数で除し、これを12倍した金額をそれぞれ記載します。

　　　(注)「課税資産の譲渡等の対価の額」の合計額は、消費税額及び地方消費税額を含まない金額をいいます。また、輸出取引に係る売上高を含み、売上げに係る対価の返還等の金額（税抜き）を含みません。

(4)　「事業内容等」には、具体的な事業内容を記載するとともに、簡易課税制度の第一種事業から第六種事業の事業区分のうち、該当する事業の種類を記載します。

(5)　「提出要件の確認」欄には、次に該当する場合に上記1（注）2及び3の提出要件を満たしているか確認の上、記載します。

　　イ　課税事業者を選択して課税事業者となっている者

　　ロ　提出を行う課税期間において法第12条の2第1項に規定する「新設法人」に該当する法人及び過去に該当していた法人

　　ハ　提出を行う課税期間において法第12条の3第1項に規定する「特定新規設立法人」に該当する法人及び過去に該当していた法人

　　ニ　高額特定資産の仕入れ等を行っている者

(6)　「参考事項」欄には、その他参考となる事項等がある場合に記載します。

(7)　記載内容等についてご不明な場合は、最寄りの税務署にお問い合わせください。

簡易課税制度のメリット・デメリット

　簡易課税制度は、実際の課税仕入れ等の税額を計算せずに、課税売上高から仕入控除税額の計算を行いますので、経費の殆どが課税の対象とならない給与であるなど、課税売上げ等に係る消費税額から控除できる仕入控除税額が少ない事業者にとっては、納付する消費税額が原則課税による消費税額に比べて経常的に少なくなるというメリットがあります。しかし、普段は簡易課税制度を選択した方が有利となる事業者であっても、いざ高額な設備投資を行う課税期間であっても、簡易課税制度を選択しているとなると、その設備投資で支払った消費税額は、その課税期間の仕入控除税額としてカウントはされませんので、簡易課税を選択していることがかえってデメリットとなる場合があります。

税抜経理方式による場合の消費税額差額の調整

　法人が簡易課税制度の適用を受けない場合には、その課税期間の仮受消費税等の金額から仮払消費税等の金額を控除した金額が納付すべき税額又は還付を受ける税額となります。

　簡易課税制度を適用している法人の仕入控除税額は、その課税期間の課税標準額に対する消費税額にみなし仕入率を乗じて計算した金額とされますので、簡易課税制度による納付すべき税額と、仮受消費税等の金額から仮払消費税等の金額を控除した金額とに差額が生じます。この差額は、その課税期間を含む事業年度の益金の額又は損金の額に算入します。

簡易課税制度の不適用

　簡易課税制度の適用をやめようとする場合には、「消費税簡易課税制度選択不適用届出書」を納税地を所轄する税務署長に提出します。この届出書は、簡易課税による消費税申告書の提出をやめて、原則課税にしようとする課税期間の初日の前日までに提出する必要があります。

　ただし、消費税簡易課税制度の適用を受けた日の属する課税期間の初日から2年を経過する日の属する課税期間の初日以後でなければ、この届出書を提出することはできません。

消費税簡易課税制度選択不適用届出書

収受印

平成　年　月　日	届	（フリガナ）	
		納　税　地	（〒　　−　　　） （電話番号　　−　　−　　　）
	出	（フリガナ）	
		氏 名 又 は 名 称 及 び 代 表 者 氏 名	印
＿＿＿＿＿税務署長殿	者	法 人 番 号	※ 個人の方は個人番号の記載は不要です。

下記のとおり、簡易課税制度をやめたいので、消費税法第37条第5項の規定により届出します。

①	この届出の適用 開始課税期間	自 平成　　年　　月　　日　至 平成　　年　　月　　日
②	①の基準期間	自 平成　　年　　月　　日　至 平成　　年　　月　　日
③	②の課税売上高	円
	簡 易 課 税 制 度 の 適 用 開 始 日	平成　　　　年　　　　月　　　　日
	事 業 を 廃 止 し た 場 合 の 廃 止 し た 日	平成　　　　年　　　　月　　　　日
	個 人 番 号 ※ 事業を廃止した場合には記載してください。	
	参 考 事 項	
	税 理 士 署 名 押 印	印 （電話番号　　−　　−　　　）

※税務署処理欄	整理番号		部門番号					
	届出年月日	年　月　日	入力処理	年　月　日	台帳整理	年　月　日		
	通信日付印 　年　月　日	確認印	番号確認		身元確認	□ 済 □ 未済	確認書類	個人番号カード／通知カード・運転免許証 その他（　　　）

注意　1．裏面の記載要領等に留意の上、記載してください。
　　　2．税務署処理欄は、記載しないでください。

消費税簡易課税制度選択不適用届出書の記載要領等

1　提出すべき場合

　　この届出書は、簡易課税制度の適用を受けている事業者が、その適用を受けることをやめようとする場合
又は事業を廃止した場合に提出します（法37⑤）。

　　なお、簡易課税制度を選択した場合は、事業を廃止した場合を除き、2年間継続した後でなければ簡易課
税制度の適用をやめることはできません（法37⑥）。

2　提出時期等

　　この届出書の効力は、提出した日の属する課税期間の翌課税期間から生じます。

　したがって、簡易課税制度の適用を受けることをやめようとする課税期間の初日の前日までに、この届出書
を提出しなければならないことになります。

　ただし、この届出書は、事業を廃止した場合を除いて、簡易課税制度の適用を開始した課税期間の初日か
ら2年を経過する日の属する課税期間の初日以後でなければ提出することはできません。

　(注)　「簡易課税制度の適用を開始した課税期間の初日から2年を経過する日の属する課税期間の初日」と
　　　は、個人事業者又は事業年度が1年の法人の場合には、原則として簡易課税制度を選択した課税期間の
　　　翌課税期間の初日となります。

3　記載要領

　⑴　「この届出の適用開始課税期間」欄には、簡易課税制度の適用を受けることをやめようとする課税期間
　　の初日及び末日を記載します。

　⑵　「①の基準期間」欄には、「この届出の適用開始課税期間」欄の基準期間の初日及び末日を記載します。

　⑶　「②の課税売上高」欄には、基準期間における課税資産の譲渡等の対価の額の合計額を記載します。

　　　なお、基準期間が1年に満たない法人については、その期間中の課税資産の譲渡等の対価の額の合計額
　　をその期間の月数で除し、これを12倍した金額を記載します。

　　(注)　「課税資産の譲渡等の対価の額の合計額」は、消費税額及び地方消費税額を含まない金額をいいま
　　　　す。また、輸出取引に係る売上高を含み、売上げに係る対価の返還等の金額（税抜き）を含みません。

　⑷　「簡易課税制度の適用開始日」欄には、先に提出した「消費税簡易課税制度選択届出書（第24号様式）」
　　の効力が生じた日、すなわち、同届出書の「適用開始課税期間」欄の初日を記載します。

　⑸　「事業を廃止した場合の廃止した日」欄には、事業を廃止した場合のその廃止年月日を記載します。

　　　なお、個人事業者の方が事業を廃止した場合には、個人番号（12桁）を記載します。個人事業者の方が
　　この届出書の控えを保管する場合においては、その控えには個人番号を記載しないなど、個人番号の取扱
　　いには十分にご注意ください。

　⑹　「参考事項」欄には、その他参考となる事項等がある場合に記載します。

　⑺　記載内容等についてご不明な場合は、最寄りの税務署にお問い合わせください。

欠損事業年度における簡易課税制度

　欠損事業年度においては、課税仕入れ等に係る消費税額が課税売上げ等に係る消費税額を上回っている場合には、その課税期間が原則課税を選択している課税期間であれば、差額の消費税額等は還付されますが、簡易課税制度を選択している課税期間であれば、還付どころか、簡易課税の計算は課税売上高から仕入控除税額の計算を行いますので、その課税売上高に応じた消費税の負担が強いられます。欠損事業年度においては、簡易課税は原則課税に比べて不利な制度であるといえます。

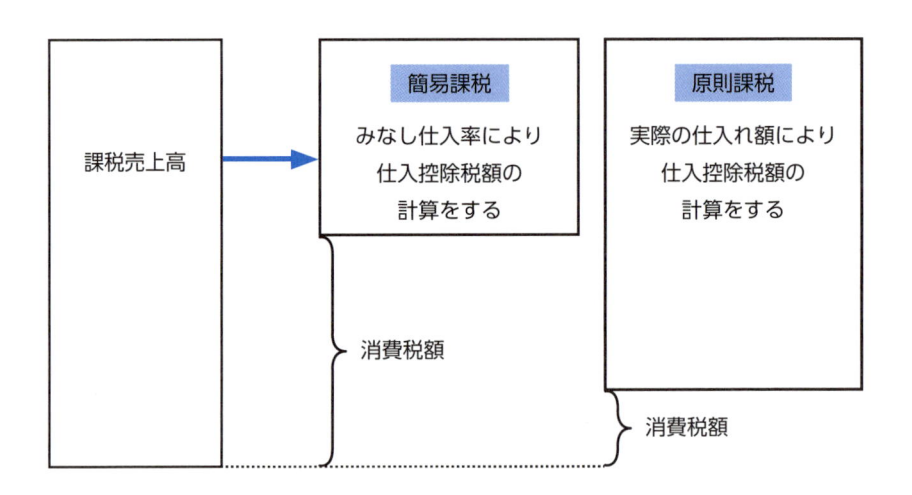

災害による欠損事業年度である場合

　欠損事業年度が災害によるものである場合には、被害資産が建物であるなど、その復旧により多額の修繕費や建築費などを支出することが想定されます。このような場合には、災害その他やむを得ない理由が生じたことにより被害を受けた事業者が、災害等の生じた日の属する課税期間等について、簡易課税制度の適用を受けることが必要となった場合又は簡易課税制度の適用を受けている事業者がその適用を受けることの必要がなくなった場合に、「災害等による消費税簡易課税制度選択（不適用）届出に係る特例承認申請書」を納税地を所轄する税務署長に提出してその承認を受けることができます。この承認を受けた課税期間については、災害が生じた課税期間の初日に遡って、簡易課税を選択又は取りやめをすることができます。

　なお、この申請書の提出期限は、災害その他やむを得ない理由のやんだ日から2か月以内とされています。ただし、災害等のやんだ日がその申請に係る課税期間の末日の翌日以後に到来する場合には、その課税期間に係る申告書の提出期限までとされます。

　復旧により修繕費などを支出するタイミングが翌期である場合には、当期中に「消費税簡易課税制度選択不適用届出書」を提出して、翌事業年度において原則課税に切り替えることもできますが、消費税簡易課税制度の適用を受けた日の属する課税期間の初日から2年を経過する日の属する課税期間の初日以後でなければ「消費税簡易課税制度選択不適用届出書」を提出することはできませんので、提出をすることができない期間において、簡易課税制度の取りやめをしたい場合には、「災害等による消費税簡易課税制度選択（不適用）届出に係る特例承認申請書」を提出することとなります。

災害等による消費税簡易課税制度選択（不適用）届出に係る特例承認申請書

災 害

収受印

2通提出			
※法人番号は、税務署提出用2通の内1通のみに記載してください。			

平成　年　月　日

申請者	納税地	（フリガナ） （〒　−　　） 　 （電話番号　　−　　−　　）
	氏名又は名称及び代表者氏名	（フリガナ） 　印
＿＿＿＿税務署殿	法人番号	※個人の方は個人番号の記載は不要です。

　下記のとおり、消費税法第37条の2第1項又は第6項に規定する災害等による届出に係る特例の承認を受けたいので申請します。

届出日の特例の承認を受けようとする届出書の種類	□　①　消費税簡易課税制度選択届出書 □　②　消費税簡易課税制度選択不適用届出書
選択被災課税期間又は不適用被災課税期間	自　平成＿＿年＿＿月＿＿日　至　平成＿＿年＿＿月＿＿日 （②の届出の場合は初日のみ記載します。）
上記課税期間の基準期間における課税売上高	＿＿＿＿＿＿＿＿＿＿円
イ　発生した災害その他やむを得ない理由	イ
ロ　被害の状況	ロ
ハ　被害を受けたことにより特例規定の適用を受けることが必要となった事情	ハ
ニ　災害等の生じた日及び災害等のやんだ日	ニ　（生じた日）　　　　　（やんだ日） 　平成　年　月　日　　平成　年　月　日
事　業　内　容　等	（①の届出の場合の営む事業の種類）	税理士署名押印	印 （電話番号　　−　　−　　）
参　考　事　項			

　※　上記の申請について、消費税法第37条の2第1項又は第6項の規定により、上記の届出書が特例規定の適用を受けようとする（受けることをやめようとする）課税期間の初日の前日（平成　年　月　日）に提出されたものとすることを承認します。

　＿＿＿＿＿第＿＿＿＿＿号

　平成　年　月　日　　　　　税務署長　　　　　　印

※税務署処理欄	整理番号		部門番号		みなし届出年月日	年　月　日
	申請年月日	年　月　日	入力処理	年　月　日	台帳整理	年　月　日
	通信日付印 年　月　日	確認印				

注意　1．この申請書は、2通提出してください。
　　　2．※印欄は、記載しないでください。

「災害等による消費税簡易課税制度選択（不適用）
届出に係る特例承認申請書」の記載要領等

1　提出すべき場合

　　この申請書は、災害その他やむを得ない理由が生じたことにより被害を受け、当該被害を受けたことにより、当該災害その他やむを得ない理由の生じた日の属する課税期間等について、消費税法第37条第1項の規定の適用を受けることが必要となった又は受けることの必要がなくなった場合に、消費税法第37条の2第1項又は第6項に規定する届出書の提出日の特例の承認を受けようとする事業者が提出するものです。

2　提出時期等

　　承認を受けようとする事業者は、この申請書を災害その他やむを得ない理由のやんだ日から2ヶ月以内（当該災害その他やむを得ない理由のやんだ日がその申請に係る消費税法第37条の2第1項又は第6項に規定する課税期間の末日の翌日以後に到来する場合には、当該課税期間等に係る消費税法第45条第1項の規定による申告書の提出期限まで）に、その納税地を所轄する税務署長に提出する必要があります。

　　税務署長の承認を受けた場合には、その適用（不適用）を受けようとする課税期間の初日の前日にその届出書を提出したものとみなされます。

　　(注)　1　個人事業者にあっては、上記かっこ書きのうち、「翌日」とあるのは、「翌日から1月を経過した日」となります。

　　　　　2　申告書の提出期限が、国税通則法第11条《災害等による期限の延長》の適用を受けて延長されたときは、この申請書の提出期限も同様に延長されます。

3　記載要領

⑴　「届出日の特例の承認を受けようとする届出書の種類」欄には、この申請書により届出日の特例承認を受けようとする届出書を記載します（該当する届出書の□にレを付します。）。

⑵　「選択被災課税期間又は不適用被災課税期間」には、この申請により届出日の特例承認を受けたとした場合に、上記⑴の届出書の効力が発生することとなる課税期間の初日及び末日を記載します。

　　なお、上記⑴の届出書の種類が「消費税簡易課税制度選択不適用届出書（第25号様式）」である場合には、初日のみ記載します。

⑶　「イ　災害その他やむを得ない理由」等の欄には、イ、ロ、ハ、ニの理由、状況等について記載します。

　　なお、当該欄に記載しきれない場合には、適宜な用紙に記載し、添付してください（以下同じ。）。

> （例）イ　○○地震
> 　　　ロ　工場建物の倒壊（○○市××町）
> 　　　ハ　倒壊した工場再建築のため簡易課税制度をとりやめたい

⑷　「事業内容等」欄には、営む事業の内容を具体的に記載します。

　　なお、上記⑴の届出書の種類が「消費税簡易課税制度選択届出書（第24号様式）」である場合には、簡易課税制度の第一種事業から第六種事業の6種類の事業区分のうち、該当する事業の種類を併せて記載します。

⑸　「参考事項」欄には、その他参考となる事項等を記載します。

⑹　記載内容等についてご不明の場合は、最寄りの税務署にお問い合わせください。

やむを得ない事情により課税事業者選択届出書等の提出が間に合わなかった場合

事業者が、その課税期間開始前に「消費税課税事業者選択届出書」、「消費税課税事業者選択不適用届出書」、「消費税簡易課税制度選択届出書」又は「消費税簡易課税制度選択不適用届出書」を提出することができなかったことについてやむを得ない事情があるため、これらの届出書の提出ができなかった場合には、所轄税務署長の承認を受けることにより、その課税期間前にこれらの届出書を提出したものとみなされます。

この承認を受けようとする事業者は、その選択をしようとし、又は選択をやめようとする課税期間の初日の年月日、課税期間の開始の日の前日までにこれらの届出書を提出できなかった事情などを記載した申請書を、やむを得ない事情がやんだ日から2か月以内に所轄税務署長に提出することとされています。

なお、この申請書と併せて、その特例を受けようとする届出書を一緒に提出する必要があります。

この場合の「やむを得ない事情」とは、次のような場合をいいますので、届出書の提出を忘れていた場合は「やむを得ない事情」に当たりませんので注意が必要です。

(1) 震災、風水害、雪害、凍害、落雷、雪崩、がけ崩れ、地滑り、火山の噴火等の天災又は火災その他人的災害で自己の責任によらないものに基因する災害が発生したことにより、届出書の提出ができない状態になったと認められる場合

(2) (1)の災害に準ずるような状況又は、その事業者の責めに帰することができない状態にあることにより、届出書の提出ができない状態になったと認められる場合

(3) 上記に準ずる事情がある場合で、税務署長がやむを得ないと認めた場合

第33号様式

消費税課税事業者選択（不適用）
届出に係る特例承認申請書

収受印

平成　年　月　日	申請者	（フリガナ） 納　税　地　（〒　　－　　） （電話番号　　－　　－　　）
		（フリガナ） 氏 名 又 は 名 称 及 び 代 表 者 氏 名　　　　　　　印
_____税務署長殿		個 人 番 号 又 は 法 人 番 号　↓ 個人番号の記載に当たっては、左端を空欄とし、ここから記載してください。

2通提出

※ 個人番号又は法人番号は、税務署提出用2通の内1通のみに記載してください。

　下記のとおり、消費税法施行令第20条の2第1項又は第2項に規定する届出に係る特例の承認を受けたいので申請します。

届出日の特例の承認を受けようとする届出書の種類	□　①　消費税課税事業者選択届出書 □　②　消費税課税事業者選択不適用届出書 【届出書提出年月日　：　平成　　年　　月　　日】
特例規定の適用を受けようとする（受けることをやめようとする）課税期間の初日及び末日	自　平成　　年　　月　　日　至　平成　　年　　月　　日 （②の届出の場合は初日のみ記載します。）
上記課税期間の基準期間における課税売上高	円
上記課税期間の初日の前日までに提出できなかった事情	

※　②の届出書を提出した場合であっても、特定期間（原則として、上記課税期間の前年の1月1日（法人の場合は前事業年度開始の日）から6か月間）の課税売上高が1千万円を超える場合には、上記課税期間の納税義務は免除されないこととなります。詳しくは、裏面をご覧ください。

事 業 内 容 等		税理士署名押印	印 （電話番号　　－　　－　　）
参 考 事 項			

※　上記の申請について、消費税法施行令第20条の2第1項又は第2項の規定により、上記の届出書が特例規定の適用を受けようとする（受けることをやめようとする）課税期間の初日の前日（平成　　年　　月　　日）に提出されたものとすることを承認します。

_____第_____号

平成　　年　　月　　日　　　　　税 務 署 長　　　　　印

※税務署処理欄	整理番号		部門番号		みなし届出年月日	年　月　日
	申請年月日	年　月　日	入力処理	年　月　日	台帳整理	年　月　日
	番号確認	身元確認　□ 済 □ 未済	確認書類	個人番号カード／通知カード・運転免許証 その他（　　　）		

注意　1．この申請書は、2通提出してください。
　　　2．※印欄は、記載しないでください。

「消費税課税事業者選択（不適用）届出に係る特例承認申請書」の記載要領等

1　提出すべき場合

　　この申請書は、やむを得ない事情により消費税法第9条第4項又は第5項の届出書をその適用（不適用）を受ける課税期間の初日の前日までに提出できなかった場合において、消費税法施行令第20条の2第1項又は第2項に規定する届出書の提出日の特例の承認を受けようとする事業者が提出するものです。

　(注)　この申請書を提出し消費税課税事業者選択をやめた場合であっても、「特例規定の適用を受けようとする（受けることをやめようとする）課税期間の初日及び末日」欄の課税期間の特定期間（※）における課税売上高（課税売上高に代えて給与等支払額の合計額によることもできます。）が1,000万円を超えたことにより、その課税期間における納税義務が免除されないこととなる場合は、「消費税課税事業者届出書（特定期間用）（第3-(2)号様式）」を提出します（法57①一）。

　　※　特定期間とは、個人事業者の場合はその年の前年の1月1日から6月30日までの期間、法人の場合は、原則として、その事業年度の前事業年度開始の日以後6か月の期間をいいます。ただし、新たに設立した法人で決算期変更を行った法人等は、その法人の設立日や決算期変更の時期がいつであるかにより特定期間が異なる場合があります。詳しくは、最寄りの税務署にお問い合わせください。

2　適用課税期間

　　税務署長の承認を受けた場合には、その適用（不適用）を受けようとする課税期間の初日の前日にその届出書を提出したものとみなされます。

3　記載要領

　(1)　「届出日の特例の承認を受けようとする届出書の種類」欄には、この申請書により届出日の特例承認を受けようとする届出書を記載します（該当する届出書の□にレを付します。）。

　(2)　「特例規定の適用を受けようとする（受けることをやめようとする）課税期間の初日及び末日」欄には、この申請により届出日の特例承認を受けたとした場合に、上記(1)の届出書の効力が発生することとなる課税期間の初日及び末日を記載します。

　　　なお、上記(1)の届出書の種類が「消費税課税事業者選択不適用届出書（第2号様式）」である場合には、初日のみ記載します。

　(3)　「上記課税期間の初日の前日までに提出できなかった事情」欄には、課税期間の初日の前日までに提出できなかった事情を具体的に記載します。

　　　なお、当該欄に記載しきれない場合には、適宜な用紙に記載し、添付してください（以下同じ。）。

　(4)　「事業内容等」欄には、営む事業の内容を具体的に記載します。

　(5)　「参考事項」欄には、その他参考となる事項等を記載します。

　(6)　記載内容等についてご不明な場合は、最寄りの税務署にお問い合わせください。

第34号様式

消費税簡易課税制度選択（不適用）
届出に係る特例承認申請書

※　法人番号は、税務署提出用2通の内1通のみに記載してください。

収受印	（フリガナ）	
平成　年　月　日	申請者 納税地	（〒　　－　　） （電話番号　　－　　－　　）
	（フリガナ） 氏名又は 名称及び 代表者氏名	印
＿＿＿＿税務署長殿	法人番号	※　個人の方は個人番号の記載は不要です。

下記のとおり、消費税法施行令第57条の2第1項又は第2項に規定する届出に係る特例の承認を受けたいので申請します。

届出日の特例の承認を受けようとする届出書の種類	□　①　消費税簡易課税制度選択届出書 □　②　消費税簡易課税制度選択不適用届出書 　　　　【届出書提出年月日　：平成＿＿年＿＿月＿＿日】
特例規定の適用を受けようとする（受けることをやめようとする）課税期間の初日及び末日	自　平成＿＿年＿＿月＿＿日　至　平成＿＿年＿＿月＿＿日 （②の届出の場合は初日のみ記載します。）
上記課税期間の基準期間における課税売上高	＿＿＿＿＿＿＿＿＿＿＿＿＿＿＿＿円
上記課税期間の初日の前日までに提出できなかった事情	
事業内容等	（①の届出の場合の営む事業の種類）　　　税理士 　　　　　　　　　　　　　　　　　　署名押印　　　　　　印
参考事項	（電話番号　　－　　－　　）

※　上記の申請について、消費税法施行令第57条の2第1項又は第2項の規定により、上記の届出書が特例規定の適用を受けようとする（受けることをやめようとする）課税期間の初日の前日（平成　年　月　日）に提出されたものとすることを承認します。

＿＿＿＿第＿＿＿＿号
平成　年　月　日　　　　　　　税務署長　　　　印

※ 税務署処理欄	整理番号		部門番号		みなし届出年月日	年　月　日	番号確認	
	申請年月日	年　月　日	入力処理	年　月　日	台帳整理	年　月　日		

注意　1．この申請書は、2通提出してください。
　　　2．※印欄は、記載しないでください。

「消費税簡易課税制度選択（不適用）届出
に係る特例承認申請書」の記載要領等

1　提出すべき場合
　　この申請書は、やむを得ない事情により消費税法第37条第1項又は第5項の届出書をその適用（不適用）を受ける課税期間の初日の前日までに提出できなかった場合において、消費税法施行令第57条の2第1項又は第2項に規定する届出書の提出日の特例の承認を受けようとする事業者が提出するものです。

2　適用課税期間
　　税務署長の承認を受けた場合には、その適用（不適用）を受けようとする課税期間の初日の前日にその届出書を提出したものとみなされます。

3　記載要領
　(1)　「届出日の特例の承認を受けようとする届出書の種類」欄には、この申請書により届出日の特例承認を受けようとする届出書を記載します（該当する届出書の□にレを付します。）。
　(2)　「特例規定の適用を受けようとする（受けることをやめようとする）課税期間の初日及び末日」欄には、この申請により届出日の特例承認を受けたとした場合に、上記(1)の届出書の効力が発生することとなる課税期間の初日及び末日を記載します。
　　　なお、上記(1)の届出書の種類が「消費税簡易課税制度選択不適用届出書（第25号様式）」である場合には、初日のみ記載します。
　(3)　「上記課税期間の初日の前日までに提出できなかった事情」欄には、課税期間の初日の前日までに提出できなかった事情を具体的に記載します。
　　　なお、当該欄に記載しきれない場合には、適宜な用紙に記載し、添付してください（以下同じ。）。
　(4)　「事業内容等」欄には、営む事業の内容を具体的に記載します。
　　　なお、上記(1)の届出書の種類が「消費税簡易課税制度選択届出書（第24号様式）」である場合には、簡易課税制度の第一種事業から第六種事業の6種類の事業区分のうち、該当する事業の種類を併せて記載します。
　(5)　「参考事項」欄には、その他参考となる事項等を記載します。
　(6)　記載内容等についてご不明な場合は、最寄りの税務署にお問い合わせください。

第3章

その他、
申請書、届出書などの
プラスαはコレだ!

青色申告書の承認の申請

青色申告書の承認の申請は、青色申告によって申告書を提出しようとする事業年度開始の日の前日までに「青色申告の承認の申請書」を納税地の所轄税務署長に提出します。

ただし、その事業年度が次に該当する場合は、それぞれの日が申請書の提出期限となります。

①法人の設立の日の属する事業年度の場合

設立の日以後3か月を経過した日とその事業年度終了の日とのうちいずれか早い日の前日まで

②法人の設立の日から上記①に掲げる事業年度終了の日までの期間が3か月に満たない場合におけるその事業年度の翌事業年度の場合

その設立の日以後3か月を経過した日とその翌事業年度終了の日とのうちいずれか早い日の前日まで

【通常の場合】

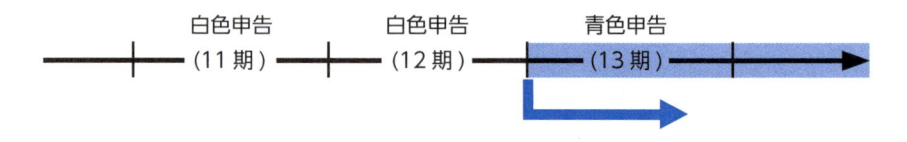

（13期）事業年度から青色申告によって申告書を提出しようとする場合には、（13期）事業年度開始の日の前日までに「青色申告の承認の申請書」を納税地の所轄税務署長に提出します。つまり、（12期）事業年度中に申請書を提出することになります。

【①法人の設立の日の属する事業年度の場合】

設立事業年度から青色申告によって申告書を提出しようとする場合には、「設立の日以後３か月を経過した日」と「その事業年度終了の日」とのうちいずれか早い日の「前日」までが申請書の提出期限となります。

例えば、事業年度終了の日が5/31である場合に、前年11/１が設立の日である場合には、11/１から３か月を経過した日は2/１となりますので、申請書の提出期限はその前日である1/31までとなります。

また、設立の日が3/１である場合には、３か月を経過した日は6/１ですので、その事業年度終了の日である5/31のほうが早い日となりますので、その前日である5/30が申請書の提出期限となります。

【②法人の設立の日から上記①に掲げる事業年度終了の日までの期間が３か月に満たない場合におけるその事業年度の翌事業年度の場合】

設立事業年度の翌事業年度から青色申告によって申告書を提出しようとする場合には、原則として（２期）事業年度開始の日の前日までに申請書を提出する必要がありますが、設立事業年度である（１期）事業年度が３か月に満たない場合には、その設立の日以後３か月を経過した日とその翌事業年度である（２期）事業年度終了の日とのうちいずれか早い日の前日までが申請書の提出期限となります。当社が１年決算法人である場合には、通常（２期）事業年度終了の日は設立の日以後３か月を経過した日よりも後になりますが、仮に２か月決算法人などである場合には（２期）事業年度修了の日は設立の日以後３か月を経過した日よりも早い日となることが想定されます。

青色申告の承認申請書

※整理番号

	納　税　地	〒 電話（　　）　　－
平成　年　月　日	（ フ リ ガ ナ ）	
	法 人 名 等	
	法 人 番 号	
	（ フ リ ガ ナ ）	
	代 表 者 氏 名	㊞
	代 表 者 住 所	〒
	事 業 種 目	業
税 務 署 長 殿	資 本 金 又 は 出 資 金 額	円

自平成　　年　　月　　日
　　　　　　　　　　　事業年度から法人税の申告書を青色申告によって提出したいので申請します。
至平成　　年　　月　　日

記

1　次に該当するときには、それぞれ□にレ印を付すとともに該当の年月日等を記載してください。
　　□　青色申告書の提出の承認を取り消され、又は青色申告書による申告書の提出をやめる旨の届出書を提出した後に
　　　再び青色申告書の提出の承認を申請する場合には、その取消しの通知を受けた日又は取りやめの届出書を提出した
　　　日　　　　　　　　　　　　　　　　　　　　　　　　　　　　　　　　　　　　　　　平成　　年　　月　　日

　　□　この申請後、青色申告書を最初に提出しようとする事業年度が設立第一期等に該当する場合には、内国法人であ
　　　る普通法人若しくは協同組合等にあってはその設立の日、内国法人である公益法人等若しくは人格のない社団等に
　　　あっては新たに収益事業を開始した日又は公益法人等（収益事業を行っていないものに限ります。）に該当してい
　　　た普通法人若しくは協同組合等にあっては当該普通法人若しくは協同組合等に該当することとなった日
　　平成　　年　　月　　日

　　□　法人税法第4条の5第1項（連結納税の承認の取消し）の規定により連結納税の承認を取り消された後に青色申
　　　告書の提出の承認を申請する場合には、その取り消された日　　　　　　　　　　　　平成　　年　　月　　日

　　□　法人税法第4条の5第2項各号の規定により連結納税の承認を取り消された場合には、第4条の5第2項各号の
　　　うち、取消しの起因となった事実に該当する号及びその事実が生じた日　　第4条の5第2項第　　号
　　平成　　年　　月　　日

　　□　連結納税の取りやめの承認を受けた日を含む連結親法人事業年度の翌事業年度に青色申告書の提出をしようとす
　　　る場合には、その承認を受けた日　　　　　　　　　　　　　　　　　　　　　　　　平成　　年　　月　　日

2　参考事項
　(1)　帳簿組織の状況

伝 票 又 は 帳 簿 名	左 の 帳 簿 の 形 態	記 帳 の 時 期	伝 票 又 は 帳 簿 名	左 の 帳 簿 の 形 態	記 帳 の 時 期

　(2)　特別な記帳方法の採用の有無
　　　イ　伝票会計採用
　　　ロ　電子計算機利用

　(3)　税理士が関与している場合におけるその関与度合

税 理 士 署 名 押 印								㊞

※税務署 処理欄	部 門	決算 期	業種 番号	番 号	入 力	備 考	通信 日付印	年　月　日	確認 印

（規格Ａ４）

27.06 改正

青色申告の承認申請書の記載要領等

1 この申請書は、法人税法第2条第16号に規定する連結申告法人以外の法人が各事業年度における法人税の確定申告書及び中間申告書を青色申告書によって提出することの承認を受けようとする場合に使用してください。

2 この申請書は、青色申告書によって申告書を提出しようとする事業年度開始の日の前日までに、納税地の所轄税務署長に1通（調査課所管法人にあっては2通）提出してください。

なお、その事業年度が次の事業年度に該当するときは、次に掲げる日までに提出してください。

(1) 普通法人又は協同組合等の設立の日の属する事業年度…設立の日以後3月を経過した日と当該事業年度終了の日とのうちいずれか早い日の前日

(2) 公益法人等又は人格のない社団等の新たに収益事業を開始した日の属する事業年度…開始した日以後3月を経過した日と当該事業年度終了の日とのうちいずれか早い日の前日

(3) 公益法人等（収益事業を行っていないものに限ります。）に該当していた普通法人又は協同組合等が当該普通法人又は協同組合等に該当することとなった日の属する事業年度…同日以後3月を経過した日と当該事業年度終了の日とのうちいずれか早い日の前日

(4) 普通法人若しくは協同組合等の設立の日、公益法人等若しくは人格のない社団等の新たに収益事業を開始した日又は公益法人等（収益事業を行っていないものに限ります。）に該当していた普通法人若しくは協同組合等が当該普通法人若しくは協同組合等に該当することとなった日（以下「設立等の日」といいます。）から上記(1)から(3)に掲げる事業年度終了の日までの期間が3月に満たない場合における当該事業年度の翌事業年度…当該設立等の日以後3月を経過した日と当該翌事業年度終了の日とのうちいずれか早い日の前日

(注) 外国法人については、法人税法第146条の規定によって提出してください。

(5) 内国法人が、法人税法第4条の5第2項第4号又は第5号（連結納税の承認の取消し）の規定により第4条の2（連結納税義務者）の承認を取り消された場合におけるその取り消された日の前日の属する事業年度…当該事業年度終了の日の翌日から2月を経過する日（平成22年10月1日以後に解散した法人の残余財産の確定の日の属する事業年度にあっては、当該事業年度終了の日の翌日から1月を経過する日（当該翌日から1月以内に残余財産の最後の分配又は引渡しが行われる場合には、その行われる日の前日））の前日

(6) 内国法人が法人税法第4条の5第2項各号の規定により第4条の2の承認を取り消された場合におけるその取り消された日（以下「取消日」といいます。）の属する事業年度…当該取消日以後3月を経過した日と当該事業年度終了の日の翌日から2月を経過する日（平成22年10月1日以後に解散した法人の残余財産の確定の日の属する事業年度にあっては、当該事業年度終了の日の翌日から1月を経過する日（当該翌日から1月以内に残余財産の最後の分配又は引渡しが行われる場合には、その行われる日の前日））とのうちいずれか早い日の前日

(7) 内国法人が法人税法第4条の5第2項各号の規定により第4条の2の承認を取り消された場合におけるその取消日の属する事業年度開始の日からその終了の日までの期間が3月に満たない場合における当該事業年度後の各事業年度…当該取消日以後3月を経過した日と当該各事業年度終了の日の翌日から2月を経過する日（平成22年10月1日以後に解散した法人の残余財産の確定の日の属する事業年度にあっては、当該事業年度終了の日の翌日から1月以内に残余財産の最後の分配又は引渡しが行われる場合には、その行われる日の前日））とのうちいずれか早い日の前日

(8) 法人税法第4条の5第3項の規定を受けて第4条の2の適用を受けることをやめることとなった内国法人の当該承認を受けた日の属する連結親法人事業年度の翌事業年度…当該翌事業年度開始の日以後3月を経過した日と当該翌事業年度終了の日とのうちいずれか早い日の前日

3 「参考事項」欄は、次により記載してください。

(1) 「帳簿組織の状況」欄には、貴法人の伝票から総勘定元帳までの帳簿書類等の種類、形態及び記帳の時期を記載します。なお、「左の帳簿の形態」欄には、例えば、「3枚複写伝票」、「大学ノート」、「ルーズリーフ」、「装丁帳簿」のように記載し、「記帳の時期」欄には、例えば、「毎日」、「1週間ごと」、「10日ごと」のように記載します。

(2) 「特別な記帳方法の採用の有無」欄は、貴法人がイ又はロのいずれかに該当する場合には、該当項目を○で囲んで表示してください。

(3) 「税理士が関与している場合におけるその関与度合」欄は、その関与度合を例えば、「総勘定元帳の記帳から一切の事務」、「伝票整理から一切の事務」のように具体的に記載してください。

(4) 「税理士署名押印」欄は、この申請書を税理士及び税理士法人が作成した場合に、その税理士等が署名押印してください。

(5) 「※」欄は、記載しないでください。

4 留意事項

(1) 連結納税の承認申請中の青色申告の承認申請
連結納税の承認申請中において提出された、連結事業年度を対象とした青色申告の承認申請書は、連結納税が承認された場合、無効なものとなります。
このため、連結グループから離脱した際に、青色申告の承認を受けようとする場合は、法律の定める日までに改めて申請書を提出する必要があることにご注意ください。

(2) 法人課税信託の名称の併記
法人税法第2条第29号の2に規定する法人課税信託の受託者がその法人課税信託について、国税に関する法律に基づき税務署長等に申請書等を提出する場合には、申請書等の「法人名等」の欄には、受託者の法人名又は氏名のほか、法人課税信託の名称を併せて記載してください。

(3) 「法人番号」欄の記載
「法人番号」欄には、法人番号（13桁）を記載してください。
なお、提出日時点において、法人番号の指定を受けていない場合は、記載不要です。

2 将来に備えた選択・減価償却の方法

償却方法の選択

　減価償却資産の償却方法は、資産の種類ごとにその選定できる償却方法が定められています。2つ以上の償却方法が選択できる資産については、事業所ごとに、かつ、その資産の種類ごとに統一して同じ償却方法が選定できます。同種の資産について、Aは定額法を選択し、Bは定率法を選択するようなことはできません。

　初めての種類の減価償却資産を取得した場合には、選択した償却方法を記載した「減価償却資産の償却方法の届出書」を納税地の所轄税務署長に届け出ます。

償却方法の選定をしなかった場合

　償却方法の選定をしなかった場合には、予め資産の種類ごとに法律で定められた償却方法を選定して計算したものとされます。法律で定められた償却方法を法定償却方法といいます。

届出の期限

　「減価償却資産の償却方法の届出書」は、新設法人であれば設立の日の属する事業年度に係る確定申告書の提出期限までに、償却方法を選定した資産以外の資産を新たに取得した場合には、その資産を取得した日の属する事業年度に係る確定申告書の提出期限まで（仮決算をした場合の中間申告書を提出するときは、その中間申告書の提出期限まで）に届け出ます。

減価償却資産の償却方法の届出書

減価償却資産の償却方法の届出書

※整理番号	
※連結グループ整理番号	

税務署受付印

平成　年　月　日	提出法人 □□ 単体 連結 法人 親法人	納　税　地	〒　　電話(　)　－
		(フリガナ) 法 人 名 等	
		法 人 番 号	
		(フリガナ) 代 表 者 氏 名	㊞
		代 表 者 住 所	〒
税務署長殿		事 業 種 目	業

連結子法人（届出の対象が連結子法人である場合に限り記載）

	(フリガナ)			※税務署処理欄	整 理 番 号	
	法 人 名 等				部 門	
	本店又は主たる 事務所の所在地	〒　　　　　(　局　署) 電話(　)　－			決 算 期	
	(フリガナ) 代 表 者 氏 名				業 種 番 号	
	代 表 者 住 所	〒			整 理 簿	
	事 業 種 目		業		回 付 先	□ 親署 ⇒ 子署 □ 子署 ⇒ 調査課

減価償却資産の償却方法を下記のとおり届け出ます。

記

資産、設備の種類	償 却 方 法	資産、設備の種類	償 却 方 法
建 物 附 属 設 備			
構 築 物			
船 舶			
航 空 機			
車 両 及 び 運 搬 具			
工 具			
器 具 及 び 備 品			
機 械 及 び 装 置			
(　　　) 設備			
(　　　) 設備			

参考事項	1　新設法人等の場合には、設立等年月日 2　その他	平成　年　月　日

税 理 士 署 名 押 印	㊞

※税務署 処理欄	部 門	決 算 期	業種 番号	番 号	整理 簿	備 考	通信 日付印	年 月 日	確認 印

（規格A4）

28.06 改正

減価償却資産の償却方法の届出書の記載要領等

1 　この届出書は、単体法人（連結申告法人を除く法人をいいます。）又は連結親法人が、減価償却資産の償却方法を選定して届け出る場合に使用するもので、次の区分に応じそれぞれの提出期限までに提出してください。

区　　　　　　　　分	提　　出　　期　　限
普通法人を設立した場合	設立第1期の確定申告書の提出期限（法人税法第72条に規定する仮決算をした場合の中間申告書を提出するときは、その中間申告書の提出期限）
公益法人等及び人格のない社団等が新たに収益事業を開始した場合	新たに収益事業を開始した日の属する事業年度の確定申告書の提出期限
設立後（又は収益事業開始後）既に償却方法を選定している減価償却資産以外の減価償却資産を取得した場合	その減価償却資産を取得した日の属する事業年度の確定申告書の提出期限（法人税法第72条又は第144条の4に規定する仮決算をした場合の中間申告書を提出するときはその中間申告書の提出期限）
新たに事業所を設けた法人で、その事業所に属する減価償却資産につき、その減価償却資産と同一区分の減価償却資産について既に採用している償却方法と異なる償却方法を選定しようとする場合又は既に事業所ごとに異なった償却方法を採用している場合	新たに事業所を設けた日の属する事業年度の確定申告書の提出期限（法人税法第72条又は第144条の4に規定する仮決算をした場合の中間申告書を提出するときはその中間申告書の提出期限）
新たに船舶の取得をした法人で、その船舶につき、その船舶以外の船舶について既に採用している償却方法と異なる償却方法を選定しようとする場合又は既に船舶ごとに異なった償却方法を採用している場合	新たに船舶の取得をした日の属する事業年度の確定申告書の提出期限（法人税法第72条又は第144条の4に規定する仮決算をした場合の中間申告書を提出するときはその中間申告書の提出期限）

　(注)　連結親法人については、法人税法施行令第155条の6の規定によって提出してください。また、外国法人については、法人税法施行令第184条第5項又は平成26年改正前の法人税法施行令第188条第8項の規定によって提出してください。

2 　この届出書は、納税地の所轄税務署長に1通（調査課所管法人にあっては2通）提出してください。
　　この場合、事業所別に償却方法を選定して届け出るときには、事業所別に届出書を別葉に作成して提出してください。
　　なお、鉱業権（試掘権を除きます。）及び坑道については、この届出書のほかに減価償却資産の耐用年数等に関する省令（以下「耐用年数省令」といいます。）第1条第2項に定める鉱業権及び坑道の耐用年数の認定申請書を提出することが必要ですからご注意ください。

3 　減価償却資産の償却方法の選定は、一般減価償却資産、鉱業用減価償却資産及び鉱業権の別に、かつ、耐用年数省令に定める区分ごとに、また、2以上の事業所又は船舶を有する法人は事業所ごと又は船舶ごとに行うことができることとなっていますから、その区別ごとに償却方法を定めて明確に記入してください。
　(注)1　平成28年4月1日以後に取得した建物附属設備及び構築物並びに平成19年4月1日以後に取得した建物、法人税法施行令第13条第8号に掲げる無形固定資産及び同条第9号に掲げる生物の償却方法は、鉱業用減価償却資産、鉱業権及びリース資産に該当するものを除き、定額法によることとされていますので、償却方法の届出を要しません。
　　　2　鉱業用減価償却資産とは、鉱業経営上直接必要な減価償却資産で、鉱業の廃止により著しくその価値を減ずるものをいいます。

4 　各欄は、次により記入してください。
　(1)　「提出法人」欄には、該当する□にレ印を付すとともに、当該提出法人の「納税地」、「法人名等」、「法人番号」、「代表者氏名」、「代表者住所」及び「事業種目」を記載してください。
　(2)　「連結子法人」欄には、当該子法人の「法人名等」、「本店又は主たる事務所の所在地」、「代表者氏名」、「代表者住所」及び「事業種目」を記載してください。
　(3)　「資産、設備の種類」欄には、次の区分ごとに所有する減価償却資産の種類を記入してください。
　　　この場合、機械及び装置については、耐用年数省令別表第二の番号を（　）内に記載してください。
　　　また、鉱業用減価償却資産を有する場合には、一般の減価償却資産と区別して鉱業用資産と明示するとともに、平成28年4月1日以後に取得したものと同日前に取得したもので区別してください。
　　イ　機械及び装置以外の減価償却資産については、減価償却資産の耐用年数省令別表第一に規定する種類（この欄に既に印刷されている7つの種類）ごと。
　　ロ　機械及び装置については、耐用年数省令別表第二に規定する設備の種類ごと。
　　ハ　公害防止の用に供されている減価償却資産については、耐用年数省令別表第五に規定する種類ごと。
　　ニ　開発研究の用に供されている減価償却資産については、耐用年数省令別表第六に規定する種類ごと。
　　ホ　坑道及び鉱業権（試掘権を除きます。）については、当該坑道及び鉱業権に係る耐用年数省令別表第二に規定する設備の種類ごと。
　　ヘ　試掘権については、当該試掘権に係る耐用年数省令別表第二に規定する設備の種類ごと。
　(4)　「償却方法」欄には、「資産、設備の種類」に記載した区分に応じて、採用しようとする旧定額法、旧定率法若しくは旧生産高比例法又は定額法、定率法若しくは生産高比例法の別を記入してください。
　(5)　「税理士署名押印」欄は、この届出書を税理士及び税理士法人が作成した場合に、その税理士等が署名押印してください。
　(6)　「※」欄は、記載しないでください。

5 　留意事項
　(1)　法人課税信託の名称の併記
　　　法人税法第2条第29号の2に規定する法人課税信託の受託者がその法人課税信託について、国税に関する法律に基づき税務署長等に申請書等を提出する場合には、申請書等の「法人名等」の欄には、受託者の法人名又は氏名のほか、その法人課税信託の名称を併せて記載してください。
　(2)　「法人番号」欄の記載
　　　「法人番号」欄には、法人番号（13桁）を記載してください。
　　　なお、提出日時点において、法人番号の指定を受けていない場合は、記載不要です。

会社の方向性に適合した償却方法を選択する

償却方法が選択できる資産を取得した場合には、その時点だけでなく、会社の将来性も考えて、どのような償却方法を選択しておくのが当社にとってベストであるのかを検討して、当社の方向性に適した償却方法を選択しておくことが必要です。

減価償却費は売上に対応する費用

そもそも減価償却資産は、会社の売上に貢献するために必要であることを前提として支出された経費ですので、その支出額はそのすべてが経費となる費用です。しかし、棚卸資産のように、購入してそれを売却したというように、その売上高に直接関係するような経費ではなく、売上高との関係は、間接的に関わっていく部類の経費となります。

減価償却資産は、一定の期間に渡って使用し、その期間にわたって売上高に貢献していきますので、その資産の使用可能期間の全期間にわたって分割して費用としていくべきものとなります。

会社の売上高やその業績については、安定して右肩上がりになる場合のみとは限りませんので、法人税では売上高が予定していたよりも少ない場合であったり、その減価償却資産の稼働が当初予定していた計画通りではなかったことなどによって、そこで使用している減価償却資産の支出額のうち、法律で定めた計算通りの償却額ではその実態に合わない場合があります。

例えば、製造業における機械装置であれば、1年間で使用した機械装置の減価償却費の計算は、定額法で計算しても、定率法で計算しても、算出される1年間の減価償却費の金額はそれぞれの償却方法での計算による金額の違いこそはありますが、それぞれ1年間のコストとして算出される金額は決まった計算によって算出した決まった金額となります。つまり、その減価償却費の金額が仮に1,000,000円であったとして、その期間における生産量がフル稼働をして、年間10,000個を生産したものとした場合には、その製品の1個あたりの減価償却費として計上される原価は100円（＝1,000,000円÷10,000個）

となります。しかし、当期の業績が芳しくなく、その生産量が仮に結果的に1,000個であった場合には、その製品の1個あたりの減価償却費として計上される原価は1,000円（＝1,000,000円÷1,000個）になってしまいます。

　この機械装置について、仮に10年間の耐用年数にわたって100,000個の製品を生産する能力があるものである場合には、当期に1,000個しか作れなかった場合でも残りの9,000個については、10年目以降の後の事業年度において生産されることが想定されます。そのような場合であっても、同じ金額である1,000,000円という減価償却費を計上してしまうと、製品の原価が安定しないことになってしまいますので、法人税では任意償却という仕組みによって償却限度額の範囲内で自由に償却額を調整することができるシステムとなっています。

　つまり、業績が芳しくなく、生産量が1,000個だった事業年度においては、会社上の償却費を1,000,000円ではなく、そのうちの100,000円だけを計上することが認められるわけです。

減価償却方法の性質を知る

　法人税法で定められている償却方法は主に次のものがあります。

> ・旧定額法・定額法
> ・旧定率法・定率法
> ・旧生産高比例法・生産高比例法

　また、会計では上記の他に次のような償却方法がありますが、予め上記の選択肢にない特別な償却方法を選択して償却したい場合には、その方法で償却することについて、「特別な償却方法の承認申請書」を納税地の所轄税務署長に提出してその承認を受けなければなりません。

> ・取替法
> ・級数法
> ・運航距離比例法

特別な償却方法の承認申請書

	※整理番号	
	※親ルーブ整理番号	

平成　年　月　日

税務署長殿

			提出法人			
	□□		納　税　地	〒 電話(　　)　　－		
	単体法人 連結親法人		(フリガナ)			
			法　人　名　等			
			法　人　番　号			
			(フリガナ)			
			代表者氏名			印
			代表者住所	〒		
			この申請に応答する係及び氏名	電話(　　)　　－		
			事　業　種　目			業

連結子法人 (申請の対象が連結子法人である場合に限り記載)

(フリガナ)		※税務署処理欄	整理番号	
法　人　名　等			部　門	
本店又は主たる事務所の所在地	〒 (　　局　署) 電話(　　)　　－		決算期	
(フリガナ)			業種番号	
代表者氏名			整理簿	
代表者住所	〒		回付先	□ 親署 ⇒ 子署 □ 子署 ⇒ 調査課
事　業　種　目	業			

次の資産の減価償却については、特別な償却方法によりたいので申請します。

承認を受けようとする特別な償却方法等

種　　　　　　　類	1	
構　造　又　は　用　途	2	
細　　　　　　　目	3	
耐　用　年　数	4	
取　得　価　額	5	
帳　簿　価　額	6	
所　在　す　る　場　所	7	

承認を受けようとする特別な償却方法

特別な償却方法を採用しようとする理由

期中取得資産の償却方法	第　1　号	第　2　号

(規格A4)

税　理　士　署　名　押　印		印

※税務署処理欄	部門	決算期	業種番号	番号	整理簿	備考

27.06改正

特別な償却方法の承認申請書の記載要領等

1 この申請書は、単体法人（連結申告法人を除く法人をいいます。）又は連結親法人が、減価償
却資産の減価償却を旧定額法、旧定率法、旧生産高比例法、定額法、定率法又は生産高比例法
以外の特別な償却方法により行おうとする場合に使用してください。（法人税法施行令第 48 条
の 4 ・第 155 条の 6 ）
　（注）取替法又は特別な償却率により償却を行っている減価償却資産についてはこの申請の対
　　　　象となりません。
2 　この申請書は、納税地の所轄税務署長に 2 通提出してください。
3 　申請書の各欄は、次により記載してください。
　(1)　「提出法人」欄には、該当する□にレ印を付すとともに、当該提出法人の「納税地」、「法
　　　人名等」、「法人番号」、「代表者氏名」、「代表者住所」及び「事業種目」を記載してください。
　(2)　「連結子法人」欄には、当該子法人の「法人名等」、「本店又は主たる事務所の所在地」、「代
　　　表者氏名」、「代表者住所」及び「事業種目」を記載してください。
　(3)　「種類 1 」欄には、特別な償却方法により減価償却を行おうとする資産について、法人税
　　　法施行規則第 14 条に掲げる償却の方法の選定の単位ごとにその種類（設備の種類を含みま
　　　す。)を記載してください。
　(4)　特別な償却方法は、前記の「種類」につき構造、用途又は細目の区分が定められているも
　　　のについては、その構造、用途又は細目の区分ごとに、かつ、耐用年数の異なるものについ
　　　てはその異なるものごとに選定できることに取り扱われていますので、この取扱いによる場
　　　合は、「構造又は用途 2 」、「細目 3 」及び「耐用年数 4 」の各欄に減価償却資産の耐用年数等
　　　に関する省令に定める構造、用途、細目及び耐用年数を記載してください。
　(5)　「承認を受けようとする特別な償却方法」欄には、その採用しようとする特別な償却方法
　　　を算式等により明細に記載してください。
　　　　なお、記載しきれない場合には、別紙に記載して添付してください。
　(6)　「特別な償却方法を採用しようとする理由」欄には、特別な償却方法を採用しようとする
　　　理由を詳細に記載してください。
　　　　なお、記載しきれない場合には、別紙に記載して添付してください。
　(7)　「期中取得資産の償却方法」欄には、その採用しようとする特別な償却の方法が法人税法
　　　施行令第 59 条第 1 項第 1 号又は第 2 号（事業年度の中途で事業の用に供した減価償却資産の
　　　償却限度額の特例）に掲げる償却限度額の特例のいずれに類するかにより該当する文字を○
　　　で囲んでください。
　　　　(注)　承認を受けようとする特別な償却の方法が旧定額法、旧定率法、定額法、定率法又は
　　　　　　　取替法に類する場合……………………………………………………………… 第 1 号
　　　　　　　承認を受けようとする特別な償却の方法が旧生産高比例法又は生産高比例法に類す
　　　　　　　る場合………………………………………………………………………………… 第 2 号
　(8)　「税理士署名押印」欄は、この申請書を税理士及び税理士法人が作成した場合に、その税
　　　理士等が署名押印してください。
　(9)　「※」欄は、記載しないでください。
　4 　留意事項
　　○　法人課税信託の名称の併記
　　　　法人税法第 2 条第 29 号の 2 に規定する法人課税信託の受託者がその法人課税信託について、
　　　国税に関する法律に基づき税務署長等に申請書等を提出する場合には、申請書等の「法人名等」
　　　の欄には、受託者の法人名又は氏名のほか、その法人課税信託の名称を併せて記載してくださ
　　　い。

主な償却方法の性質

◆定額法

　原始取得価額を基礎にして、その金額に毎期その資産の耐用年数に応じた定額法の償却率である一定率を乗じて減価償却費を算出する方法です。旧定額法では残存価額を控除した残額に定額法の償却率を乗じて算出していました。定額法の償却額は、毎期一定額が減価償却費として算出されるという特徴があります。

　旧定額法による計算では、定められた耐用年数の期間において、資産ごとに定められた残存価額に達するまでの償却計算が認められていましたが、平成 19 年度税制改正後に取得をした資産については、予定通りの償却をした場合には、耐用年数の期間の終了時点において、残存簿価が 1 円に達するまでの償却計算ができるようになりました。

　旧定額法による残存価額は、各資産ごとの取得価額に次の割合を乗じて算出したものとなります。

有形減価償却資産			10%
無形減価償却資産			0%
生物	牛※	繁殖用の乳用牛及び種付用の役肉用牛	20%
		種付用の乳用牛	10%
		その他用	50%
	馬※	繁殖用及び競争用	20%
		種付用	10%
		その他用	30%
	豚		30%
	綿羊及びやぎ		5%
	果樹その他の植物		5%

※牛馬は、上記割合で計算した金額と 10 万円とのいずれか少ない金額

◆定率法

　最初の年度は原始取得価額に定率法の償却率を乗じてその事業年度分の減価償却費を算出します。翌事業年度においては、最初の事業年度で費用に計

上した減価償却費を原始取得価額から控除した残存簿価（期首帳簿価額）に対して、同じ定率法の償却率を乗じて償却費を算出します。その更に翌事業年度においても、前期の期首帳簿価額から前期において損金の額に算入した減価償却費を控除した残額が前期の期末帳簿価額となり、その金額が翌期の期首帳簿価額となります。そしてその金額を基礎にして前年に使用した定率法の償却率を乗じてその事業年度分の減価償却費を算出します。

　定率法の計算は、最初の事業年度においては、定額法に比べて多くの償却費の計上ができますが、毎期の減価償却費は年々逓減して減少する仕組みになっています。これは、機械装置などの資産の性質に適合するように想定された償却方法で、新品で取得した当初は、通常は故障もなく過度のメンテナンスも必要なく稼働することが想定できますが、年をおうごとにメンテナンス費用がかさむようになります。そのようなメンテナンス費用を減価償却費と合算することによって、その機械装置にかかるコストが毎期定額となるようにイメージされた償却方法となります。

　旧定率法では、耐用年数が経過する年度にちょうど残存価額が原始取得価額の 10％となるように調整された償却率となっていましたが、平成 19 年度税制改正後の定率法の計算では、最後の年度において残存価額が残らないように償却計算をするようになりましたので、全面的に償却率の改訂が行われました。新しい定率法では、平成 19 年 4 月 1 日から平成 24 年 3 月 31 日までに取得した資産については、250％定率法の償却率を使用し、平成 24 年 4 月 1 日以後に取得した資産については、200％定率法の償却率を使用して償却費の計算をします。なお、上記の計算による償却限度額が償却保証額よりも少なくなった事業年度以降は、残存簿価が 1 円に達するまで、改定償却率を用いて毎期一定額が減価償却費となるように計算される仕組みとなっています。

◆生産高比例法

　生産高比例法は、鉱業用の減価償却資産に適合する償却方法となります。鉱山などの採掘にあたって使用する機械装置や鉱業権などの無形減価償却資産については、通常その鉱山で採掘される採掘物の予定数量が予測されていることから、機械装置などの取得価額は、定額法や定率法などのように、期

間に応じて償却計算をする方法よりも、その予定されている採掘数量にあわせて当期分の実際の採掘数量に応じた減価償却費を算出するほうが合理的であることが考えられます。

平成19年度税制改正前に取得した有形の鉱業用減価償却資産については、旧定額法及び旧定率法に加えて旧生産高比例法を選択することができましたが、その計算は、残存価額に達するまでの償却計算が認められていました。平成19年度改正後に取得した資産については、旧生産高比例法に替わって、生産高比例法となり、残存簿価が1円（鉱業権は0円）に達するまでの償却が認められるようになりました。

償却方法と法定償却方法

減価償却資産の償却方法については、税制改正の影響により、その資産の取得時期により、選択できる償却方法が違いますので注意が必要です。

◆平成10年3月31日以前に取得した資産

	資産の種類	償却方法	決定償却方法
有形	・建物	・旧定額法 ・旧定率法	・旧定率法
	・建物附属設備 ・構築物 ・機械及び装置 ・船舶、航空機 ・車両運搬具 ・工具、器具及び備品	・旧定額法 ・旧定率法	・旧定率法
	・鉱業用のもの	・旧定額法 ・旧定率法 ・旧生産高比例法	・旧生産高比例法
無形	・無形減価償却資産	・旧定額法	・旧定額法
	・鉱業権	・旧定額法 ・旧生産高比例法	・旧生産高比例法
生物	・生物	・旧定額法	・旧定額法

◆平成 10 年 4 月 1 日以後～平成 19 年 3 月 31 日以前に取得した資産

	資産の種類	償却方法	決定償却方法
有形	・建物	・旧定額法	・旧定額法
	・建物附属設備 ・構築物 ・機械及び装置 ・船舶、航空機 ・車両運搬具 ・工具、器具及び備品	・旧定額法 ・旧定率法	・旧定率法
	・鉱業用のもの	・旧定額法 ・旧定率法 ・旧生産高比例法	・旧生産高比例法
無形	・無形減価償却資産	・旧定額法	・旧定額法
	・営業権	・5 年均等償却	・5 年均等償却
	・鉱業権	・旧定額法 ・旧生産高比例法	・旧生産高比例法
生物	・生物	・旧定額法	・旧定額法

◆平成 19 年 4 月 1 日以後～平成 24 年 3 月 31 日以前に取得した資産

	資産の種類	償却方法	決定償却方法
有形	・建物	・定額法	・定額法
	・建物附属設備 ・構築物 ・機械及び装置 ・船舶、航空機 ・車両運搬具 ・工具、器具及び備品	・定額法 ・250%定率法	・250%定率法
	・鉱業用のもの	・定額法 ・250%定率法 ・生産高比例法	・生産高比例法
無形	・無形減価償却資産	・定額法	・定額法
	・営業権	・5 年均等償却	・5 年均等償却
	・鉱業権	・定額法 ・生産高比例法	・生産高比例法
生物	・生物	・定額法	・定額法

◆平成 24 年 4 月 1 日以後〜平成 28 年 3 月 31 日以前に取得した資産

	資産の種類	償却方法	決定償却方法
有形	・建物	・定額法	・定額法
	・建物附属設備 ・構築物 ・機械及び装置 ・船舶、航空機 ・車両運搬具 ・工具、器具及び備品	・定額法 ・200%定率法	・200%定率法
	・鉱業用のもの	・定額法 ・200%定率法 ・生産高比例法	・生産高比例法
無形	・無形減価償却資産	・定額法	・定額法
	・営業権	・5年均等償却	・5年均等償却
	・鉱業権	・定額法 ・生産高比例法	・生産高比例法
生物	・生物	・定額法	・定額法

◆平成 28 年 4 月 1 日以後〜に取得した資産

	資産の種類		償却方法	決定償却方法
有形	・建物 ・建物附属設備 ・構築物		・定額法	・定額法
	・機械及び装置 ・船舶、航空機 ・車両運搬具 ・工具、器具及び備品		・定額法 ・200%定率法	・200%定率法
	鉱業用のもの	・建物 ・建物附属設備 ・構築物	・定額法 ・生産高比例法	・生産高比例法
		・上記以外	・定額法 ・200%定率法 ・生産高比例法	・生産高比例法
無形	・無形減価償却資産		・定額法	・定額法
	・営業権		・5年均等償却	・5年均等償却
	・鉱業権		・定額法 ・生産高比例法	・生産高比例法
生物	・生物		・定額法	・定額法

中小企業の会計に関する指針

「中小企業の会計に関する指針」というものがあります。この指針は、法律で強制されるものではありませんが、決して無視ができないものとなっています。(第3章❸参照)

会計処理には様々な選択肢がありますので、会社の決算については、どのような会計処理を選択して作成したのかがわかりやすく開示できるように、「中小企業の会計に関する指針の適用に関するチェックリスト」が用意されています。このチェックリストには、会社が会計処理をしたポイントとなるそれぞれの項目にYESかNOをチェックする欄があり、そこに該当する項目にチェックマークを記載するようになっています。

選択した会計処理が、「中小企業の会計に関する指針」に準拠した決算書であれば、銀行借入れなどの利率が軽減されるなどのメリットがあります。言い換えれば、これらの条件をクリアしていない会社については、その借入れの条件にあてはまらないことになりますので、各銀行などで用意されている特別な優遇措置は受けられなくなります。

なお、中小企業の会計に関する指針チェックリストにおける減価償却に関する項目では、次の内容が示されています。

> 「減価償却は経営状況などにより任意に行うことなく、継続して規則的な償却が行われているか。」

つまり、中小企業の会計に関する指針では、当期の決算において、会社が選択した償却方法により計算した減価償却計算で算出された償却限度額相当額は、その算出された金額をそのまま損金経理したかどうかが問われている内容となっています。これは、法人税における任意償却の規定を適用せずに決算をしたかどうかが問われていることとなりますので、会社が計算した償却限度額について当期の業績を考慮して利益調整をするためにその償却額を費用計上しなかった場合には、「NO」にチェックをすることになります。

　会社が選択すべき減価償却の償却方法は、定率法と定額法の選択ができる資産であれば、殆どの企業が、償却初年度から多額の償却費が計上できる定率法を選択するという実情があります。

　しかし、闇雲に多額の費用が損金として落とせるからという理由だけで、定率法を選択するのではなく、上記のようなことも視野に入れ、企業実態に照らして、生産高比例法や定額法の選択も視野に入れて検討することも重要な選択基準となります。もちろん、各銀行などで用意された優遇措置に魚竿して釣られるような経営ではなく、中小企業の会計に関する指針には頼らないという選択肢も、それは決して間違えた経営方針であるとはいえないことはいうまでもありません。

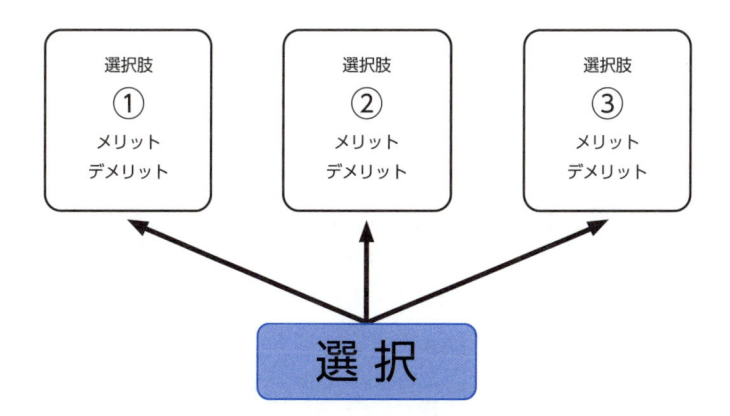

3 中小企業の会計に関する指針

中小企業の会計に関する指針

　「中小企業の会計に関する指針」は、法律で強制されるものではありませんが、日本税理士会連合会、日本公認会計士協会、日本商工会議所及び企業会計基準委員会の4団体が、法務省、金融庁及び中小企業庁の協力のもと、中小企業が計算関係書類を作成するに当たって拠るべき指針を明確化するために作成したものです。

　会計処理には様々な選択肢があります。「中小企業の会計に関する指針」では、会社が決算にあたり、どのような会計処理を選択して作成したのかを、銀行などの利害関係者にもわかりやすいように、一定の水準を保った会計処理がどのようなものであるかについて示されています。

　これらの指針について、指針通りの会計処理をしているかどうかは、次ページにある「中小企業の会計に関する指針の適用に関するチェックリスト」で、YES、NO でそれぞれの項目をチェックするリストを作成することによって、どれくらい指針に準拠した決算書であるかがわかるようになっています。

　チェックリストですべての項目について、更には YES の項目のすべてにチェックが入っていないと優遇がうけられないというわけではありませんが、その判断基準は銀行等によっても様々です。このチェックリストを提出することによって、銀行等からの借り入れの利率が1％軽減されるなど様々なメリットがあります。

メリットとなる主な優遇措置

　「中小企業の会計に関する指針」に準拠した会計処理により決算書を作成している場合には、日本政策金融公庫における「中小企業会計活用強化資金」制度（中小企業事業）、「中小企業会計関連融資制度」（国民生活事業）などの優遇措置を受けることができます。

◢日本税理士会連合会

「中小企業の会計に関する指針」の適用に関するチェックリスト

【平成27年6月改訂】

［会社名］ _____

代表取締役 _____ 様

　　私は、貴社の平成　年　月　日から平成　年　月　日までの事業年度における計算書類への「中小企業の会計に関する指針」の適用状況に関して、貴社から提供された情報に基づき、次のとおり確認を行いました。

　　平成　　年　　月　　日　　　税理士 _____ ㊞　　登録番号 _____

　　　　　　　　　　　　　　　［事務所の名称及び所在地］

　　　　　　　　　　　　　　　_____　　税理士法人番号 _____

　　　　　　　　　　　　　　　［連絡先電話番号］　　（　　　　）　　　－

勘定科目		No.	確認事項	残高等	チェック	
	(1) 預貯金	1	残高証明書又は預金通帳等により残高が確認されているか。		YES	NO
	(2) 貸借対照表価額	2	金銭債権がある場合、原則として、取得価額で計上されているか。	無	有	
					YES	NO
	(3) 手形割引等	3	手形の割引があった場合に、手形譲渡損が計上されているか。	無	有	
					YES	NO
金銭債権	(4) 表示	4	営業上の債権のうち破産債権等で1年以内に弁済を受けることができないものがある場合、それが投資その他の資産の部に表示されているか。	無	有	
					YES	NO
		5	営業上の債権以外の債権でその履行時期が1年以内に到来しないものがある場合、それが投資その他の資産の部に表示されているか。	無	有	
					YES	NO
		6	関係会社に対する金銭債権がある場合、項目ごとの区分表示又は注記がされているか。	無	有	
					YES	NO
		7	受取手形割引額あるいは受取手形譲渡額がある場合、それが注記されているか。	無	有	
					YES	NO
	(5) デリバティブ	8	デリバティブ取引による正味の債権債務で時価評価すべきものがある場合、それが時価で評価されているか。	無	有	
					YES	NO
	(6) 貸倒損失・貸倒引当金	9	債権が法的に消滅した場合又は回収不能な債権がある場合、それらについて貸倒損失が計上され債権金額から控除されているか。(*)	無	有	
					YES	NO
		10	取立不能のおそれがある金銭債権がある場合、その取立不能見込額が貸倒引当金として計上されているか。(*)	無	有	
					YES	NO
		11	貸倒損失・貸倒引当金繰入額がある場合、その発生の態様に応じて損益計算書上区分して表示されているか。	無	有	
					YES	NO

1/4

211

勘定科目	No.	確認事項	残高等	チェック	
有価証券	12	有価証券がある場合、売買目的有価証券、満期保有目的の債券、子会社株式及び関連会社株式、その他有価証券に区分して評価されているか。	無	有	
				YES	NO
	13	売買目的有価証券がある場合、時価が貸借対照表価額とされ、評価差額は営業外損益とされているか。(*)	無	有	
				YES	NO
	14	市場価格のあるその他有価証券を保有する場合、それが多額であるか否かによって適正に処理されているか。	無	有	
				YES	NO
	15	時価が取得原価より著しく下落し、かつ、回復の見込みがない市場価格のある有価証券(売買目的有価証券を除く。)を保有する場合、それが時価で評価され、評価差額は特別損失に計上されているか。(*)	無	有	
				YES	NO
	16	その発行会社の財政状態が著しく悪化した市場価格のない株式を保有する場合、それについて相当の減額がなされ、評価差額は当期の損失として処理されているか。(*)	無	有	
				YES	NO
棚卸資産	17	棚卸資産がある場合、原則として、取得原価で計上されているか。	無	有	
				YES	NO
	18	棚卸資産について、災害による著しい損傷、著しい陳腐化その他これらに準ずる特別の事実が生じた場合、その事実を反映させて帳簿価額が切り下げられているか。	無	有	
				YES	NO
	19	棚卸資産の期末における時価が帳簿価額より下落し、かつ、金額的重要性がある場合には、時価をもって貸借対照表価額とされているか。(*)	無	有	
				YES	NO
	20	最終仕入原価法により評価している棚卸資産がある場合、期間損益計算上、著しい弊害のないことが確認されているか。	無	有	
				YES	NO
経過勘定等	21	前払費用と前払金、前受収益と前受金、未払費用と未払金、未収収益と未収金は、それぞれ区別され、適正に処理されているか。(*)	無	有	
				YES	NO
	22	立替金、仮払金、仮受金等の項目のうち、金額の重要なもの又は当期の費用又は収益とすべきものがある場合、適正に処理されているか。	無	有	
				YES	NO
固定資産	23	固定資産がある場合、原則として、取得原価で計上されているか。	無	有	
				YES	NO
	24	減価償却は経営状況などにより任意に行うことなく、継続して規則的な償却が行われているか。(*)	無	有	
				YES	NO
	25	固定資産の使用可能期間が従来の耐用年数に比して著しく短くなった場合、未経過使用可能期間にわたり減価償却が行われているか。	無	有	
				YES	NO
	26	予測することができない減損が生じた固定資産がある場合、相当の減額がなされているか。(*)	無	有	
				YES	NO
	27	使用状況に大幅な変更があった固定資産がある場合、減損の可能性について検討されたか。	無	有	
				YES	NO
	28	研究開発に該当するソフトウェア制作費がある場合、研究開発費として費用処理されているか。	無	有	
				YES	NO
	29	研究開発に該当しない社内利用のソフトウェア制作費がある場合、無形固定資産に計上されているか。	無	有	
				YES	NO
繰延資産	30	繰延資産として計上された費用がある場合、当期の償却が適正になされているか。	無	有	
				YES	NO
	31	税法固有の繰延資産は、投資その他の資産の部に長期前払費用等として計上され、支出の効果の及ぶ期間で償却が行われているか。	無	有	
				YES	NO

勘定科目	No.	確認事項	残高等	チェック	
金銭債務	32	金銭債務は網羅的に計上され、債務額が付されているか。	無	有	
				YES	NO
	33	借入金その他営業上の債務以外の債務でその支払期限が1年以内に到来しないものがある場合、それが固定負債の部に表示されているか。	無	有	
				YES	NO
	34	関係会社に対する金銭債務がある場合、項目ごとの区分表示又は注記がなされているか。	無	有	
				YES	NO
	35	デリバティブ取引による正味の債権債務で時価評価すべきものがある場合、それが時価で評価されているか。	無	有	
				YES	NO
引当金	36	将来発生する可能性の高い特定の費用又は損失で、発生原因が当期以前にあり、かつ、設定金額を合理的に見積ることができるものがある場合は、それが引当金として計上されているか。(*)	無	有	
				YES	NO
	37	役員賞与が支給された場合、発生した事業年度の費用として処理されているか。	無	有	
				YES	NO
退職給付債務・退職給付引当金	38	確定給付制度(退職一時金制度、厚生年金基金、適格退職年金及び確定給付企業年金)が採用されている場合は、退職給付引当金が計上されているか。(*)	無	有	
				YES	NO
	39	確定拠出制度(中小企業退職金共済制度、特定退職金共済制度及び確定拠出型年金制度)が採用されている場合は、毎期の掛金が費用処理されているか。(*)	無	有	
				YES	NO
	40	新たな会計処理の採用に伴う影響額が定額法により費用処理されている場合は、未償却の金額が注記されているか。	無	有	
				YES	NO
税金費用・税金債務	41	法人税、住民税及び事業税は、発生基準により損益計算書に計上され、決算日後に納付すべき税金債務は、流動負債に計上されているか。		YES	NO
	42	税額控除の適用を受ける受取配当・受取利息に関する源泉所得税がある場合、法人税、住民税及び事業税に含められているか。	無	有	
				YES	NO
	43	決算日における未払消費税等(未収消費税等)がある場合、未払金(未収入金)又は未払消費税等(未収消費税等)として表示されているか。	無	有	
				YES	NO
税効果会計	44	一時差異の金額に重要性がある繰延税金資産又は繰延税金負債がある場合、それが計上され、その主な内訳等が注記されているか。	無	有	
				YES	NO
	45	繰延税金資産が計上されている場合、厳格かつ慎重に回収可能性が検討されたか。	無	有	
				YES	NO
純資産	46	純資産の部は株主資本と株主資本以外に区分され、株主資本は、資本金、資本剰余金、利益剰余金に区分され、また、株主資本以外の各項目は、評価・換算差額等及び新株予約権に区分されているか。		YES	NO
収益・費用の計上	47	収益及び費用については、一会計期間に属するすべての収益とこれに対応するすべての費用が計上されているか。(*)		YES	NO
	48	原則として、収益については実現主義により、費用については発生主義により認識されているか。(*)		YES	NO
リース取引	49	所有権移転外ファイナンス・リース取引の借手となり賃貸借取引による処理が行われた場合、未経過リース料が注記されているか。	無	有	
				YES	NO

勘定科目	No.	確認事項	残高等	チェック	
外貨建取引等	50	外貨建取引が行われた場合、原則として、取引発生時の為替相場による円換算額により記録されているか。	無	有	
				YES	NO
	51	外国通貨又は外貨建金銭債権債務(外貨預金を含む。)がある場合、決算時の為替相場による円換算額が付されているか。	無	有	
				YES	NO
	52	外貨建ての子会社株式及び関連会社株式がある場合、取得時の為替相場による円換算額が付されているか。	無	有	
				YES	NO
株主資本等変動計算書	53	株主資本の各項目は、当期首残高、当期変動額及び当期末残高に区分され、当期変動額は変動事由ごとにその金額が表示されているか。		YES	NO
	54	株主資本以外の各項目がある場合、当期首残高、当期変動額及び当期末残高に区分され、当期変動額は純額で表示されているか。	無	有	
				YES	NO
	55	発行済株式及び自己株式について、その種類及び株式数に関する事項が注記されているか。		YES	NO
	56	剰余金の配当があった場合、当期中の支払額及び翌期の支払額が注記されているか。	無	有	
				YES	NO
個別注記表	57	重要な会計方針に係る事項について注記されているか。		YES	NO
	58	会社の財産又は損益の状態を正確に判断するために必要な事項がある場合、それが注記されているか。	無	有	
				YES	NO
上記以外の「中小企業の会計に関する指針」の項目について適用状況を確認したか。				YES	NO

当期において会計方針の変更等があった場合には、その内容及び影響額	
所 見	

※ 「残高等」欄については、該当する勘定科目の残高がない場合又は「確認事項」に該当する事実がない場合は「無」を〇で囲み、これらがある場合は、「確認事項」のとおり「中小企業の会計に関する指針」に従って処理しているときは、「チェック」の欄の「YES」を、同指針に従った処理をしていないときは同欄の「NO」を〇で囲む。

※ 「NO」の場合は、「所見」欄にその理由等を記載する(なお、(*)が付された「確認事項」については、その事項ごとに理由等を詳細に記載する。)。

※ 「所見」欄は、上記の点のほか、当該会社の経営に関する姿勢、将来性、技術力等、特にみるべきものがある場合に記入する。

【「中小企業の会計に関する指針」の適用に関するチェックリストを利用した金融商品を取扱う金融機関】

金融機関名	商品名	URL	地域
【北海道地区】			
【東北地区】			
株式会社七十七銀行	ワワビジネスローン＜アクティブ＞＜フォワード＞	http://www.77bank.co.jp/	宮城県
株式会社東邦銀行	東邦スーパーローン（CSRロ） 銀行保証付私募債	http://www.tohobank.co.jp/	福島県
二本松信用金庫	まつしん法人会・税理士会パートナーローン	http://www.matsushin.co.jp/yuushi2012.07.htm	福島県
会津信用金庫	あんしん法人会・税理士会パートナーローン	http://www32.ocn.ne.jp/~fukushimakenren/partner/main/partnerMAIN.html	福島県
須賀川信用金庫	すしんTKC経営者ローン	http://www.sushin.co.jp/borrow/240801_yu31.pdf	福島県
青い森信用金庫	青い森しんきんTKCローン	http://www.aoimorishinkin.co.jp/	青森県
相双信用組合	法人会・税理士会パートナーローン	http://www4.ocn.ne.jp/~soso/	福島県
会津商工信用組合	パートナーローン	http://www.aizushinkumi.co.jp/	福島県
会津商工信用組合	パートナーローン	http://www.aizushinkumi.co.jp/	福島県
【関東地区】			
三井住友銀行	クライアントサポートローン	http://www.smbc.co.jp/hojin/financing/chusho/csloan/index.html	東京都
株式会社京葉銀行	aBANKビジネスサポートローン	http://www.keiyobank.co.jp/houjin/loan/bssp.html	千葉県
株式会社大垣共立銀行	税理士連携ビジネスローン	http://www.okb.co.jp/company/zeirishi-renkei.html	岐阜県
株式会社筑波銀行	税理士会事業ローン	lhttp://www.tsukubabank.co.jp/corporate/financial/zeirishikai_jigou_loan.html	茨城県
株式会社東日本銀行	ニュービガー、スーパービガー	http://www.higashi-nipponbank.co.jp/	東京都
三浦藤沢信用金庫	税理士紹介ローン2000	http://www.shinkin.co.jp/miurafuj	神奈川県
湘南信用金庫	スーパーサポートローン湘南	http://www.shinkin.co.jp/shonan/	神奈川県
西武信用金庫	E-会計	http://www.seibushinkin.co.jp/finance/e-kaikei.htm	東京都
【甲信越地区】			
株式会社千葉銀行	千葉県税理士会リセーションシップローン	http://www.chibabank.co.jp/hojin/	千葉県
株式会社富山銀行	①とやまTKC経営者ローン ②とやま税理士紹介ローン ③とやま商工会議所メンバーズ融資 ④とやま法人会メンバーズ融資 ⑤とやま商工会メンバーズ融資	http://www.toyamabank.co.jp/pages/houjin/kariru/teikei/teikei-top.htm	富山県
富山第一銀行	ファーストサポート（税理士会提携ローン）	http://www.first-bank.co.jp/info/0258.html	富山県
株式会社山梨中央銀行	商工会・商工会議所会員融資「スイフト500」 法人会提携ローン	http://www.yamanashibank.co.jp/	山梨県
鶴岡信用金庫	企業支援融資（パートナー）	http://www.shinkin.co.jp/tsurugi/partner.pdf	石川県
新湊信用金庫	しんみなと信金商工会議所提携ローン	http://www.shinkin.co.jp/s-minato/	富山県
小浜信用金庫	はましん税理士会提携ローン	http://www.shinkin.co.jp/obama/index.html	福井県
豊川信用金庫	パートナー パートナーA	http://www.kawa-shin.co.jp	愛知県
長岡信用金庫	しんきん税理士紹介ローン	http://www.nagaoka-shinkin.com/	新潟県
諏訪信用金庫	すわしん税理士紹介ローン	http://www.suwashinkin.co.jp/	長野県
【北陸地区】			
【東海地区】			
中京銀行	名古屋税理士会経営者ローン	http://www.chukyo-bank.co.jp/info/syouhin_gaiyou.html	愛知県
磐田信用金庫	いわしんTKC経営者ローン	http://www.iwashin.co.jp/	静岡県
いちい信用金庫	ふれあい事業者ローン 商工会議所および商工会提携ふれあい事業者ロー	http://www.shinkin.co.jp/ichii/	愛知県
【近畿地区】			
株式会社百五銀行	百五税理士紹介ローン	http://www.hyakugo.co.jp/c_index.html	三重県
桑名信用金庫	くわしん税理士紹介ローン	http://www.kuwashin.co.jp/kariru/corporation/loan_introduction.htm	三重県
大阪東信用金庫	ビジネスローン「Eリレーション」	http://www.osaka-higashi.co.jp/	大阪府
【中国地区】			
株式会社トマト銀行	トマト中小企業会計活用ローン	http://www.tomatobank.co.jp/company/loan/chushokaikei.html	岡山県
【四国地区】			
愛媛信用金庫	あいしん法人会・税理士会コラボレーション	http://www.shinkin.co.jp/ehime/corporate/shikin.html	愛媛県
東予信用金庫	とうしんコラボレーション	http://www.toyoshinkin.co.jp/	愛媛県
【九州・沖縄地区】			
株式会社沖縄銀行	県信保提携ビジネスローンステップアップ8000	http://www.okinawa-bank.jp/houjin/kariru/stepup8000/index.html	沖縄県
株式会社琉球銀行	順風満帆 ベストサポーター	http://www.ryugin.co.jp/jigyosha_loan/junpuu/junpuu.htm	沖縄県
鹿児島信用金庫	かしんパートナーローン	http://kashin.co.jp/	鹿児島県

（注）最新の情報については、日本税理士会連合会等の HP でご確認ください。

4 損金算入される役員報酬

役員報酬としてその事業年度の損金の額に算入される給与の額は、次に掲げる「定期同額給与」、「事前確定届出給与」又は「業績連動給与」のいずれかに該当するものに限られます。なお、平成 29 年度税制改正により、平成 29 年 4 月 1 日以後に役員給与の支給に係る決議若しくは支給が行われる役員給与の取扱いは、次のとおりとなっています。

ただし、次に掲げる給与のいずれかに該当するものであっても、不相当に高額な部分の金額は、損金の額に算入されません。

定期同額給与

定期同額給与は、その支給時期が 1 か月以下の一定の期間ごとである定期給与で、その事業年度の各支給時期における支給額又は支給額から源泉税等の額を控除した金額が同額であるものをいいます。なお、継続的に供与される経済的利益のうち、その供与される利益の額が毎月おおむね一定であるものも定期同額給与となります。

◆源泉税等の額は次の合計額をいいます。

- ・源泉徴収をされる所得税の額
- ・特別徴収をされる地方税の額
- ・定期給与の額から控除される社会保険料の額
- ・その他これらに類するものの額

定期同額給与の改定

定期給与の額につき、次に掲げる給与改定がされた場合における次の①又は②の期間の各支給時期における支給額又は支給額から社会保険料及び源泉所得税等の額を控除した金額が同額であるものは、定期同額給与として認められます。

① その事業年度開始の日から給与改定後の最初の支給時期の前日

② 給与改定前の最後の支給時期の翌日からその事業年度終了の日

◆その事業年度開始の日から３か月を経過する日までに継続して毎年所定の時期にされる定期給与の額の改定。

◆臨時改定事由によりされたその役員に係る定期給与の額の改定。

　臨時改定事由とは、その事業年度においてその法人の役員の職制上の地位の変更、その役員の職務の内容の重大な変更その他これらに類するやむを得ない事情によるものをいいます。

◆業績悪化改定事由によりされた定期給与の額の改定。

　業績悪化改定事由とは、その事業年度においてその法人の経営状況が著しく悪化したことその他これに類する理由をいいます。

　業績悪化改定事由によりされる改定は、その定期給与の額を減額した改定に限られます。

事前確定届出給与

　事前確定届出給与は、事前確定届出給与に関する定めに基づいて支給される給与で、「定期同額給与」及び「業績連動給与」のいずれにも該当しないものをいいます。

事前確定届出給与に関する定め

　その役員の職務につき所定の時期に、事前に確定させた次に掲げるものを交付する旨の定めをいいます。

1 確定した額の金銭
2 確定した数の株式、出資若しくは新株予約権
3 金銭債権に係る特定譲渡制限付株式
4 金銭債権に係る特定新株予約権

　事前確定届出給与は、承継譲渡制限付株式又は承継新株予約権による給与を含み、次のいずれかに該当する場合にはそれぞれの要件を満たすものに限

られます。

①その給与が次の 1.2. いずれにも該当しない場合には、事前確定届出給与に関する届出をしていることが必要です。

  1. 同族会社に該当しない法人が定期給与を支給しない役員に対して支給する金銭による給与

  2. 株式又は新株予約権による給与で、将来の役務の提供に係る一定のもの

  つまり、上記 1. 又は 2. に該当する給与については、事前確定届出給与に関する届出は必要ありません。また、2. の将来の役務の提供に係る一定の給与とは、役員の職務につき、その職務の執行の開始の日から 1 か月を経過する日までにされる株主総会等の決議により、その決議の日から 1 か月を経過する日までに、特定譲渡制限付株式又は特定新株予約権を交付する旨を定めた事前確定届出給与に関する定めをした場合のその定めに基づいて交付される特定譲渡制限付株式又は特定新株予約権による給与をいいます。

②株式を交付する場合についてその株式が適格株式であるときは、事前確定届出給与に関する届出が必要です。

  適格株式とは、市場価格のある株式又は市場価格のある株式と交換される株式で、その法人又は関係法人が発行したものに限ります。

③新株予約権を交付する場合についてその新株予約権が適格新株予約権であるときは、事前確定届出給与に関する届出が必要です。

  適格新株予約権とは、その行使により市場価格のある株式が交付される株式が交付される新株予約権で、その法人又は関係法人が発行したものに限ります。

上記②、③の関係法人とは、その法人の役員の職務につき支給する株式又は新株予約権による給与に係る株主総会等の決議日からその株式又は新株予約権を交付する日までの間、その法人と他の法人との間に他の法人による支配関係が継続することが見込まれている場合の他の法人をいいます。

上記①の特定譲渡制限付株式とは、譲渡制限付株式であって役務の提供の対価として個人に生ずる債権の給付と引換えにその個人に交付されるものその他その個人に給付されることに伴ってその債権が消滅する場合のその譲渡制限付株式をいいます。

なお、譲渡制限付株式とは、次の要件に該当する株式をいいます。

1. 譲渡についての制限がされており、かつ、譲渡制限期間が設けられていること。譲渡は担保権の設定その他の処分を含みます。
2. 個人から役務提供を受ける法人又はその株式を発行し、若しくはその個人に交付した法人がその株式を無償で取得することとなる事由が定められていること。無償で取得することとなる事由は、その株式の交付を受けた個人が譲渡制限期間内の所定の期間勤務を継続しないこと若しくはその個人の勤務実績が良好でないことその他のその個人の勤務の状況に基づく事由又はこれらの法人の業績があらかじめ定めた基準に達しないことその他のこれらの法人の業績その他の指標の状況に基づく事由に限ります。

　特定新株予約権とは、譲渡制限付新株予約権であって次に掲げる要件に該当するものをいいます。

1. その譲渡制限付新株予約権と引換えにする払込みに代えてその役務の提供の対価としてその個人に生ずる債権をもって相殺されること
2. 1. に掲げるもののほか、当該譲渡制限付新株予約権が実質的にその役務の提供の対価と認められるものであること

　譲渡制限付新株予約権とは、発行法人から一定の権利の譲渡についての制限その他特別の条件が付されているものをいいます。
　また、役員の職務につき、確定した額に相当する適格株式又は適格新株予約権を交付する旨の定めに基づいて支給する給与は、確定した額の金銭を交付する旨の定めに基づいて支給する給与に該当するものとして取り扱われます。なお、確定した額の金銭債権に係る特定譲渡制限付株式又は特定新株予約権を交付する旨の定めに基づいて支給する給与は除かれます。

事前確定届出給与に関する届出期限

(1) 原則

　事前確定届出給与に関する定めをした場合は、原則として、次の①又は②のうちいずれか早い日までに所定の届出書を提出する必要があります。なお、

新設法人がその役員のその設立の時に開始する職務についてその定めをした場合にはその設立の日以後2か月を経過する日までとなります。

> ①株主総会等の決議によりその定めをした場合におけるその決議をした日から1か月を経過する日。なお、その決議をした日が職務の執行を開始する日後である場合にはその開始する日。
> ②その会計期間開始の日から4か月を経過する日。確定申告書の提出期限の延長の特例に係る税務署長の指定を受けている法人はその指定に係る月数に3を加えた月数。

(2) **臨時改定事由が生じたことにより事前確定届出給与に関する定めをした場合**

　臨時改定事由が生じたことによりその臨時改定事由に係る役員の職務について事前確定届出給与に関する定めをした場合には、次に掲げる日のうちいずれか遅い日が届出期限となります。

> ①上記(1)の①又は②のうちいずれか早い日。新設法人にあっては、その設立の日以後2か月を経過する日。
> ②臨時改定事由が生じた日から1か月を経過する日

(3) **事前確定届出給与に関する定めを変更する場合**

　既に上記(1)又は(2)の届出をしている法人が、その届出をした事前確定届出給与に関する定めの内容を変更する場合において、その変更が次に掲げる事由に基因するものであるときのその変更後の定めの内容に関する届出の届出期限は、次に掲げる事由の区分に応じてそれぞれ次に掲げる日となります。

> ①臨時改定事由
> 　その事由が生じた日から1か月を経過する日
> ②業績悪化改定事由（給与の額を減額する場合に限ります。）
> 　その事由によりその定めの内容の変更に関する株主総会等の決議をした日から1か月を経過する日。変更前の直前の届出に係る定めに基づく給与の支給の日が1か月を経過する日前にある場合には、その支給の日の前日。

⑷ やむを得ない事情がある場合

　上記⑴から⑶までの届出期限までに届出がなかった場合においても、その届出がなかったことについてやむを得ない事情があると認めるときは、それらの届出期限までに届出があったものとして事前確定届出給与の損金算入をすることができます。

業績連動給与

　業績連動給与は、次のいずれかに該当する給与をいいます。

> ①利益の状況を示す指標、株式の市場価格の状況を示す指標その他の、法人又はその法人との間に支配関係がある法人の業績を示す指標を基礎として算定される額又は数の金銭又は株式若しくは新株予約権による給与
> ②特定譲渡制限付株式若しくは承継譲渡制限付株式又は特定新株予約権若しくは承継新株予約権による給与で無償で取得され、又は消滅する株式又は新株予約権の数が役務の提供期間以外の事由により変動する給与

◆適用対象法人

　同族会社にあっては同族会社以外の法人との間にその法人による完全支配関係がある法人に限ります。つまり同族会社以外の法人と完全支配関係が無い同族会社は、業績連動給与を適用することはできません。

◆業績連動給与の範囲

　金銭以外の資産が交付されるものにあっては、適格株式又は適格新株予約権が交付されるものに限ります。

◆特定の業務執行役員だけではダメ

　他の業務を執行する役員の全てに対しても損金算入となる業績連動給与の要件を満たす業績連動給与を支給する場合に限られます。

◆損金算入となる業績連動給与

　損金算入となる業績連動給与は、法人が、業務執行役員に対して支給する業績連動給与で、次の⑴から⑶までの全ての要件を満たすものとなります。

(1) 交付される金銭の額若しくは株式若しくは新株予約権の数又は交付される新株予約権のうち無償で取得され、若しくは消滅する数の算定方法が、利益の状況を示す指標、株式の市場価格の状況を示す指標又は売上高の状況を示す指標を基礎とした客観的なもので、次の要件を満たすものであること。

①確定額又は確定数を限度としているものであり、かつ、他の業務を執行する役員に対して支給する業績連動給与に係る算定方法と同様のものであること。

②その事業年度開始の日の属する会計期間開始の日から３か月を経過する日までに一定の報酬委員会等がその算定方法を決定していることその他これに準ずる一定の適正な手続を経ていること。会計期間開始の日から３か月を経過する日は、確定申告書の提出期限の延長の特例に係る税務署長の指定を受けた法人はその指定に係る月数に２を加えた月数となります。

③その内容が上記②の適正手続終了の日以後遅滞なく、有価証券報告書に記載されていることその他一定の方法により開示されていること。

(2) 次に掲げる給与の区分に応じそれぞれ次の要件を満たすものであること。

① ②に掲げる給与以外の給与

次に掲げる給与の区分に応じてそれぞれ次に定める日までに交付され、又は交付される見込みであること。

(イ) 金銭による給与

その金銭の額の算定の基礎とした利益の状況を示す指標、株式の市場価格の状況を示す指標又は売上高の状況を示す指標の数値が確定した日の翌日から１か月を経過する日

(ロ) 株式又は新株予約権による給与

その株式又は新株予約権の数の算定の基礎とした業績連動指標の数値が確定した日の翌日から２か月を経過する日

② 特定新株予約権又は承継新株予約権による給与で、無償で取得され、

又は消滅する新株予約権の数が役務の提供期間以外の事由により変動する
もの

　　その特定新株予約権又は承継新株予約権に係る特定新株予約権が業績
連動給与の算定方法につき適正な手続の終了の日の翌日から1か月を経
過する日までに交付されること。

(3) 損金経理をしていること。給与の見込額として損金経理により引当金勘
定に繰り入れた金額を取り崩す方法により経理することも認められます。

役員報酬の税制改正に関する注意事項

◆平成22年3月31日までに終了する事業年度について特殊支配同族会社の
業務主宰役員に対して支給する給与については、その給与の額のうち一定
額が損金の額に算入されない場合があります。

◆次に該当する事業年度における次の役員給与の取り扱いは、それぞれの事
業年度において施行されていた法令の取り扱いとなりますので注意が必要
です。

①平成18年4月1日から平成19年3月31日までの間に開始する事業年度分における役員給与の取扱い
②平成19年4月1日から平成28年3月31日までの間に開始する事業年度分における役員給与の取扱い
③平成28年4月1日以後に開始する事業年度分における役員給与の取扱い
④平成29年4月1日以後支給決議分における役員給与の取扱い

その他の注意事項

　上記の給与からは、次の①から③に該当するものは除かれます。

①退職給与で業績連動給与に該当しないもの
②①以外のもので使用人兼務役員に対して支給する使用人としての職務に対するもの
③法人が事実を隠蔽し又は仮装して経理することによりその役員に対して支給するもの

小谷　羊太（こたに　ようた）

税理士。
昭和42年大阪市生まれ。
平成16年税理士試験合格。平成17年開業税理士登録。
平成30年税理士法人小谷会計設立。代表社員税理士。
奈良産業大学法学部卒業後、会計事務所勤務を経て大原簿記学校税理
士課法人税法担当講師として税理士受験講座や申告実務講座の教鞭を
とる。現在は東京と大阪を拠点に、個人事業者や中小会社の税務顧問
を務める。

著書：
『法人税申告書に強くなる本』（清文社）
『実務で使う法人税の減価償却と耐用年数表』（清文社）
『実務で使う法人税の優遇制度と有利選択』（清文社）
『実務で使う法人税の耐用年数の調べ方・選び方』（清文社）
『法人税申告書の書き方がわかる本』（日本実業出版社）
『法人税申告のための決算の組み方がわかる本』（日本実業出版社）
共著書：
『法人税と所得税をうまく使いこなす　法人成り・個人成りの実務』
　（清文社）
『よくわかる株式会社のつくり方と運営』（成美堂出版）

税理士法人小谷会計ホームページ
　http://www.yotax.jp/

赤字と黒字をうまく使いこなす
法人税欠損事業年度の攻略法

2018年12月21日　発行

著　者　　小谷 羊太 ©

発行者　　小泉 定裕

発行所　　株式会社 清文社

東京都千代田区内神田１－６－６（MIFビル）
〒101-0047　電話 03(6273)7946　FAX 03(3518)0299
大阪市北区天神橋２丁目北２－６（大和南森町ビル）
〒530-0041　電話 06(6135)4050　FAX 06(6135)4059
URL http://www.skattsei.co.jp/

印刷：大村印刷㈱

ISBN978-4-433-60968-9